塞北三朝 金

袁騰飛◎著

講述你所不知道的女真

目錄

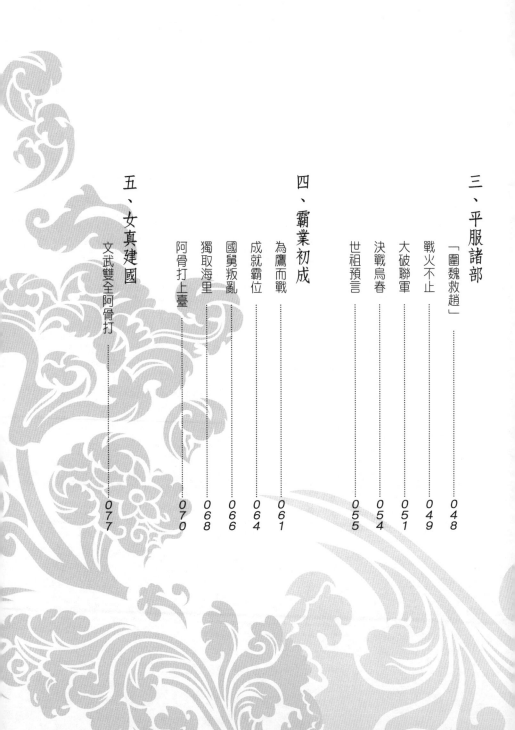

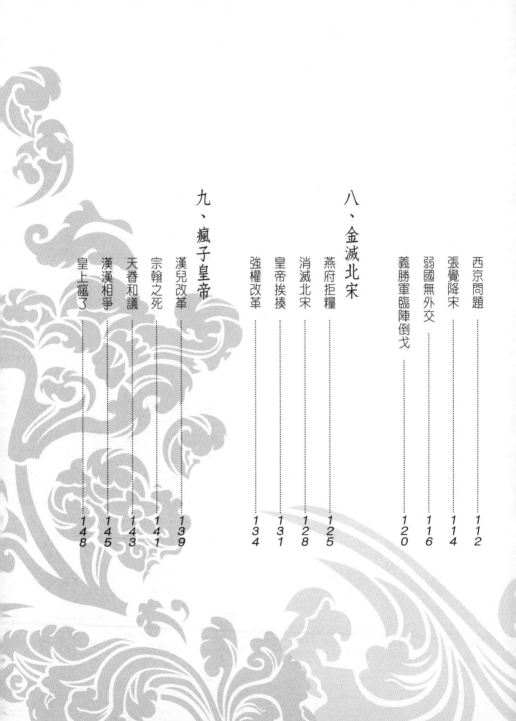

二十五、王朝末路

《塞北三朝》總序

錢文忠

騰飛是我的同行，更是我的好友。四年前，承騰飛不棄，命我為他在中央電視臺《百家講壇》節目上播出的作品《兩宋風雲》作序，我曾經寫下了這樣一段話：

我對騰飛兄佩服而且感激。為什麼佩服？同為教師，我們都知道「知之者不如好之者，好之者不如樂之者」（《論語・雍也》）乃是走向學問人生的最有效、最理想的途徑；而引導學生由「樂」入「好」，由「好」入「知」，更是普天下所有負責任的真正的教師都應該追求的教學的至高境界。「快樂學習」絕對不是靠大力提倡就可以做到的，我們需要對教與學的關係進行認真的思考，在教學過程中全身心地投入，在課內課外不懈地探索，尋求接近最有效的講授技巧，以期臻於教學圓融之境。畢竟，把學生講厭了，把學生講睡了，把學生講跑了，無論對教，還是對學，都是一種可悲的失敗，都是對生命的浪費。騰飛兄正是一位真正的教師，他具備使學生「快樂學習」的能力，也因此擁有了自己的獨特魅力。同樣是教師，騰飛兄身上就有很多值得我學習的地方。就我所知，也正因為如此，騰飛兄才進入了《百家講壇》的視野，得以在《百家講壇》上展示自己的風采。

為什麼感激？我畢業於北京大學東方語言文學系梵文巴利文專業，又濫竽大學歷史學系古代思想史教研室教席多年，一直在當今中國乃至世界的時代潮流的邊緣地帶學習、工作和生活。我深切地知道，以文、史、哲為主幹的傳統人文學科是多麼的冷清寂寞，基本不是青年學子們的第一選擇。近幾年來，隨著傳統文化熱的興起，這方面的情況逐漸有所改觀。如此的變化是非常可喜的，《百家講壇》居功甚偉。我遇見過好幾位學生，就是因為聽了《百家講壇》而決定了學科專業的。然而，隨著文化軟實力建設的迫切性以及傳統文化資源的重要性日益得到體認，傳統人文學科比以往任何時候都更迫切地呼喚著由「樂」入「好」、由「好」入「知」的莘莘學子。假如沒有像騰飛兄這樣優秀的中學教師，再迫切的呼喚也只能是徒勞無奈的空谷回音罷了。騰飛兄和我，都無非只是文化學術的薪火傳承鏈上微不足道的環節而已，只不過按照現行的教育序列，我的崗位位置確實處於中學教育的下游。那麼，我又怎麼能夠不對源頭活水的上游表示由衷的感激呢？

時隔四年後的今天，我依然要堅持我對騰飛的佩服和感激。騰飛的講座不再在央視《百家講壇》節目播出了，據我所知，這既不是騰飛的選擇，也並非《百家講壇》的放棄，而是由於種種不足道，也不必道的原因。對於騰飛這樣的教師來說，離開《百家講壇》這樣的課堂，實在是一種無奈和缺憾。究竟發生了什麼？騰飛從來沒有向我說過一句，我也沒有問過一句。但是，我清楚地知道，騰飛遭遇了很多不公正以及誤解，甚至是謾罵與攻擊。不過，騰飛的臉上一如既往地洋溢著微笑，彰顯著內心的充足、淡定和堅強。沒有什麼能夠阻擋他實現「教好歷史」「講好故事」的理想。聽過他講課的人越來越多，喜歡他的人越來越多，受惠於他的人越來越多。而這，又怎麼能夠不讓我佩服他呢？

在這四年的時間裏，中國的媒體生態發生了顯著的變化，網路的影響力日益壯大。有些人甚至擔心，在不遠的，或者乾脆就在很近的將來，網路將取代電視。是耶非耶，不必深究。然而，毫無疑問，網路已經是傳播信息、傳播文化、傳播知識的最快捷和最有效的平臺了。騰飛暫別電視，卻邂逅了網路，是否「無心插柳」姑且不論，但是，《塞北三朝》在優酷視頻上驚人的受歡迎程度，正是「柳成蔭」的明證了。我為騰飛這樣的好教師找到了網路這樣的好課堂而高興，也為網路這樣的好課堂找到了騰飛這樣的好教師而高興。在網路上成系列地傳授歷史知識，騰飛是先行者、開拓者，與我的另一位好友高曉松先生堪稱瑜亮雙璧。網路傳播絕不是電視傳播的簡單複製，非親身經歷者是難以體味個中甘苦的。騰飛的《塞北三朝》正是拓展傳播途徑、擴大聽眾人群的探索和創新。而這，又怎麼能夠不讓我感激他呢？

同時也令我欣喜萬分的是，默默站在走向歷史教學新旅程的騰飛背後的，又是我和騰飛當年登上《百家講壇》的伯樂王詠琴女士，以及同樣也是我的好友的李志峰兄。這真是具足殊勝的好因緣，不由得讓我生發出追隨騰飛、王詠琴女士和李志峰兄的願望了。

二〇一三年六月二十九日

一

女真始祖

曾經幅員萬里的大遼帝國，最終被原本附屬於自己的女真人消滅了。
那麼女真是一個什麼樣的民族？
他們起源於何方？
女真歷史上有哪些著名的人物？
女真又是怎樣從一個原始部落逐漸發展壯大，建立起北方最強悍的金王朝的呢？

西元九一六年，契丹族傑出的領袖耶律阿保機建立了遼帝國，遼帝國曾經雄踞中國北方，是一個幅員萬里的大國，最終在一一二五年，被女真人建立的金國滅掉了，享國二百一十年，歷經九主。這麼強大的一個帝國，為什麼被女真人給滅掉了？女真民族又是一個什麼樣的民族？女真人建立的金國，在中國的歷史上又有哪些故事發生？

史載：「金之先，出靺鞨氏。靺鞨本號勿吉。勿吉，古肅慎地也。」（《金史·世紀》）女真是中國最古老的民族之一，其存在的時間可以追溯到堯、舜、禹時期，那個時候叫肅慎。魏晉南北朝時，中原史籍記載叫勿吉。實際上，肅慎和勿吉都不是它的自稱，而是位於它西邊的東胡系統的民族，或者中原王朝對它的稱呼，意思是東部人——他們世世代代定居在今天的中國東北、朝鮮半島及俄羅斯的遠東地區。史籍記載：「元魏時，勿吉有七部：曰粟末部，曰伯咄部，曰安車骨部，曰拂涅部，曰號室部，曰黑水部，曰白山部。隋稱靺鞨，而七部並同。唐初，有黑水靺鞨、粟末靺鞨，其五部無聞。」（《金史·世紀》）魏晉南北朝時代，鮮卑人建立北魏，因為皇帝拓跋氏後來改姓元氏，後人為了跟曹操父子建立的曹魏區別，稱之為元魏。元魏時勿吉分成了七部，到了唐朝形成了兩個主要的大部落：粟末和黑水。那時候的勿吉，就已經改稱為靺鞨，靺鞨是他們的自稱，意思是森林中的人，林中百姓。

靺鞨人原來分七部，後來以粟末和黑水兩部聞名。靠近森林地帶的靺鞨人，過著採集、漁獵的生活，而平原地帶的靺鞨人，已經有了粗放的農業，甚至過上了定居的生活。這個民族非常有特色的一點，就是住在一種半地穴的房子裏面。在拙作《兩宋風雲》中講過金軍南下滅了北宋之後，徽欽二帝被押到北國，金人給他們挖一口井，讓他們「坐井觀天」。實際上那不是井，是一種半地穴的房子。這個民族發展了上千年，到了唐朝的時候，發生了變化。

生熟女真

當時東北地區有一個強大的政權高麗，粟末靺鞨臣服於高麗，其首領改姓為大氏。唐朝出兵征伐高麗時，粟末靺鞨趁機建立了渤海國。渤海一度十分興旺，創立了自己的文字、禮樂、官府制度，傳位十餘代。粟末靺鞨建立政權的時候，黑水靺鞨在做什麼？他們是否也臣服了唐朝呢？

渤海政權的建立，是由於唐玄宗李隆基加封粟末靺鞨的首領大祚榮為渤海郡王、忽汗州都督府都督。也就是說，它是唐朝的一個藩屬國，一個地方政權。這個政權傳了十餘代，將近二百年，史稱海東盛國，國力很強。

渤海故地今天出土了很多文物，如渤海燒製的三彩，跟唐三彩簡直一模一樣，渤海人的墓碑也完全都是漢字。大量渤海國的官宦子弟來到唐朝留學，曾經有一個渤海的王子在長安留學後回國，唐朝著名詩人溫庭筠賦詩相送：「疆理雖重海，車書本一家。盛勳歸故國，佳句在中華。」（《送渤海王子歸本國》）咱們兩國雖隔著大海，但書同文、車同軌，兩國的文化是一樣的。中原人對民族的認同，看的就是文化，而不是血緣。渤海政權基本上是一個漢化了的政權。

粟末靺鞨建立渤海政權的時候，黑水靺鞨還在粟末的北邊，仍然忠實於原來的高麗王朝。史書上記載，當唐朝跟高麗王朝打仗的時候，黑水靺鞨曾經出動十五萬人的部隊去援助高麗。當然這個數字是絕對不可信的，整個黑水靺鞨才有多少人？在部落時代，如果能集中起十五萬人來，這簡直是天方夜譚，這得需要多麼強大的組織能力啊？所以這可能是一家之言。黑水靺鞨的下場可想而知，部落時代原始的武裝力量，用木桿、石簇跟裝備精良、訓練有素的唐軍作戰，結果自然是慘敗。黑水靺鞨慘敗之後，知道自己幾斤幾兩了，開始臣服於唐。唐玄宗李隆基時代，在黑水地區設立了黑水都督府，由黑水靺鞨的領袖出任都督府的都督，實際上就是我們現在講的民族自治，朝廷實行羈縻、懷柔之策。唐朝還賜黑水靺鞨的領袖以國姓李。早期契丹的領導人，也被賜過國姓；党項的領導人也被賜李姓，唐王朝真是威名遠播。安史之亂以後，唐王朝國勢轉衰，對於東北地區更是鞭長莫及了。黑水靺鞨轉而投效粟末靺鞨建立的渤海國，因為他們本來就是一家人。

西元九二五年，遼太祖耶律阿保機滅掉了渤海國，黑水靺鞨又轉而臣服於遼。自此，改族名靺鞨為女真。到了遼興宗耶律宗真時期，為了避諱，就把「真」字的兩點弄沒了，所以有的史籍上又記載叫女直，此女直就是彼女真。

遼對女真採取分而治之的統治政策，把今天遼寧境內的女真編入戶籍，徵收賦稅，稱為熟女真。戶口本上有你，你得交個人所得稅，這部分人等於是遼的公民。今遼寧以外的地區，吉林、黑龍江、俄羅斯遠東地界的女真人只給遼進貢，不入戶籍，被稱為生女真。後來建立金朝的女真人，就是生女真，而不是入遼戶籍的熟女真。遼朝還在今吉林農安建立了黃龍府統軍司，用來監視女真人，並且在寧江州設立榷場，跟女真人貿易。當然了，遼跟女真人的貿易，是賤買貴賣，甚至勒索，遼把這個稱為「打女真」，就是成心不讓你發展。女真人一直在遼的統治下，或者說在遼的壓迫下過日子。

從高麗來

生長於白山黑水之間的女真民族，是一個強悍的民族，他們絕不會永遠居於被統治的地位。那麼女真民族是怎樣逐漸發展強大起來的？帶領他們一步一步走向強大的帶頭大哥又是誰呢？

根據《金史》的記載，帶領女真民族走出野蠻的始祖名叫完顏函普，不是女真人，而是高麗人。函普大概在唐朝末年來到女真的地界，因為史籍上沒有確切記載，那時候女真人還沒有文字，所以也不知道他是來散心呢，還是來打工的。

函普進入女真地界的時候，已經六十多歲了，孤身一人，來到這兒之後以採集、漁獵為生。他整天在女真部落裏活動，為人又很和善，跟女真人相處得不錯，人緣非常好。女真人知道，他是從高麗來的，而高麗的文明程度比自己這兒高，所以女真人就託函普辦件事。什麼事呢？女真的一個部落酋長跟函普說，我們這個部落跟其他的部落經常有爭鬥——並非史前文明時代就沒有戰爭，那個時候的戰爭可能更殘忍，有時候就為了一小片草場、一處水源、一塊林地，人腦子能打出狗腦子來。一有爭鬥我們就有人員傷亡，而且我們這兒還有一個特別不好的風俗，如果鄰近部落打死一個我們部落的人，全部落都要前去報仇。你打死我們一個人，我打死你們兩個人，對方部落也這樣，你打死我們兩個人我打死你們四個人。這樣沒完沒了地仇殺，我們都殺煩了。我們一共也沒多少人，這麼殺來殺去，死的比生的多，部落人口持續負增長，不是辦法。但是我們又找不出一個解決的策略來。怎麼能讓大家停止仇殺？您是外人，又是從高麗來的，能不能給我們調停一下，讓我們停止仇殺？如果您做到了這一點，老先生您孤身一人，也沒個老伴兒，沒人照顧您，我們部落裏有一位六十歲的賢女，也不知道為什麼六十歲了也沒有出嫁，跟您年齡也相仿，我們準備把這位賢女嫁給您，您就正式成為我們部落的成員了。

函普一聽，這事容易，不就是勸架嗎？這事我能幹，你們放心吧。函普就去鄰近部落了。

始祖止殺

函普隻身來到的這個女真部落，就是後來統治大金王朝的完顏氏族部落。那麼函普使用了什麼辦法，徹底解決了完顏部落和其他部落之間的仇殺？身為高麗人的函普，又是怎樣成為完顏部落的首領的呢？

函普到鄰近部落裏進行調停，史籍記載，函普跟鄰近部落的領導人講：「殺一人而鬥不解，損傷益多。曷若止誅首亂者一人，部內以物納償汝，可以無鬥而且獲利焉。」（《金史·始祖本紀》）你們被殺了一個人，就跟人家沒完沒了地打，打來打去死那麼多人，這太沒意思了。不如這樣，誰殺的人你找誰償命，比如你們部落的老三，被他們部落的人給殺了，那你把殺三兒的人殺掉就完了，只誅首亂者一人。然後讓他們部落的人賠你們東西，你們不但避免了更多的人死，還能獲利，這麼辦行嗎？

鄰近部落其實也早殺煩了，只不過看誰先說出來罷了。函普的部落把這事先挑明了，鄰近部落樂得順水推舟，以後不再進行仇殺了，還能獲利，於是一口應承下來：沒問題，老先生您這主意太好了，以後就這樣。誰殺的人誰償命，跟別人沒關係。這事就定下來了，之後大家商量：函普這次的調停是成功了，但不能以後哪次部落間的爭鬥，都找函普調停啊？他老人家也沒空啊，怎麼辦呢？函普說，乾脆這樣，咱定個規矩成不成？以後如果哪個部落的人被鄰近部落殺了，讓他們賠黃金六兩、母牛十頭、馬二十匹。並且，你殺了人家的人了，你們家去一個人給人家當兒子，就是做人質。這個規矩一定下來，女真部落有了最早的習慣法，從此開始嚴格執行函普制定的規矩，並一直在女真部落沿用了二百年，部落仇殺的事就再也沒有了。你殺了人怎麼辦？賠人家六兩金子、二十匹馬、十頭母牛，然後你們家出一人去給人家當兒子。你放心，去當兒子的人不會有生命危險，因為他們家死了人了，最難受的就是壯勞力沒了，現在送上門一個壯勞力，他們絕對不會把這個壯勞力弄死。函普這個規矩一定，各部落皆大歡喜，你看人家高麗來的人就是不一般，這主意出得多好，以後再也不打仗了！

當初讓函普去勸解的完顏部落履行了諾言，把六十歲的賢女嫁給了函普，並且承認函普是自己部落的人，不但是我們這個部落的人，還是我們這個部落的頭兒。因為你太有辦法了，從我的曾祖的曾祖的曾祖時代就開始為這事打，您這兒三言兩語以後再也不用為這事打仗了，你就是我們的頭兒。更令人驚奇的是，函普夫婦竟然老樹開花，枯楊生稊，生了兩兒一女，六十歲生了兩兒一女，現代醫學無法解釋。我們只能相信正史的記載：「始祖娶六十之婦，而生二男一女，豈非天耶？」（《金史．世紀》）這是天意，老天安排好了的，你別去論證他怎麼不合理，史籍就是這麼記載的。我們了解歷史，無外乎通過兩個途徑，一是文字，二是文物，如果你沒有新的可靠的文字和文物資料能夠否定始祖娶的女人不是六十，而是十六，那麼你就得姑且相信六十歲的老婦生了兩兒一女。金建立以後，第三代皇帝金熙宗追尊函普為始祖皇帝。

獻祖蓋房

其實這位女真婦人到底多大年紀並不重要，重要的是，這段史籍記載再一次證明，中華民族是由各個民族大融合而形成的，正是高麗人函普和女真婦人的後代建立了歷史上的大金國。那麼函普的子孫，又是怎樣使女真民族進一步發展的呢？

函普一死，他的兒子繼承了部落首領職位。傳到第四代，就是函普的曾孫綏可了。後來金王朝建立，追尊綏可為獻祖皇帝。函普是始祖，第四代綏可是獻祖皇帝，綏可往上兩代就不是祖了，沒有廟號，只稱德帝、安帝。為什麼綏可被追尊為獻祖，他幹了什麼驚天動地的事呢？他教會了女真人蓋房子，不再住坑裏了，這點很了不起。史籍也沒有說明獻祖綏可會蓋房子是誰教的，也許他真的就是一個天才。綏可教會了女真人蓋房子，擺脫了持續已久的狩獵、捕魚的生活方式，開始向農耕定居轉化。因此，綏可以建房之功，後來被尊為獻祖皇帝。

綏可去世之後，他的兒子石魯繼承了部落聯盟首領的職位，也就是後來金國追尊的昭祖皇帝。這都是追尊的皇帝，當時就是部落的頭兒，按照我們現在的話講，村長跟鄉長那個級別的幹部。那石魯又有什麼了不起的，能被尊奉為昭祖呢？

昭祖立律

函普因制定賠償條件，使女真民族有了最早的習慣法，被尊為始祖；綏可因教會了女真人蓋房子，被尊為獻祖。那麼，石魯對女真民族的貢獻是什麼？為什麼會被尊為昭祖呢？

一般來說，中國古代帝王的廟號，開創稱祖，守成稱宗。開創局面的帝王，才能稱為祖，最早的始祖不用說了，獻祖教人蓋房，那麼昭祖石魯幹啥？石魯明定律例。不是函普的時候，就已經有法律了嗎？殺了一個人，賠六兩金子、二十匹馬、十頭母牛，然後送一個人去給人家當勞動力，怎麼到昭祖這兒又制定法律呢？《金史・昭祖本紀》這樣記載：「生女直無書契，無約束，不可檢制。」

女真人因為沒有文字，所以沒有成文的法律，沒法約束。部落習慣法規定，給六兩金子、十頭母牛、二十匹馬，送個人做人質，但我不給，你能把我怎麼樣？假如有人違反這個規定，卻沒法制裁他。昭祖認為，從始祖時代傳下來的規矩，到現在已經歷經五代，應該隨著時代的變遷與時俱進了，所以他想重新制定律例條教。這麼一幹，「諸父、部人皆不悅，欲坑殺之」。部落裏面的人都不同意，包括他的很多長輩都不同意。你小子憑什麼啊？你當部落聯盟領袖，就把祖宗定下來的規矩說改就改？那還得了！把這小子埋了算了。坑都挖好了，石魯已經被捆了起來，馬上要扔到坑裏填土的時候，他的叔父謝里忽及時出現把他救了。史書上說謝里忽得知部眾將殺昭祖，曰：「吾兄子，賢人也，必能承家，安輯部眾，此輩奈何輒欲坑殺之。」（《金史・昭祖本紀》）

謝里忽在昭祖石魯性命攸關的緊要時刻趕到現場，在坑邊上攔住要填土的部眾，大喊一聲：住手，這是我兄長的兒子，是個大賢人，一定能夠讓咱們的部落興旺發達，你們怎麼能把他活埋呢？趕緊放出來。說完，他拉弓搭箭射向眾人。當然，他一個人放箭能射死幾個人？這就是作一個姿態：我是獻祖的兄弟，在部落裏也相當於丐幫的九袋長老，你們現在要把我侄子埋了，我不同意，我跟你們拼老命了。這一箭射出去，大家害怕了。一看前老大的兄弟都出面了，看來這小子不能埋，這幫人心也不齊，又沒個領頭的，再加上謝里忽在部落中年高德劭，他站出來一表態，這幫烏合之眾立刻作鳥獸散。石魯逃過了一劫，一擦冷汗，好險啊，差一點兒被埋了。大難沒死，他更加堅定了要改革的決心。為了我們這個部落的發展壯大，你們越不讓我幹這事，我越得幹！劫後餘生之後，石魯立即制定出明確的法律條文。沒有文字，這明確的法律條文是怎麼記載的？史書上沒說，可能是刻木結繩，或者用了其他什麼辦法，反正制定了條文。

制定明確條文之後，加強了對部落成員的管理，本部落成員服了，不再反叛了，石魯就開始對外征討，去征服其他部落。我們這個村安定下來，就想跟別的村表達良好的聯合願望，如果他也有良好的聯合願望，咱們就聯合；如果他聯合的願望不是很強烈，我用武力讓他跟我聯合，然後把村合併成一個鄉。石魯帶人出去征討，一下就合併了五個部落，勢力馬上壯大了。石魯覺得，現在我們這個部落太大了，居住的地方狹小、侷促，不夠我們折騰的了。於是，石魯就要帶著族人向外發展。這一下出事了。

命喪他鄉

石魯在征服其他部落的戰鬥中，每戰必勝，周圍許多小部落紛紛歸附完顏部落。但是，讓石魯萬萬想不到的是，他在打了一個漂亮的大勝仗之後，帶著眾多的戰利品返回完顏部落的路上，竟然命喪他鄉，這是怎麼回事呢？

石魯征服其他部落，本來打了個勝仗，仗打得很漂亮，小部落們紛紛歸附，繳獲了很多戰利品，估計是豬狗牛羊之類的東西。在六畜當中女真人最看重的是馬，他們輕易不用馬拉東西，只有在打仗的時候才會騎馬，平時不騎。不像草原民族，野馬成群，一匹馬倒斃了，隨便套上一匹拉著就走，女真不行，馬沒有草原上那麼多，可能一個騎兵就一匹馬，不像契丹人行軍的時候，每人三五匹馬。不打仗的時候，女真人一般是步行的，馬太寶貴了，不能騎，更不能用它馱東西，寧可自己背著，繳獲一頭豬我都親自扛著，不能讓馬來馱，否則馬累了下次打仗沒法打。所以女真人每次戰勝而歸，都是自己帶著戰利品，牽著馬緩緩而行。

走到一個叫仆燕的地方，女真人實在是走不動了。咱得休息了，我親自扛的這頭豬太沉了，大軍紮營。說是大軍可能也就百十來號人。紮下營之後，石魯問手下，咱歇腳的這個地兒叫什麼？隨從說叫仆燕。石魯一聽，仆燕？這不是女真語惡瘡的意思嗎？咱們怎麼能在惡瘡上休息啊？不行，咱得趕路。石魯帶著人繼續趕路。這一趕路，由於過度的勞累，再加上天氣很不好，石魯染上了重病，奄奄一息。

屋漏又逢連夜雨，石魯病倒了之後，大家圍著他著急的時候，居然有強盜來襲。這又是按照今天的觀念無法理解的，原始氏族時代，一切都是公有的，怎麼會有強盜呢？但史書明明白白寫著「有盜至」，因為《金史》是元朝人編的，而且是元朝快滅亡的時候編的，所以可能是編《金史》的文官們按他們當時的習慣來理解的。如果按當時的情況看，有可能不是強盜，而是被石魯打散的部落的流民，可能是過來搶東西，也許是過來報復一把，總之是來偷襲石魯部落的。石魯趕緊起身迎戰，為了擺脫這些強盜，石魯部落且戰且走，女真人第五代領袖，昭祖石魯皇帝，當時的石魯村長在半路上就去世了。

石魯去世之後，屍身就被裝殮起來，準備運回到自己的部落安葬。但是後面的強盜緊追不捨，居然對石魯的屍體產生了興趣。他們不知道石魯去世了，看見一幫人護著這麼個東西緩緩前進，覺得這個東西肯定是很寶貴的。於是強盜們衝上來，把石魯的屍體搶走了，回去以後一掀棺材蓋，晦氣，怎麼搶這麼個東西，鬧誤會了。石魯的族人一看領袖的屍體被搶走了，這可是不得了的事情，大家努力奮戰，終於把石魯的屍體奪回來了——當然也可能是被強盜們拋棄，扔下不要的。不管怎樣，石魯總算回到了自己的部落，得以安葬，不至於拋屍荒野或者埋骨他鄉。

石魯在女真民族的歷史上，制定律例，統一了本部落，把自己的部落弄得完善了，開始向外擴張，又把一些小部落合併進來。實際上石魯做的這些，是女真從一個部落邁向一個國家的第一步。

石魯之後，誰繼承了他的位置？繼位者在女真歷史上又發揮了什麼作用呢？

二

景祖興邦

女真的第六代首領是景祖烏古迺，他立志統一女真。
當時遼國的統治非常嚴酷，
烏古迺是怎樣巧妙地與遼國統治者鬥智鬥勇，
不斷地發展壯大完顏部落的勢力，
為以後女真建國奠定了堅強的基礎的呢？

女真完顏部落經過五代的發展，到昭祖石魯的時候已經開始走向強大。隨著石魯在討伐鄰近部落回師途中不幸染病身亡，他的兒子烏古迺繼位，金朝建立之後追尊為景祖。

景祖烏古迺在金國建立以前的部落領袖中，稱得上「偉大的」這個讚詞，可以叫他偉大的烏古迺。史籍上對烏古迺有這樣一段記載：「景祖為人寬恕，能容物，平生不見喜慍。推財與人，分食解衣，無所吝惜。人或忤之，亦不念。」（《金史・景祖本紀》）烏古迺為人很寬容，很容易原諒別人。對於吃穿用度這些東西，從不吝惜賞賜別人。你如果得罪他、忤逆他，跟他的意見相左，他也不生氣。在他統治時期，女真部落越來越強大。

史書明確記載烏古迺生於遼國太平元年（一〇二一年），不像當年始祖函普，什麼時候來的都沒人知道。烏古迺做女真的部落聯盟長的時候，遼國掌權的正是遼國歷史上的第一女強人、承天太后蕭綽蕭燕燕。承天太后一門心思琢磨著怎麼跟宋朝打仗，怎麼在宋朝那兒佔點便宜、要點好處。宋遼兩虎相爭，沒功夫搭理東北的這些小部落，所以烏古迺趁機發展壯大，吞併鄰近部落，勢力越來越大。遼國女強人蕭燕燕是眼觀六路、耳聽八方的靈巧之人，哀家雖然跟宋打仗，但別的地方也不能放鬆，派姐姐齊王妃坐鎮西北，可敦城就是這麼來的；再一瞅東北地區，原來大遼的臣屬、一盤散沙的女真人，現在開始有了統一的趨勢，這可不行，這樣下去，女真將來就是我們大遼的禍害。於是，她就派人來責問女真。

剛好當時又有兩個部落被完顏部吞併了，就給遼製造了藉口，以前你吞併其他部落就罷了，那已經是既成事實了，你現在又開始吞併其他部落，那我就要敲打敲打你了。遼派人來跟烏古迺講，我們有個臣子，逃亡到了女真部落，你完顏部收納大遼逃亡逋竄之人，快給我交出來，如其不然，大兵一到，有你好看的。烏古迺很明白，這個時候的完顏部，在遼帝國眼裏什麼都不算，自己的勢力跟遼帝國相比，那就是螢火之光與皓月爭輝，根本就沒有勝算。

舌退強敵

烏古迺雖然有稱霸之心，但也非常清楚，以自己目前的實力，還無法與遼抗衡，現在遼國使臣來者不善，如果一句話說錯，定會招來殺身滅族之禍。那麼在這種情況下，烏古迺應該怎樣應對呢？

按照正常人的思維，遼使來要人，有兩種方法應對：第一是拍桌子跟他幹，寧為玉碎，不為瓦全，跟他拼了。但結果只能是玉碎，不可能是瓦全，碎的可能性是百分之百的，全的可能性是不存在的。第二是乖乖把人給交出來，這種選擇的結果，就是完顏部落，哪兒來的還回哪兒去，立刻打回原形，回到始祖時代。遼一嚇唬你就交人，以後誰還來投奔？一個嚴峻的選擇——這是一個轉捩點了，擺在景祖烏古迺面前，怎麼辦？打也打不過，人又不能交。

烏古迺要不怎麼被尊稱為「祖」呢，眉頭一皺，計上心來，他跟遼使說：「兵若深入，諸部必驚擾，變生不測，逋戶亦不可得，非計也。」（《金史・景祖本紀》）我很想交人，但是，這些人也不聽我的啊，他們不是我的人，你遼國不是跟我講，這些人是從你那兒逃來的嗎，那是你的人，你的人不該我交啊。怎麼辦呢？我的部落大門打開，歡迎歡迎，您可以進去逮。但是你要進入我的部落捉拿逃犯的話，必然會驚擾到其他部落。我們這個地界，人的文明程度不夠高，民風也挺強悍，您天朝上國的文明人進了我們這個地界，容易受到驚嚇，萬一把貴官驚嚇了，我怎麼跟天朝上國大皇上交代啊？我就太對不起您了。而且，您大軍深入山林，這麼大動靜，您想逮的人早跑了，您也逮不著。所以乾脆您別逮了，撤了得了。

契丹使臣一聽，烏古迺說得有道理，就是這麼回事，我犯得著為幾個老百姓，深入到深山密林裏面，挨野蠻人的冷箭嗎？大家都知道女真的石簇很厲害的，我犯不著啊！所以，遼國就停止了進軍，我撤軍了，這些人愛怎麼著怎麼著，愛跑哪兒跑哪兒去。反正在遼使心目當中，他們也不是真正的契丹百姓，我不過就是找個藉口，想治你一下子。結果烏古迺這麼三言兩語，就把遼使給忽悠走了。

如果遼使能夠預料到百十年後，就是烏古迺的孫子建立起來的金國把遼國給滅了的話，他肯定後悔得腸子都青了。這一次，是遼消滅女真完顏部的絕好機會，遼與機會失之交臂，以後歷史再也不會給他這樣的機會了。後來到烏古迺的孫子阿骨打的時候，建立了金朝，把遼滅了。如果遼國這一次真的大軍深入到完顏部當中，甭管是不是為了逮這幾個罪犯，捎帶手假道伐虢，把女真給一勺燴了，這個勁敵就沒有了。遼使一念之差，這件事告吹了。

智削鄰部

遼使無功而返，而精明的承天太后蕭燕燕也沒有再追究，這是為什麼呢？原來，遼國當時正與北宋、西夏等國戰事頻繁，實在無暇顧及女真這樣一個小部落，正好給了烏古迺一個發展的好機會。

忽悠完遼使之後，烏古迺覺得遼這麼好糊弄，遼國統治者的智商就這種水準，於是更加放心大膽地發展本部落，去吞併鄰近部落。這一次他準備吞併烏林答部。

烏林答部不同於他以前佔的那些小部落，是跟完顏部不相上下的一個大部落。烏古迺勸烏林答部的首領石顯投降，石顯毫不猶豫地拒絕了他的提議，絕不投降。於是烏古迺就領著部眾來討伐石顯。烏林答部本來就強大，石顯父子也很會用兵，烏古迺沒打下來，狼狽地撤走了。

烏古迺冥思苦想，怎麼把烏林答部吞併呢？他靈機一動，我找遼國告他去，就說石顯謀反。於是，烏古迺就派人去黃龍府，向統軍司長官彙報。統軍司信以為真。當時遼不知道出於什麼原因，莫名其妙地對烏古迺極有好感，烏古迺說什麼，遼就信什麼，烏古迺說石顯謀反，那石顯就一定謀反，所以遼就準備起兵捉拿石顯，替烏古迺出頭。石顯嚇壞了，我的老天，烏古迺用了什麼辦法，攛掇老大來打我了？既然你能找老大，我也能去。為了表示誠意，石顯帶著自己的兒子親自赴上京。你不就到邊境長官那兒告狀嗎，我要去告御狀，到上京上訪。

石顯到了上京，前因後果一說，遼國皇帝腦子還算清醒，聽了石顯這一通彙報之後，覺得有理。石顯平白無故地幹嘛跟我大遼作對啊？烏古迺說石顯謀反，他就謀反嗎？我也不能就相信烏古迺一面之詞。皇上賞賜了石顯很多財寶，但是出於對烏古迺天然的親近感，以及對烏古迺無比的信任，要求石顯本人留下來，實際上就是做人質。石顯的兒子可以回到自己的部落，做部落的領袖。石顯帶著兒子千里迢迢去上京，憑什麼打動遼國皇帝？為顯示自己的誠意，他不得把部落裏所有的好東西都給帶去啊？烏林答部這麼一折騰，元氣大傷，以後再跟完顏部抗衡，那就處於絕對的下風了。這樣，完顏部雖然沒有達到吞併烏林答部的目的，可是削弱烏林答部、壯大自己的勢力這一點是做到了。

烏古迺肯定是沒讀過書的，當時女真連文字都沒有，但居然兩次成功地忽悠了遼帝國，可見這個人的心機與智謀。既然沒吞併烏林答部，我就繼續忽悠遼國，獲取自己的好處。這時，出現了一個好機會，女真蒲聶部的領袖拔乙門叛亂，跟遼國動刀子了，遼國皇帝準備派兵征討，派兵之前，先去徵求烏古迺的意見。

在遼國皇帝眼中，烏古迺就是他在女真地區的代表，或者就是他的民族政策顧問，只要女真部一出事就先問烏古迺顧問：我要征討蒲聶部拔乙門，你看行不行？烏古迺說，拔乙門這事您交給我，我保準把這事給幹得漂漂亮亮的，不用天朝一兵一卒。遼國已經上了烏古迺兩次當了，再上一次當，也不新鮮。一聽烏古迺這麼說，那行，我就不打他了，這事交給你去辦。

妙計平叛

遼國當時也想利用女真人來對付女真人，烏古迺心裏也明白，兩個部落一打起來，肯定是兩敗俱傷。那麼烏古迺是用什麼辦法，不費一兵一卒，既贏得了遼國的信任，又發展了自己的勢力呢？

烏古迺先派人去跟拔乙門講，你反叛朝廷，朝廷怒了，要派大軍來征討你，若不是我家大酋長攔著，你就死無葬身之地了。拔乙門嚇得不得了，他也知道，自己這個小部落根本不是大遼的對手，當時可能是吃頂了，一念之差，拍案而起就跟大遼幹上了，大遼甚至不用自己動手，挑唆女真人打女真人自己就受不了，幸虧烏古迺大哥仗義，替我擋橫，我不用挨揍了。烏古迺又跟拔乙門說，不如咱兩部結親，咱倆聯合起來，契丹就不敢欺負咱們了，為了表示誠意，我把老婆孩子送到你的部落中當人質，你看怎麼樣？拔乙門激動得擁抱了烏古迺，兩個人行抱見之禮，就差義結金蘭、跪地八拜磕頭燒香了。沒想到，我們女真部落有這麼仗義的人，大家宴會，喝高興嘍！到了晚上，烏古迺動手了，你不是喝高興了嗎，躺下不能動了吧？進來幾個人拿繩一捆，就把拔乙門送到遼國去了。你看我說什麼來著，不用天朝一兵一卒，不費一槍一刀，這場叛亂我給你平了，這次我沒忽悠你吧？

拔乙門被送到遼國，蒲聶部可就歸烏古迺了，而且吞併得名正言順，我替天朝上國平叛。遼國皇帝龍心大悅，烏古迺果然沒有辜負朕對他一如既往的信任，朕沒看錯烏古迺，他真有辦法，果然不費刀兵就平掉了拔乙門叛亂。以後女真部再有不服朝廷的，由烏古迺去平定，朕加封你為生女真諸部節度使，生女真各部以後由卿管轄。可貴的是這時候的烏古迺，並沒有利令智昏，他很清楚自己的目標是什麼，也很清楚自己的部落現在是什麼水準，下一步應該幹什麼。

與此同時，遼國皇帝卻有點發昏了，因為太喜愛烏古迺了，所以就派人跟烏古迺講，你上我這兒來吧，入大遼的國籍，我給你安排工作，別在你那個深山老林裏當野人了，過過文明人的生活。烏古迺當然不能去了，他的雄心是做女真各部之主啊，到遼國當個小公務員，這不是我的本意，我要自己單幹的。所以他藉故推託，我不能去，最近比較忙，部落的事沒處理好。使臣一再催促，你忙沒關係，你說個日子，這個禮拜不行下個禮拜，下個禮拜不行下個月，你要不去可就是給臉不要臉，皇上來請你，你一個小小的酋長，再三推託，撅皇上面子？你太拿村長當幹部了吧？剛剛被你賣了的拔乙門就是你的下場，你琢磨琢磨。

烏古迺一看再推不是事了，怎麼辦呢？繼續忽悠。我怎麼把自己的強項給忘了？我可以拿這個招來對付你啊！三次都成功了，再來一次也不多嘛。史書記載：「景祖詭使部人揚言曰：『主公若受印系籍，部人必殺之。』」（《金史・景祖本紀》）烏古迺讓自己部落的人跟遼國使臣說，不一定當面說，到處散布謠言，我家主公如果接受遼國安排的工作，加入遼國國籍，我們就把他殺了。這麼一嚷嚷，遼國使臣就奏報給遼皇，烏古迺如果到咱這兒工作的話，他的族人就要把他殺掉。遼國皇帝當然不願意這樣一位忠心耿耿的臣子被部下殺掉，既然這樣，那就讓他在那兒待著吧，甭來了。烏古迺遂得以留在白山黑水之間，繼續壯大自己的部落。

廣集鐵器

在烏古迺的帶領下，完顏部落在女真人地區的勢力越來越強大，但是烏古迺並不滿意，在他的心中還有更遠大的目標要實現。為了實現這個目標，烏古迺下一步又會採取什麼措施呢？

烏古迺認為，女真要想強大，一定得有強大的武裝力量，而武裝力量的強大，一定得有兵器，有兵器最重要的就是要有鐵器。當時女真不會冶鐵，得到鐵器，是重中之重。烏古迺下令，咱們部落以後到任何部落去做生意，首先要搜集的物資就是鐵器，不惜任何代價，名馬、俊禽、東珠、黃金，只要能換來鐵器，咱全給出去。你們眼光要放長遠一點，得到了鐵器之後，我們的部落就會強大，將來我們把其他部落吞併，這些名馬、俊禽、東珠、黃金早晚有一天還是我們的。大家一定要聽我的教導，出去找鐵去。於是烏古迺的部落全體出動，到處去找鐵器。只要能跟鄰近部落、鄰國做生意換到鐵器，不惜一切代價，也要運回到自己的部落用來打造農具和兵器。如此一來，烏古迺可以稱得上是國富兵強了——當然那個時候還沒有國，只是一個部落；也談不上有兵，整個部落的成年男子，基本上全都能打仗。

鐵器的使用對於原始落後民族的重要性，怎麼形容都不過分。漢朝跟匈奴打仗，北逐匈奴兩千餘里，打得匈奴北去，漠南無王庭。匈奴打不過漢朝的一個重要原因就是匈奴人弓箭的箭頭是用石頭和骨頭磨成的，無法射穿漢軍身上的鎖子甲。漢軍騎兵在衝鋒的時候，身中多少箭都沒有關係，插得跟刺蝟似的照樣能打仗。到了隋唐的時候，出現了帶護心鏡的明光鎧，這就屬於鈑金甲，不再是鎖子甲了。為什麼使用鈑金甲呢？因為游牧民族掌握了鐵器，射出來的箭是鐵箭頭了，不再是骨頭、石頭的了，鐵箭頭能夠射穿鎖子甲，所以使用明光鎧。但是鈑金甲十分沉重，一套鎧甲幾十斤重，不是說一般的步卒都能穿，倆人扶著都邁不開步，只有大將在馬上穿這種鈑金甲。在這種情況下，鐵器的廣泛使用，使游牧民族在跟中原王朝的戰爭中處於不敗的地位，烏古迺清楚地看到這一點。當鄰部滿足於過美好生活、小富即安的時候，烏古迺的眼光非常長遠，將大量的鐵器帶回自己的部落，打造弓箭，趕製刀槍，鑄成農具。

完顏部經過烏古迺的一番勵精圖治，比以前更加強大，其他部落在烏古迺面前，就只有兩個選擇了，要麼投降，要麼滅亡。這時候就已經能看出來，完顏部大有統一女真之勢。

景祖病亡

正是烏古迺的努力，為以後完顏部族最終統一女真、建立大金國奠定了堅實的基礎。那麼，隨著烏古迺勢力的壯大，烏古迺對遼國的恭順態度會不會開始有所轉變呢？

此時的烏古迺，對遼國還是相當恭敬的，想盡一切辦法不去刺激遼國。他知道，此時還沒到跟遼國抗衡的時候。跟遼國抗衡的任務，是幾代之後由他的孫子阿骨打完成的。而烏古迺對於遼國恭恭敬敬，恪盡臣職。

遼國咸雍八年（一〇七二年），正是道宗耶律洪基在位的時候。遼道宗就是遼國歷史上最長壽、最昏庸的皇帝，把自己的皇后和獨生兒子都給害死的那位。他在位的時候，有一個叫謝野的女真首領叛亂——女真部的這些叛亂，不是起兵反遼，真正敢扯起旗號起兵反遼的，是後來的完顏阿骨打。這些叛亂可能就是不進貢，阻斷了遼的鷹路，就是遼去收購海東青時遇阻了，或者對遼不恭敬等等，一點小事在遼的眼裏，就被看作是叛亂。現在謝野叛亂了，烏古迺又主動向遼國皇帝請纓，不用天朝大國出兵，微臣率所部足以消滅叛匪。遼國皇帝當然非常高興，烏古迺這個女真諸部節度使不是白幹的，當得不賴，解君父之憂。准奏，你去吧。於是武器裝備完全不同於謝野部落的完顏部出動了，身披鐵甲，腰懸鐵刀，射出來的箭是鐵箭頭，這樣的武士跟裹著獸皮放石頭箭的人一打仗，結果可想而知，謝野稀里嘩啦就敗了下來，他的部落自然也就被完顏部吞併了。

戰後，烏古迺做的第一件事就是向契丹朝廷獻俘。功勞是誰的？大皇帝英明領導，將士用命，我烏古迺無尺寸之功，就不要提了。皇上看著龍顏大悅，越昏庸的皇上越喜歡這樣的臣子，天子聖明，將士用命，微臣無尺寸之功，多懂事啊！烏古迺打敗了謝野的部落之後，沒有說戰利品全是我的，而是主動給朝廷獻俘。朝廷要這些人幹嘛使啊？全歸你了！至於戰利品，我們這兒豬牛羊有的是，也全歸你了！而且朝廷還回賜大量的財寶，加官晉銜。烏古迺背靠遼國，大樹底下好乘涼，勢力越來越大。

烏古迺打了勝仗之後，在班師的途中病重，不治身亡，跟他的父親完顏石魯的結局很相似。

繼位危機

烏古迺可謂文武兼備、智勇雙全，他在大遼國的眼皮底下，逐步實現女真的統一，但他最終並沒有完成女真建國的大業。那麼烏古迺死後，是誰繼承了他的領導地位呢？

烏古迺共有九個兒子，其中正室夫人生有五子，老大叫劾者，老二叫劾里鉢，就是完顏阿骨打的父親，老三叫劾孫，老四叫頗刺淑，老五叫盈歌。對這五個兒子，史書上記載，烏古迺有一個評價：「劾者柔和，可治家務。劾里鉢有器量智識，何事不成。劾孫亦柔善人耳。」（《金史・世祖本紀》）老大柔和，是一個敦厚長者，管管家務還行。老二劾里鉢有器量智識，如果要讓他來繼位，什麼事幹不成啊？所以一定要讓劾里鉢繼位。至於老三劾孫，這也是一個柔善人。老四、老五沒評價，估計那個時候還小，用不著評價。所以在烏古迺心目當中，他理想的接班人就是老二劾里鉢。烏古迺一死，劾里鉢就做了女真的部落聯盟長，也就是後來金國追尊的世祖皇帝。

劾里鉢一繼位，就有人不服氣了。因為部落首長的更迭不像中原似的有一套嫡長子繼承制，再加上完顏部在烏古迺時期過度膨脹，很多遺留問題沒有解決，吞併的速度過快，被吞併的一些新部落來不及消化，對烏古迺的民族認同感可能還不是很強烈。在這種情況下，完顏部自己先亂了，很多人反對劾里鉢登位，其中最激烈的是他的叔叔，也就是烏古迺的弟弟跋黑。劾里鉢事先也知道，自己這個叔叔心有異志，怎麼辦？明升暗降，讓跋黑做部落長。你原來不是自己有一個部落嗎？這個部落什麼都聽你的，現在你做部落長，你是名義上的老大，但是你不掌握實權了，離開你的老窩，由省長變成國家名譽主席。這樣，就削弱了你的勢力，你就別再惦記著反抗我了。

按說劾里鉢對自己的叔叔可算是仁至義盡了，你想反抗我，我不但不處置你，還給你那麼高的榮譽，你要識相點，就把權力交出來，高高興興地做你的榮譽主席，後半輩子吃穿不愁，享不盡榮華富貴。但是跋黑沒有自知之明，一門心思要篡奪完顏部領袖的實權，鐵了心要跟自己的侄子過不去。於是他上躥下跳，唆使完顏部落的人反抗劾里鉢。他公開宣稱，現在是大家選擇的時候，你們是站在我跋黑的一邊，還是站在他劾里鉢的一邊？跟著我走，有肉吃；跟著他走，沒命，掉腦袋。你們看怎麼辦吧？部落裏人心惶惶，就亂套了，畢竟跋黑是劾里鉢的叔叔，是部族的長老。他起來挑唆，一個很嚴峻的形勢擺在了劾里鉢的面前。面對叔叔的挑撥離間，部眾人心離散，而且跋黑不惜引狼入室，勾結了其他部落中最大的烏春部，來進攻自己的部落。

劾里鉢一登位，就面臨著這麼一個內憂外患的局面，眼瞅著景祖烏古迺歷盡千辛萬苦建立起來的基業就要毀於一旦。那麼，劾里鉢用什麼手段來度過危機？他為什麼最後能夠被尊為世祖？

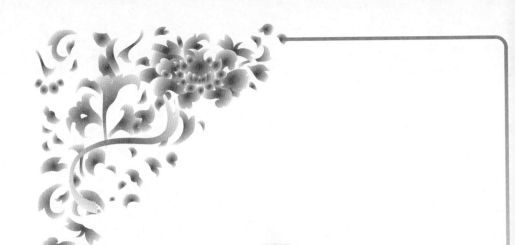

三

平服諸部

世祖劾里鉢是女真完顏部的第七代首領，
當他繼位時，完顏部已經比較強大了，
但是在女真諸部中依然有不少其他強大的部落想要吞併完顏部，
而且在完顏部落的內部還不斷有人發動叛亂。
那麼面對這些內憂外患，劾里鉢會如何一一化解呢？

世祖劾里鉢繼位之後，他的叔叔跋黑不服，上躥下跳，挑唆自己部落的人反叛，並且勾結鄰部來進攻自己的部落。他在自己部落內挑唆說，你們是跟著我還是跟著劾里鉢？跟著我吃肉，跟著他掉腦袋！所以部落人心離散，有人就動搖了，想離開完顏部。那麼，面對這種情況，劾里鉢怎麼辦呢？

景祖烏古迺沒看錯人，劾里鉢的心機智謀絕不在其父之下。劾里鉢說，你們誰願意去投奔跋黑，我都放行，到那兒之後，你就明白什麼叫水深火熱了，你就明白你原來是生活在天堂裏了。所以想走的人都安全地投奔了跋黑，到那兒一看，完全不是那麼回事，他說讓我們吃肉，我們卻連湯都喝不上，想吃肉還得回去跟著劾里鉢混。於是，大家又紛紛回來投奔劾里鉢，走的人只要一有回來的，甭管多少，榜樣的力量是無窮的，散了的人心就又凝聚起來了。不但走的人回來了，就連鄰部的人都有來投奔的。他們覺得劾里鉢太偉大了，思想境界太高了，部眾逃散，他不但不鎮壓、不追殺，相反自由放行，這真是一個高尚的人、一個純粹的人、一個脫離了低級趣味的人、一個全心全意為女真的壯大而奉獻的人！兩廂又一對比，大家才知道風景這邊獨好。這樣，部落內的危機就化解了。

雖然部落內的危機化解了，但跋黑還聯合了其他部落來對付完顏部。當時完顏部經過七代奮鬥，很多部落已經歸附或者服從，對完顏部還能構成威脅的，或者說跟他的實力還能抗衡的，主要有四部，即所謂的四大金剛——桓赧部、散達部、烏春部、窩謀罕部。跋黑的能量大到什麼程度？這四部被他挑唆了三部——烏春、桓赧、散達，之所以沒挑唆窩謀罕，他可能覺得夠多了。四個完顏部的主要對手他挑唆了仨，可見當時完顏部形勢的緊張。

劾里鉢面對這種局面，抓主要矛盾。這三部中，對自己威脅最大、離自己最近、對自己的殺傷力最強的是烏春部，所以劾里鉢再三告誡自己的族人，不要招惹烏春部，能忍咱們就忍，忍一時風平浪靜，退一步海闊天空，千萬不要主動挑釁。

完顏部從景祖烏古迺的時候就千方百計要得到鐵，得到鐵就有了一切。有一次，完顏部跟烏春部做買賣，買了九十副盔甲，這是公平買賣，不是強買強賣，兩相情願的事。但是烏春部以此為藉口，要攻打完顏部。按常理來說，這盔甲又不是我偷的，也不是我搶的，而是我買的，但烏春部就是沒事找事，你買的也不對，我就要打你。劾里鉢命手下把九十副盔甲給烏春部送回去，甭管拿什麼東西買的，那會兒應該不是用錢，可能是以物易物，甭管拿什麼東西換的吧，咱們把這東西給人送回去，這口氣咱忍了，而且還賠禮道歉，對不起，我不應該在您這兒買盔甲。烏春部一時找不到攻打完顏部的藉口。

跋黑上躥下跳這麼多年，折騰了半天，一瞅，好不容易被他忽悠走的部眾又都回去了，他挑唆那幾部出兵，又沒找到藉口，跋黑也覺得沒勁了，臊眉耷眼地退出了歷史舞臺。完顏部部眾的凝聚力、向心力更強化了。

「圍魏救趙」

雖然劾里鉢成功破解了跋黑的陰謀詭計，但是內亂剛平，外患又起，野心勃勃的烏春部一心想要吞併完顏部，聯合了強大的桓赧部和散達部一起向完顏部發動進攻。那麼，劾里鉢能夠抵擋得住這三個強大部落的進攻嗎？

跋黑退出歷史舞臺之後，烏春部聯合了桓赧部和散達部向完顏部發動了猛烈進攻，一心要把完顏部置於死地。三部兵分兩路，烏春部從北邊進攻，桓赧、散達從南邊進攻，完顏部兩面受敵。

面對強敵，劾里鉢決定分兵抵禦，他派自己的四弟頗剌淑去桓赧和散達部遊說。桓赧、散達是受了烏春的挑唆才打咱們的，跟咱們並無冤仇，你去遊說一下，能不動刀兵咱就不動刀兵，遊說不成，再兵戎相見。頗剌淑奉命去遊說二部，果然遊說不成，兩邊只好開戰。一開戰，頗剌淑被打敗了，桓赧和散達的聯軍從南方攻入了完顏部的地盤，完顏部面臨著兩線作戰的危局。南線頻頻告急，這個時候，老天爺幫了忙，北線烏春部的行軍被大雨所阻。史書記載：「大雨累晝夜，冰澌覆地。」（《金史．世祖本紀》）這雨是凍雨，落地就結冰，烏春部無法行軍，乘興而來，敗興而歸，悻悻然退兵了。烏春部的首領仰天長歎，看來完顏部命不該絕，一個多好的南北合兵、兩路夾攻的機會，只能眼瞅著白白地放棄。

北邊的敵人撤退了，接著該對付南邊的敵人了。劾里鉢知道四弟頗剌淑戰敗，如果趕往戰場救援，緩不濟急，遠水不解近渴。連文字都沒有的女真人，這時候在戰場上發揮出來令人驚奇的聰明才智——圍魏救趙。我沒有必要到戰場去打你的主力軍，二部跟完顏部打仗，全族傾巢出動，差不多青壯年都出來了，那我就去抄你老窩。這一下，桓赧和散達就受不了了，他們一想，我們把完顏部的地盤佔了，完顏部也把我們的地盤佔了，這成雙方交換場地了。不行，我們得退兵。然而劾里鉢進軍神速，做出端二部老窩決定之後，第二天早晨就到了，發動猛烈進攻並得手了。桓赧和散達想回援自己的老巢也來不及了，只能講和。

頗剌淑看到增援的大哥，欣喜若狂，伏地請罪，死罪死罪，小弟無能，連累了部落，仗打成這樣，真是很慚愧。大哥把他拉起來，這事不怪你，咱們一部打三部，兵分兩路，你等於帶了半個部落去跟兩部作戰，打成這樣已經很不容易了。現在圍已經被我解了，他們已經來認輸了，咱們既往不咎，以後我還一如既往地信任你，該打仗你還得去。頗剌淑後來就是劾里鉢的接班人，金朝建立之後，被追尊為肅宗。他這一仗雖然打敗了，但是哥哥對他的信任並沒有減輕一分。然後，完顏部跟兩部開始議和。

戰火不止

劾里鉢同意和桓赧部、散達部議和，眼看著這場戰爭即將結束，但是萬萬沒有想到，桓泒部和散達部卻藉機提出了一個非常過分的議和條件，而這件事直接導致了議和失敗，戰火再起。那麼，桓泒部和散達部提出的究竟是什麼苛刻的條件呢？為什麼劾里鉢堅決不能接受呢？

桓泒部和散達部老窩都被人抄了，現在議和，於情於理都應該是人家提什麼條件你都應該答應，你老窩都讓人給端了嘛，給足了你面子了，可這兩部真是給臉不兜著。兩個部落的酋長狂妄至極，議和可以，我們有條件，我們要完顏部的兩匹名馬，一匹叫大赤馬，一匹叫紫騮馬，你們拿這兩匹名馬來賠償我，我就答應跟你議和。你別看我老家被佔了，但我肉爛嘴不爛，我主力尚在，還可一戰。這兩匹馬一匹是劾里鉢弟弟的坐騎，另一匹是他堂弟的。前面講過，女真人愛馬如命，你要別的東西都好說，要馬就太傷女真人的自尊心了，而且你要的還是部落領袖弟弟的馬。實際上，桓泒、散達兩部把自己給逼進了絕境，你提的這個條件劾里鉢是無論如何也不可能答應的。我再能忍，這事我要忍下去我就不是人了，那我的部落就真散了，你要什麼給什麼，那我有什麼威信可言？誰還會聽我的？這樣，議和不成，只能繼續開打。桓泒、散達聯合了很多小部落，組成聯軍，氣勢洶洶向完顏部殺來。

二部首先攻打服從完顏部的小部落，這些部落趕緊向完顏部告急，桓泒、散達多部聯軍殺來，怎麼辦？劾里鉢說，你們先歸降，沒關係，我原諒你們，因為對方勢力大，我這兒一時半會兒湊不齊人手，沒法救你們，我現在自身還難保呢。但是你們歸降之後，心要向著我們完顏部，將來我打敗了桓赧、散達之後，沒有你們任何責任。劾里鉢開始整軍經武，準備跟桓赧、散達的多部聯軍決戰。

這一仗的慘烈程度，在金朝建國以前可以說是空前的，《金史》上專門記載，這一戰發生在遼大安七年（一〇九一年），以前滅了那麼多部落、打了那麼多仗，沒有任何記載，這一仗卻專門有記載。開戰之前，劾里鉢並沒有必勝的把握，因為雙方的力量對比確實太懸殊了，所以劾里鉢就想找救兵，首先想到了自己的宗主國遼國，我父親烏古迺這麼受遼國皇帝的信賴，我又是生女真諸部節度使，是朝廷命官，現在桓赧、散達起兵打我，就是反朝廷，朝廷不能坐視不理。因此他派頗剌淑去遼朝搬兵，請朝廷出兵相救。劾里鉢又派自己的堂弟辭不失去找盟友海姑部，讓海姑部出兵援助。頗剌淑去遼國，路途遙遠，不是一時半會兒能到的，所以援兵也不是一時半會兒能來的；辭不失倒是到了海姑部，但是帶來一個壞消息，海姑部叛變背盟了，加入到聯軍一方，要跟完顏部作戰。完顏部危若累卵。

大破聯軍

完顏部現在所面臨的不僅僅是四面楚歌、孤軍奮戰的絕境，而且因為在之前的戰爭中已經損失了部分實力，所以此時劾里鉢手中的兵力非常有限。那麼，在如此危急的生死關頭，劾里鉢又是怎麼創造了一個以少勝多的奇蹟的呢？

聯軍已經殺到家門口了，只能決一死戰了。劾里鉢先把後事交代了，「將戰，世祖戒辭不失曰：『汝先陣於脫豁改原，待吾三揚旗，三鳴鼓，即棄旗決戰。死生惟在今日，命不足惜！』」（《金史·世祖本紀》）劾里鉢告訴辭不失，騎著你的紫騮馬在脫豁改原列陣，看到我三揚旗、三擊鼓，咱們就兩路夾攻，進攻聯軍。咱們是死是活就看今天這一仗了，大家豁出命幹。辭不失領兵去脫豁改原列陣，本來聯軍人數就佔優，哥倆還分了兵，部眾人數就更少了。

看到聯軍黑鴉鴉地過來，每一個完顏部成員都面有懼色，擱誰誰不害怕啊？敵人千軍萬馬，四蹄騰空衝過來了，劾里鉢也害怕。但在這個時候，他做出了一個極其瘋狂的舉動，命令全體將士下馬，給馬餵水，並讓大傢伙也喝水，拿水洗洗臉。於是完顏部的騎兵們從馬上下來，給馬餵水，然後自己洗臉、喝水。奇蹟發生了，這樣一來大家的心就平靜下來了，馬喝了水，也冷靜下來，按說馬是應該不害怕的。大家一冷靜，畏懼心一去，爭強好勝的心就上來了，我是完顏部響噹噹的鐵骨男兒，你們這幫烏合之眾不是對手，我們祖先七代在這兒經營，別看我們人數少，你們人數多，麻雀雖有百千之眾，其奈雄鷹一隻乎？

但是劾里鉢明白，這一仗的結果是凶多吉少。劾里鉢看到部下都冷靜下來了，水也喝了，臉也洗了，氣也喘勻了，汗也擦乾淨了，就告訴自己最小的弟弟盈歌：「今日之事，若勝則已，萬一有不勝，吾必無生。汝今介馬遙觀，勿預戰事。若我死，汝勿收吾骨，勿顧戀親戚，亟馳馬奔告汝兄頗剌淑，於遼系籍受印，乞師以報此仇。」（《金史·世祖本紀》）

他這就是跟盈歌交代後事，今天這仗打勝了，那萬事皆休；萬一要打敗了，我肯定就死在這兒了，你要把咱們完顏部的血脈保存下來，你騎著馬在戰場外觀戰，不許參戰。如果我死了，你別去給我收屍，甚至於咱家親戚是死是活，你都甭管。趕緊飛馬到遼國去找你四哥頗刺淑，以加入遼國國籍為代價，向遼乞師，滅聯軍，給我報仇。可見，劾里鉢在這一戰中已經做好了最壞的打算，大不了我今天就死在這兒，沒關係，我家紅燈有人傳，江山自有後來人。劾里鉢交代弟弟給他報仇，而以加入遼國國籍為代價——這個代價太大了，當年景祖死活不肯系籍受印，現在都被迫到了這一步，也就是下了魚死網破之心。

戰端一開，世祖劾里鉢身先士卒，《金史・世祖本紀》卷一記載，劾里鉢「袒袖，不被甲，以縕袍垂襴護前後心，弓提劍，三揚旗，三鳴鼓，棄旗搏戰，身為軍鋒，突入敵陣，眾從之」。劾里鉢手持寶劍衝在最前面，不穿盔甲，用厚袍護胸，揚旗、擊鼓，揮舞寶劍，衝在眾軍的最前面，一副玩命的架勢。今天有死無生，有你沒我。完顏部的部眾一看，首領都衝上去跟人玩命去了，咱們怎麼能做縮頭烏龜？上吧，大傢伙都衝上去，前進一步生，後退一步死，寧可戰死了做烈士，也比活著苟延殘喘做奴隸強。這麼一幫亡命之徒、抱著必死之心的人衝殺過來，聯軍就吃不消了。

聯軍是驕兵必敗，完顏部是哀兵必勝。我今天就沒打算活著回去，我就是來跟你拼命來的。聯軍是打算來搶東西的，我沒打算跟你玩命，我們人這麼多、勢力這麼大，我覺得你應該投降才對，應該把金帛牛羊都送給我才是。沒想到這幫人不但不送東西，一個個紅著眼睛，揮著鐵打的戰刀，穿著砍不透的鐵甲，發射鐵箭頭的箭，跟我們拼命來了，聯軍一下大敗，一路潰逃到了脫豁改原。世祖在這兒設有伏兵，堂弟辭不失在這兒埋伏著呢，當初兵分兩路，現在看來是對了，兩下夾攻，聯軍潰不成軍。桓赧和散達兩部被俘的部眾無數，從此退出了歷史舞臺。

決戰烏春

雖然劾里鉢以少勝多，大敗桓赧部和散達部，但是挑起戰爭的元凶烏春部卻元氣未傷，還在虎視眈眈地窺視著完顏部。那麼，一下失去兩個盟友的烏春部下一步會做什麼呢？

當時有一個小部落翰勒，在烏古迺時期，曾經懾於烏古迺的威名歸降了。等烏古迺一死，翰勒部就後悔了，當初投降是一念之差，烏古迺使用強權、詐術，他連宗主國都能忽悠，我不得不降。現在烏古迺一死，他覺得自己該揚眉吐氣了，所以就想脫離完顏部。正好有一次，翰勒部首領家中莫名其妙失火，他不問青紅皂白就說是鄰部幹的，準備攻打鄰部。鄰部就向完顏部求援，劾里鉢出面調停，翰勒部圖謀未成，更是對完顏部懷恨在心了。當初你父親吞併了我，我就夠生氣了，現在我謀求獨立，要壯大自己的力量，拿鄰部開刀，你劾里鉢狗拿耗子多管閒事，你管得著嗎？翰勒部對完顏部特別不滿的時候，烏春部找上門來了。

烏春部說，咱倆一塊兒幹，把完顏部給滅了，你原來臣服於他，現在你滅了他，你讓他跪在你腳下，你品品這是什麼滋味。翰勒部首領一下子被鼓動得熱血沸騰，太好了，我早就盼著這一天。於是烏春、翰勒組成聯軍進攻完顏部。完顏部對付烏春可以說是手到擒來，當年那麼大規模的一場血戰，我都應付下來了，我已經在戰場上死過一次了，現在你一個小小烏春，竟敢興兵犯境，絕沒有好下場。這一次，劾里鉢又派自己的弟弟——當年戰敗了的頗刺淑出兵，你去試一試，給你一個揚名立萬的機會，因為將來你還得繼承我的首領位置，你得在族人面前揚眉吐氣一把。

這一次頗刺淑果然不負重望，去跟烏春決戰，大敗烏春，還活捉了叛變的翰勒部領袖。

世祖預言

劾里鉢憑藉著非凡的智慧和勇氣，一舉打敗了烏春部、桓赧部和散達部這三個強大的敵人，基本確立了完顏部在女真諸部中的霸主地位。然而劾里鉢卻沒有絲毫的鬆懈，因為在他眼前還有一個勁敵，那就是「四大金剛」中僅剩的窩謀罕部。那麼，劾里鉢會怎樣對待窩謀罕部呢？

窩謀罕部這個時候在劫難逃，完顏部是磨刀霍霍，只差一個藉口。窩謀罕部害怕了，就去找遼國，請求遼國居中調停。遼國不願意管這事，想把女真的事務完全委託給完顏部，可能來了個使者，三心二意地跟劾里鉢說了兩句，劾里鉢也虛與委蛇地應付了一番，這回根本不給老大面子。遼國的使臣本來也沒打算真心管這個事，窩謀罕既然求到我了，我不做個姿態也不合適。但是既然劾里鉢不給面子，那我也沒轍，我總不能為了你窩謀罕去打完顏部吧？所以遼國使臣就走了。遼使一走，窩謀罕部一看自己孤掌難鳴，原來的四大金剛就自己一個人玩了，咋辦？只剩下一條路，舉雙手投降。這樣，對完顏部構成威脅的四大金剛，在世祖劾里鉢時代就全部被收拾乾淨了。

劾里鉢大破多部聯軍的那一年，遼大安七年（一〇九一年），劾里鉢的兒子阿骨打當時二十三歲，在戰場上初露頭角。也是在那一年，遼道宗耶律洪基正式任命自己的孫子耶律延禧為接班人，也就是說金朝開國皇帝和遼朝末代皇帝都是在那一年為人所知，登上歷史舞臺。所以歷史有驚人的巧合，而這一年，為遼、金兩國將來的國運埋下了伏筆。

也許是常年鞍馬勞頓，征伐過於消耗體力，再加上天氣變化的原因，世祖的結局跟他的父祖一樣，回師途中身染重病，等回到自己的老家，就已經奄奄一息了。世祖的妻子正在痛哭，世祖在彌留之際睜開了雙眼，可能是迴光返照，就跟自己的妻子說，你也別哭了，再過一年咱倆就見面了。世祖媳婦一聽，傻了，什麼意思？再過一年咱倆就見面了？你還陽的可能性不大吧？那就是說我頂多再活一年？世祖的媳婦立刻就不哭了，這叫什麼事？你說你死就死你的唄，我這兒哇哇哭，正難受呢，你居然還咒我？！他的四弟頗剌淑就問劾里鉢，那您死了之後的事怎麼辦？劾里鉢跟四弟說，這事你也別操心了，再過三年你也就跟我見面了。頗剌淑哭笑不得，您真幽默，馬上就要嚥氣了，您還有閒心跟我開這玩笑？您真的是能掐會算還是怎麼著？果然，一年以後，劾里鉢的妻子去世；三年以後，頗剌淑去世。也不知出於何種原因，世祖臨終的時候添了一樣技能，能掐會算，預知後事，而且準確率百分之百。世祖死了以後，頗剌淑繼承他的節度使職位。這時候頗剌淑已經不是部落聯盟的酋長了，因為遼國已經授予他官職——生女真諸部節度使，讓他繼承了職權。頗剌淑後來的廟號追尊為肅宗，肅宗在位三年，在自己二哥的驚人預言下順利地去世了。

《金史・世祖本紀》這樣記載劾里鉢：「世祖天性嚴重，有智識，一見必識，暫聞不忘。」世祖天性敏達聰穎，智慧很高，什麼東西他一見就認得這是什麼，你偶爾跟他說的一件事，他只要聽過就不會忘。「凝寒不縮慄，動止不回顧。每戰未嘗被甲，先以夢兆候其勝負。」他打仗不穿甲，先做夢，一做夢他就能夢到這一仗是贏還是輸。「襲位之初，內外潰叛，締交為寇。世祖乃因敗為功，變弱為強。既破桓赧、散達、烏春、窩謀罕，基業自此大矣。」他繼位之初，面臨內憂外患的局面，世祖勝不驕敗不餒，越挫越勇，屢敗屢起，把四大金剛全給收拾了，到世祖這一代，女真族建國興邦的基業就已經定下來了。

世祖去世，肅宗繼位，三年後順利去世。那麼肅宗去世之後，又是誰來繼承了女真領袖的職位？他又幹了哪些事情呢？

四

霸業初成

金肅宗頗剌淑去世後，穆宗盈歌身為完顏部的新領袖，
繼續為統一女真而東征西討，
越來越多的女真部落都歸屬了完顏部，
然而完顏部的日益強大卻引起了宗主國遼國的注意。
那麼，在遼國的嚴密監控下，
盈歌究竟是如何逐漸統一女真的呢？

金世祖劾里鉢連破四部，使得女真完顏部的勢力更加壯大。世祖歸天以後，他的弟弟頗刺淑承襲了女真部落酋長的職務，也就是後來追尊的肅宗。因為世祖歸天的時候，預測到他弟弟只有三年的壽命了，所以三年以後，肅宗按照哥哥的預測準時去世了。肅宗去世之後，女真部落酋長職務傳給了劾里鉢的五弟盈歌，這就是後來金朝追認的穆宗。

盈歌是劾里鉢的五弟，劾里鉢在位的時候，東征西討，盈歌年紀還小，還看不出來有什麼本事，基本上只能打打雜，跑跑後勤，幹點打下手的活。現在兄長都去世了，侄子們還缺乏歷練，天將降大任於斯人，能幹也得幹，不能幹也得幹，所以盈歌就繼承了兩個哥哥傳下來的職位，開始在中國歷史舞臺上嶄露頭角。

盈歌當了酋長之後，當時女真完顏部的勢力已經非常強大了，基本上就成了整個女真民族的代表，所以他的任務就是繼續討平那些還沒有歸屬完顏部的女真部落，希望把這些部落完全併入到完顏部的帳下，完成女真民族的統一，這樣就不可避免地引起了宗主國遼國的注意。盈歌下一步用兵的對象，是目前還沒有臣服於完顏部的另一個大部落紇石烈部。但是跟紇石烈部打仗，要有藉口，吞併小部落可能遼朝廷睜一隻眼閉一隻眼，小部落也就千把來人，吞併了沒關係。如果是大部落，前面講過，四大金剛都已經被收拾掉了，剩下的大部落已經沒有幾個了，如果完顏部打算把這些剩下的大部落也吞併掉，朝廷就不幹了。穆宗想要用兵，正愁找不到藉口的時候，紇石烈部自己幹了一件蠢事，紇石烈部底下的一個小氏族部落居然造反，對抗遼朝。

這次紇石烈部下面的小部落造反是要阻斷鷹路。這個鷹我們在《塞北三朝・遼》裏講過，就是海東青，一種猛禽，用來捕獵，遼的貴族非常喜歡，特別是到了遼朝末年，貴族們對海東青的需求量很大。海東青，顧名思義，只產於海東地方，就是說只在女真的部落裏有。特別是女真族五國部的人可以逮海東青，然後加以馴化，馴化好了之後快馬送往遼上京。他們從捕捉到海東青的地方送到遼上京，大概要經過今天的吉林、遼寧、內蒙古等地，這條路就被稱為鷹路，專門送鷹的道路。朝廷專門派出捕鷹使者，就是我們講過的「銀牌天使」下來收鷹，收集完了之後送到遼上京臨潢府。由於銀牌使者經常在女真的部落裏胡作非為，引起女真人的反抗，所以不斷有女真人阻斷鷹路，在送鷹的路上搗亂，劫殺遼國的使者。這次紇石烈部下面的小部落可能玩大了，不是個別人的行為，而是整個部落起來阻斷鷹路，抓了遼國的捕鷹使者，這個事情就鬧大了。

為鷹而戰

紇石烈部的下屬部落竟敢公然反抗遼國，這無疑給盈歌出兵攻打紇石烈部提供了一個絕好的理由，但是盈歌並沒有馬上貿然出兵，這是因為究竟如何處理紇石烈部還必須由遼國說了算。那麼，遼國皇帝會如何處理這件事呢？盈歌能藉機滅了紇石烈部嗎？

當時遼國的皇帝是道宗耶律洪基，已經年近七旬，一聽說鷹路斷絕，就要出兵征討，他這一輩子最愛幹的事就是打獵。但是他自己又不想出力，希望以女真攻女真，讓女真各部互相攻伐，替自己去討伐叛匪。這個時候完顏盈歌就自告奮勇，我們完顏部替朝廷分憂，討伐叛匪。耶律洪基非常高興，先帝及朕重用完顏部沒有錯，國家一旦有事，完顏部就可用。因此，他立刻下旨讓完顏部出兵去討伐叛亂的紇石烈部。

盈歌出兵，很順利地就把紇石烈部解決掉了。但是，紇石烈部有一個叫阿疏的首領逃到了遼國，這個人我們以後還會經常提到，阿疏逃到遼國之後，就對耶律洪基講，現在的完顏部勢力太大了，當初阻斷鷹路是我們不對，當然不是我幹的，而是我們紇石烈部的另一個首領幹的，他已經被擒，該殺殺、該剮剮了。但是我們紇石烈部應該保存下來，如果紇石烈部滅亡，完顏部的勢力就會非常大，將來女真諸部統一，就不聽朝廷調遣了，絕非天朝上國之福。

如果耶律洪基稍微有點腦子，琢磨琢磨阿疏說的這些話，他應該也能想明白，現在坐視完顏部壯大，將來女真諸部混一，這肯定不是社稷之福。可惜耶律洪基這個時候已經老糊塗了，他本來也不是很明白，他連自己的皇后和太子（太子又是獨生子）都能給害死，可想而知，這是一個世間罕見的昏君。因此他對阿疏的說法也不放在心上，他本來也不太打理朝政，在他的眼裏，完顏部忠心耿耿，我要得到的最重要的東西就是海東青，鷹路不能斷絕，完顏部幫我重新打通了鷹路，平定叛匪，這樣的人怎麼會有問題呢？怎麼會對天朝上國構成威脅呢？根本不會！但是為了表示宗主國的地位，表現出老大的氣派來，既然我手下的嘍囉們出現了矛盾，我作為老大總要調停一下吧？所以他派了個使臣到完顏部，跟完顏部講，上天有好生之德，都是大遼子民，不要殺傷人命，仗就別打了，反正紇石烈部已經退了，鷹路已經打通了。而且俘虜的紇石烈的人眾要釋放，獲得的戰利品要歸還。

這個條件，完顏部是肯定不能答應的。我好不容易把紇石烈部打趴下了，再進一步我就可以吞併他了，現在朝廷派人來要求把戰利品歸還，把俘虜釋放，那不就白幹了嗎？紇石烈部不會蠢到再去阻斷鷹路，我以後再打他還能有什麼藉口？但是朝廷的使者來了，不能置之不理，於是盈歌就召集部落的首長們開會，現在朝廷派使臣來了，讓咱們不能再打紇石烈部了，大家議議，怎麼答覆朝廷？當時會上爭論得非常激烈，最後形成了完全針鋒相對的兩派意見：一派主張聽朝廷的話，把俘虜放了，然後不再進攻紇石烈部了，就地停戰；還有一派就主張甭管他，天高皇帝遠，朝廷不會把我們怎麼樣，紇石烈部背叛在先，我們討平叛匪，這是理所應當的，甭理他，接著打。

兩派意見到了盈歌這兒，盈歌就要琢磨了，這兩派意見都不能採納，為什麼呢？如果聽了朝廷的話，從此罷兵，並且釋放紇石烈部的俘虜，其結果必然會造成完顏部在女真族內地位的下降，以後女真各部有點事就上遼國上訪告御狀，那完顏部就很難做了，第一派的意見被否決了。但如果聽第二派的意見，不理朝廷，遼國雖然虛弱，百足之蟲，死而不僵，而且這個時候也沒看出他要死，畢竟是一個幅員萬里的大帝國，兵多將廣，兵強馬壯，萬一把朝廷惹毛了，列祖列宗六七代人艱難創業，好不容易才有的這麼一個局面，就會付與汪洋。一番權衡之後，盈歌跟手下人講，你們的意見我都不能採納，我另有高招。

成就霸位

盈歌此時的處境真的是左右為難，既不能停止攻打紇石烈部，也不能繼續攻打紇石烈部。那麼，盈歌口中的高招究竟是什麼呢？難道還有第三條路可以走嗎？

前面我們看到，女真領導人在對付遼國的時候，其實最擅長的手段就是忽悠，動不動就矇遼國，而且遼國人也真好蒙，一忽悠一個準。所以穆宗盈歌祭出父兄最常用的法寶——忽悠，他跟遼國的使臣講，請您放心，回去稟明天子，我這就退兵，您在我們這兒多住兩天，讓我們略盡地主之誼，招待招待，我們這兒山珍海味全是環保的，您好好享受享受。過一兩天，我準退兵。遼使一看完顏部這麼恭順，就住下來了，品嘗一下環保食品。

遼使剛一住下來，馬上就得到了壞消息，女真又有兩個部落叛亂了，幹什麼事呢？阻斷鷹路，捉了遼國的使者。這一下遼使嚇壞了，怎麼搞的，鷹路剛通，怎麼又斷了？遼使也沒有辦法應付，他沒帶兵來，只好來找盈歌。節度使，這是怎麼回事？你們女真人有沒有王法，怎麼又叛亂了？又把鷹路阻斷了？盈歌說，您看我說什麼來著，我說上京離我們這旮旯這麼老遠，不見得對這旮旯的情況都了解，對於叛亂必須打擊，不能手軟，退兵就錯了，讓末將來替您討伐叛亂，咱們把鷹路重新打通。在遼國使者和遼國皇帝的眼裏，鷹路是比什麼都重要的東西，玩鳥比什麼都重要，至於玩鳥會產生什麼後果，沒有人去想。遼使一看，如果鷹路斷絕，我沒法回上京覆命，弄不好要掉腦袋。既然盈歌願意去討平這兩個叛亂的部落，那你趕緊去。

盈歌到了那兩個「叛亂」部落，兩部很知趣，節度使我們錯了，不是我們幹的，是手底下人幹的，一念之差，犯了這樣的大錯誤，請您原諒，鷹路馬上就通，抓捕的遼使我們立刻放還。盈歌兵不血刃，這兩個部落就把使者放還了，鷹路也重新打通。盈歌回來見遼使，說你看，鷹路通了，被逮的捕鷹使者也放回來了。遼使特別高興，節度使奇功一件，到那兒三言兩語就打通鷹路，不用天朝動兵，皇上有鷹玩，比什麼都重要。待我稟明天子，為節度使請功。

遼國皇帝見鷹路又通了，使者也放回來了，就賞賜了盈歌大量的金銀財寶，原先不准對紇石烈部用兵的命令，自然就作廢了。盈歌繼續出兵，把紇石烈部完全吞併。吞併了紇石烈部之後，盈歌把繳獲的戰利品和鷹路重新打通之後遼國皇帝賞賜的物資分成三份，自己一份，那兩個起兵阻斷鷹路的部落各一份，謝謝二位配合，這事不白幹，這是你們的出場費。這就是盈歌的高招，第三條路！哪有那麼巧的事啊？遼國使臣剛一住下，倆部落就起兵阻斷鷹路？他們倆瘋了，沒看見紇石烈部阻斷鷹路什麼下場？那倆小部落還沒有紇石烈部強大呢，居然敢阻斷鷹路？這是盈歌私底下安排的，哥倆配合折騰一下，我兵一到，你倆就投降，把使者放回來，朝廷必有賞賜，有了賞賜之後咱哥仨分。那哥倆積極配合，這一下紇石烈部的命運就算是注定了。

紇石烈部一完蛋，完顏部在女真諸部中的地位就不可撼動了，沒有人再敢挑戰他的霸主或者老大地位。

國舅叛亂

就在打敗了紇石烈部之後，盈歌距離統一女真諸部已經不遠了，可是偏偏在這個時候，遼國皇帝耶律洪基去世，他的孫子繼位，這就是遼國的末代皇帝天祚帝耶律延禧。耶律延禧剛剛繼位沒多久，遼國國內就發生了叛亂，而這場叛亂竟然還牽連到了遠在千里之外的盈歌，那麼這究竟是怎麼回事呢？

天祚皇帝登基之後，不理朝政，整天沉迷於打獵。耶律氏和蕭氏貴族們就蠢蠢欲動了，這樣的天子留他何用？推翻他我們過把皇帝癮。其中有一個叫蕭海里的貴族，他的姐妹嫁給了天祚皇帝，他依仗皇帝舅子的身分胡作非為，恃寵而驕，滿朝側目，大臣們紛紛彈劾他，身為皇親國戚，不顧王法，墮壞紀綱。天祚皇帝為了不犯眾怒，難免敲打敲打蕭海里，你別太過了啊，就算你是我舅子吧，你也得讓我能說得出話來，你老幹這些事，滿朝文武都不滿，我不可能為了你一個人得罪那麼多人吧？領導親自找你談話，說明這個事已經很嚴重了，按理蕭海里應該收斂一下，但是他平時狂慣了，居然起兵叛亂。有多少兵呢？千把來人，都是他的私人部曲。蕭海里叛亂讓天祚皇帝惱羞成怒，立即下旨出兵平叛。

平叛的部隊有好幾千人，但是由於宋遼兩國一百多年沒打仗了，遼軍兵士也不習戰陣，加上平叛沒什麼油水可撈，不像跟鄰國開戰，打完之後金子、銀子、綢子能運回來點，所以遼軍鬥志也不旺，幾千官軍居然被蕭海里率領的一千多烏合之眾給打敗了。叛亂沒能夠平定，天祚皇帝大怒，又要徵集人馬去討伐蕭海里。蕭海里知道，自己這一仗勝得僥倖，他可能也為自己的魯莽行為後悔了，當初沒想明白，頭腦一熱就扯旗造反了。如果這一仗我打輸了，我負荊請罪，可能皇上念及親情還不會把我怎麼著，沒想到官軍這麼不經打，這一仗一不留神我贏了，皇上定會派大軍前來，我肯定不是對手。乾脆，能跑多遠就跑多遠吧。蕭海里就逃進了女真部落，他認為深山老林，官軍地形不熟，沒有當地人帶路，是打不過他的。

蕭海里逃進了女真部落後，就派人來找完顏盈歌，約他起兵反遼。由此可見這個時候完顏部的勢力有多大，盈歌不但在女真人心目當中，而且在遼國國舅心目中的地位都是很重要的。

獨取海里

蕭海里為了能說服盈歌起兵反遼，向盈歌許諾了不少的好處。那麼，盈歌面對這些高官厚祿會動心嗎？眼看著遼國國政日益混亂，心懷大志的盈歌會有什麼新的計畫呢？

蕭海里跟天祚皇帝誰的腿粗，盈歌拿腳指頭都能想明白，他絕不會為了這麼一個叛徒去反對大遼。盈歌根本就不可能有第二個選擇，腦子都不用過，直接就把蕭海里派來的人一捆，送交遼廷。這個叛徒派人遊說我叛亂，我把他捆了，請朝廷處置。天祚皇帝龍心大悅，卿家幾代人對大遼忠心耿耿，既然蕭海里逃到了你的地界上，那麼你有義務為國家除此叛賊。盈歌說，微臣正有此意，我一定會出兵，幫助朝廷討伐叛賊。

既奉聖旨，盈歌名正言順地招募女真各部的騎兵去討伐叛賊。這是女真人第一次跟契丹人作戰，以前甭管是平「四大金剛」還是吞併哪些部落，都是女真人之間的內戰。蕭海里手下儘管都是烏合之眾，但畢竟他們是地地道道的遼國人，這是女真人第一次見識遼國人的戰鬥力。盈歌下了血本了，在各部點集兵馬，騎兵們一律身披鐵甲，刀槍弓箭都是精製而成，看上去像一支正規軍。多少人呢？千把來人，當時女真部落盡最大的努力能湊出千把來騎兵就已經很不錯了。

兩軍開始在混同江，就是今松花江流域，展開了激戰。當時遼國也派來了一千多兵士助戰，史籍記載：「穆宗謂遼將曰：『退爾軍，我當獨取海里。』」（《金史・穆宗本紀》）戰鬥一打響，盈歌就跟那個遼國統兵的將軍說，把你的兵撤走，我一個人滅了蕭海里。當時女真的部將們很多人都表示不理解，咱這是何苦呢？蕭海里又沒反咱，他反的是遼，咱是替遼出氣，已經夠仗義了，朝廷又派來了官軍，你不用官軍幫忙，死咱自己人，這說不過去。這不像咱以前統一女真各部，那是咱們自己有便宜佔的事，這種事是為他人火中取栗，不可思議。你為什麼要這麼幹？

穆宗盈歌跟手下人講，你們見識短淺，你們看見遼軍的戰鬥力沒有？淨幫倒忙，成事不足，敗事有餘，不怕狼一樣的對手，就怕豬一樣的隊友，讓他們跟蕭海里打仗，咱還得分兵去救他，這樣的盟友要他做甚？他們一百多年養尊處優，不會打仗了，當年的馬上民族現在已經退化了，不如讓他們一邊待著去，看看我們女真人怎麼平蕭海里。平了蕭海里之後，我們是首功，朝廷不會虧待咱們，朝廷賞的東西比咱到部落裏搶的玩意兒要好得多。再有，這樣對遼國也是一種威懾，讓他看看我們女真人已經不是當年那樣了，不好惹了。所以，穆宗就率軍直接跟蕭海里部展開了激戰。遼國派來的部隊真的就做起了場外的看客，在那兒觀戰，並且不時地點評一番，這個打得不錯，那個差點，要是我應該怎麼打，反正光在那兒耍嘴皮子。女真人在戰場上縱橫馳騁，蕭海里軍一會兒就撐不住了。

在這場激戰當中，一位傑出的女真青年才俊嶄露頭角，此人就是後來建立金國的太祖皇帝完顏阿骨打。史籍記載說：「太祖策馬突戰。流矢中海里首，海里墮馬下，執而殺之，大破其軍。」（《金史．穆宗本紀》）完顏阿骨打一箭射中了蕭海里的腦袋，蕭海里掉下馬來，女真兵上去把他捆起來咔嚓一刀砍死了。蕭海里叛軍被徹底平定了

在這場戰鬥中，女真軍強大的戰鬥力表現得淋漓盡致，更為關鍵的是，「金人自此知遼兵之易與也」（《金史．穆宗本紀》），金國人從此知道，遼國兵是很好打的。遼國人說女真不滿萬，滿萬不可敵。剛千把來人，就爆發出這麼強悍的戰鬥力，他們要湊夠了一萬人，還了得嗎？這時候的盈歌、阿骨打叔侄的胸中就燃燒著一團火，或者說這個時候他們就有了一個夢想，有朝一日把寶座上的遼國皇帝趕下來，我們這些邊緣人、山林人也走出深山老林，過一把皇帝癮。當天祚皇帝賞賜女真部落大量的財寶時，女真已經不再把這個賞賜當回事了，他們已經在戰鬥中看到了自己的實力，看到了遼國的虛弱，他們建國的夢想之火已經開始熊熊燃燒。

沒等盈歌實現自己的偉大理想，他就病死了，享年五十一歲。

阿骨打上臺

穆宗盈歌去世之後，烏雅束繼位，史稱金康宗。烏雅束是世祖劾里鉢的長子，完顏阿骨打的親哥哥，當他繼位的時候，經過幾代人的努力，女真諸部中的絕大部分部落都歸順了完顏部。但是烏雅束掌權後並沒有趁熱打鐵徹底統一女真，而是馬上出兵攻打高麗國。這是為

什麼呢？

這是因為前面講過的那位阿疏，他流亡到遼國，癡心不改，身在遼國心在完顏，一門心思要把完顏部搞垮，一計不成再生一計，計計都是離間計。離間失敗，再離間再失敗，再失敗再離間，生命不止，離間不息，直到最後滅亡。在阿疏的挑撥離間下，有一個女真部落就做出了很激烈的反應，這個部落跟完顏部的關係很好，就把阿疏的使臣捆送完顏部。阿疏特別生氣，沒想到你這麼不識抬舉，一門心思要做完顏氏的走狗，讓你做人你不做，所以他跟遼國皇帝講，捆他使臣的那個部落叛亂，自己有確鑿的證據。當時遼國皇帝也不明真相，就派人去責問，其實一見遼使，阿疏的挑撥離間自然就會不攻自破，本來就沒這回事嘛！但沒想到這個部落膽兒太小，一聽說遼國使臣要來，就找到高麗國請求保護。高麗終於找到了一種大國的感覺，終於有人請求我保護了，這麼多年都是人家保護我，我的首都都讓遼國燒了，現在居然遼國手下的部落請求我保護了。高麗王就說，沒問題，我罩著你。當時完顏部的首領還是盈歌，盈歌也派人去找這個部落，跟他們講，不要害怕，咱們有辦法擺脫阿疏的挑撥離間。

等盈歌派的人出發之後，盈歌就去世了，烏雅束繼位，完顏部使者到了這個部落的地界上，把這個部落帶了回來。人是帶回來了，但高麗王居然背信棄義，把這個部落的地盤給佔領了，不但佔領了地盤，還在這個地方設立官署，那意思就是這個地兒以後就是我的了，永遠不歸還女真。烏雅束非常惱火，我剛剛當了生女真諸部的節度使，怎麼著也是大遼的朝廷命官，你一個小小的高麗王，居然敢跟我大遼節度使作對？竟然吞併我女真人的地盤，你吃了熊心豹子膽了？烏雅束派人去責問高麗王，你們這麼做什麼目的？高麗王當時不知道是哪兒來的膽，再加上也看不起女真部落，居然回了四個字：無與爾事。跟你沒關係，少管閒事。這四個字一說，標誌著雙方的關係正式破裂。烏雅束下令，讓這些高麗人知道知道咱們女真武士的厲害。

烏雅束派遣一員部將，率幾百號人跟高麗人展開了大戰。一仗下來，幾百女真武士突破高麗邊防，把高麗邊境上所有的軍用設施一概毀掉。看見我的厲害了嗎？如果你再不認輸的話，我這幾百號人沒準兒也能到開城去放把火。高麗王趕緊說，寡人錯了，對不起，這是底下人幹的，寡人並不知道。看來這高麗王不但無知，而且無恥。兩國爆發了戰爭，你身為一國之主居然不知道？高麗王說回去調查調查，是誰幹的，我處罰那幫人。女真人就撤軍了，既然高麗王認錯，咱也甭跟他一般見識，他不懂事。女真人一撤回來，高麗人腰桿就硬了，女真人也不過如此，沒有什麼了不起的，我作個揖他就撤了，那我多作幾回怕什麼？

高麗國這個時候居然敢主動派軍去進攻女真，他們在邊境上修了九座城寨，動員了萬把來人。烏雅束一看，我們女真人太天真了，高麗人真狡猾，作完揖之後就修城，修完城又派了一萬人來打我們。烏雅束找到了上次領兵深入高麗國境的那位部將，再跟高麗人幹一仗，你敢去嗎？那地兒你熟。部將說，沒問題，五百人足矣。給我五百個人，我讓高麗人知道知道鋤頭是鐵打的。這員部將領著五百名士兵殺得高麗人屍橫遍野，邊境九個寨子全給拔了。我估計都是讓高麗俘虜幹的，女真武士不幹這事。

這一下高麗王嚇壞了，第二次請和，主動釋放了被俘的十幾個女真人，他能抓到十幾個女真俘虜已經不容易了。高麗國這個時候是認識到了，女真人太厲害，不得了，五百人打我們一萬人，我們軍隊就像紙人似的。以後一百多年，高麗王再也不敢向女真挑釁，包括後來女真勢力衰落的時候。烏雅束把高麗國打服了之後，可能由於太耗費心力，也可能是被高麗這些言而無信、反反覆覆的人氣的，很快就去世了。

烏雅束沒有能夠把握住父祖開創的好時機，徹底統一女真諸部，但是把一個搗亂的鄰居打服了。高麗雖不算個強鄰，但他整天跟你搗亂，也夠討厭的。打服高麗之後，女真完顏部起兵反遼就沒有了後顧之憂。所以烏雅束雖然在女真內部沒有什麼大的建樹，但是對外的功績也絕對不容抹殺。烏雅束病逝，他的弟弟阿骨打順理成章承襲了女真諸部節度使的職務。阿骨打一上臺，女真民族在中國歷史上就有了一番精彩絕倫的演出。

五

女真建國

西元1113年，完顏阿骨打承襲了女真部落聯盟長一職，
他就是後來大金開國皇帝金太祖。
阿骨打繼任聯盟長後，女真實力迅速壯大。
一些將領多次勸說阿骨打稱帝建國，卻都被他拒絕。
那麼阿骨打是一個怎樣的人？
他為什麼一再拒絕將領們建國的請求？
後來，又是什麼原因促使阿骨打建立了大金國呢？

女真的聯盟長康宗烏雅束病逝，他的弟弟阿骨打繼承了遼冊封的節度使之位。根據史籍記載，阿骨打出生的時候就異於常人，當然史籍上這種記載很多，不一定都能信。《金史·太祖本紀》：「遼道宗時，有五色雲氣屢出東方，大若二千斛囷倉之狀，司天孔致和竊謂人曰：『其下當生異人，建非常之事。天以象告，非人力所能為也。』」遼道宗在位的時候，老有五色雲氣在東方升起，大的就像能裝下兩千斛糧食的糧倉那麼大。遼國的司天監孔致和，相當於現在中央氣象臺臺長，私底下跟人講：「東方要誕生一位異人，幹一番非同尋常的事業。這是上天注定的，不是人力所能阻止的。」

阿骨打在十歲的時候就表現出了驚人的戰鬥力。他跟小夥伴們比賽射箭，小夥伴們大多能射七八十步，按三步算一米，七八十步也就不得了了。輪到阿骨打，十歲的娃娃，拉弓開箭，史籍上記載射了三百二十步，按現在的距離就是一百多米。

有一次，遼國的使臣來到女真部落，看見阿骨打一個小孩子身上帶著弓箭，遼使很輕慢，你帶著箭幹嘛使啊？你是射狗啊還是射貓啊？欺負小動物吧，帶這麼個東西？這時，正好天上飛過一隻鳥，遼使說，小孩，你別帶著弓箭裝蒜，你能把那鳥射下來嗎？阿骨打彎弓搭箭，飛鳥應聲而落。遼使一看，異人也。這個孩子太不一般了，女真太厲害了，這麼點小孩都會射鳥。遼使把這當好玩兒的事看，就沒想想女真這麼點小孩一箭就把鳥射下來了，大人能把什麼射下來。這個時候就應該見微知著，一葉落而知天下秋啊！當然，女真部落不是每個小孩都有太祖這本事。

還有一次，阿骨打的父親世祖劾里鉢跟別的部落打仗，身上受了四處傷，仗也打輸了，裹著傷坐在那兒休息。這時看到自己的兒子阿骨打跟鄰家的小孩打架，十分勇敢，一個人打一堆人，而且還打贏了，世祖特別高興。《金史．太祖本紀》記載：「世祖被四創，疾困，坐太祖於膝，循其髮而撫之，曰：『此兒長大，吾復何憂？』」劾里鉢不是衝上去責問，怎麼不聽老師的話跟人打架呀？而是一把把阿骨打抱到自己膝蓋上，一邊撫摸著他腦袋一邊說：「這孩子要長大了，我還有什麼擔心的？」剛剛十歲就能打這麼多人，這要長大了，還得了嗎？

然後，世祖劾里鉢告訴自己的弟弟穆宗盈歌：「烏雅束柔善，惟此子足了契丹事。」（《金史．太祖本紀》）我的大兒子烏雅束柔善，其實我們看烏雅束也不柔善，就靠千把來人，兩次把高麗國打得慘敗。但是劾里鉢認為，烏雅束柔善，唯有我這個叫阿骨打的兒子，能夠完成女真人建國的夢想。

文武雙全阿骨打

阿骨打幼年時，就表現出了非凡的勇武，其父劾里鉢更是把整個女真民族的希望都寄託在他身上。但是，要想實現女真建國的夢想，單憑一身勇武還遠遠不夠。那麼，長大後的阿骨打，在其他方面還有哪些驚人的表現呢？

太祖阿骨打不但個人勇武，而且領兵打仗也是一把好手。他哥哥康宗在位時期，跟鄰近部落之間的戰爭，基本上都是阿骨打在負總責。

阿骨打有一次去征討留可部，這也是一個小部落，路過一個叫烏塔的小城。這個城按照咱們現在的理解，也就是小村寨，拿木頭壘個門，寒酸簡陋。路過這個小城的時候，阿骨打讓自己的部下埋鍋造飯，吃飽了再打留可部。烏塔城的人看到阿骨打有鍋，就衝出來把阿骨打的鍋給搶走了。因為女真部落把鐵器引為至寶，可能烏塔城裏面的人沒鍋，天天只能烤肉吃，一看阿骨打有鍋，出來就搶。鍋被搶走了，部下卻都餓著肚子呢，阿骨打拿著鞭子指著烏塔城的人說，等我一會兒把留可部滅了，回來找你們要鍋。烏塔人覺得他在開玩笑，你這一幫人都餓著肚子，一會兒就能把留可部滅了？仨月以後您再說吧，到那時候鍋就屬於我們了。阿骨打領著這幫餓肚子的兵就走了。半天工夫不到，阿骨打回來了，留可部已經被我們滅了，把鍋還給我們。就那麼一會兒工夫，他們餓著肚子滅了一個部落。烏塔人嚇壞了，首領用腦袋頂著鍋，恭恭敬敬地出城，跪在阿骨打面前。阿骨打在女真部落地位很高，被遼冊封為詳穩，就是漢語「令公」的意思。烏塔城的城主頂著鍋跪在阿骨打馬前說，奴才不敢破壞詳穩的東西，您老人家驗驗，您這鍋我根本沒敢使，一直在祖宗牌位前供著呢。由此可見阿骨打不但個人的武藝出眾，而且領兵打仗、指揮軍隊絕對是一把好手。

阿骨打不但能武，而且能文，具有良好的治理國家（當時沒有國家，都是部落）的才能。「康宗七年，歲不登。」（《金史·太祖本紀》）康宗烏雅束在位的第七年，鬧災荒，不長莊稼，老百姓流離失所，有些人就去做強盜。這個時候，部落中有元老一級的人物主張嚴刑酷罰，逮著搶東西的人就殺。搶東西的人太多了，不殺幾個，不足以震懾諸盜，必須要嚴打！此時，阿骨打出面勸阻，「以財殺人，不可。財者，人所致也」（《金史．太祖本紀》）。老子講：「不貴難得之貨，使民不為盜。」（《老子》）你要不拿金子銀子當寶貝，就沒人去偷金子銀子。阿骨打說絕對不能因為他搶了東西就殺他。那怎麼處理呢？部落裏通過一個決議，凡是搶東西的人，被逮著之後三倍償還。你要用價值三倍的東西來償還被搶的人，抵你一條命。這已經比搶了東西就砍頭輕多了。但是你想，他要有錢至於去搶嗎？所以你讓他三倍償還那不是開玩笑嗎？我沒有錢償還怎麼辦？只有把老婆孩子賣了，我家徒四壁，也就老婆孩子還能賣，別的都賣不上價錢。這樣一來，部落人心離散。此時，阿骨打又挺身而出，跟自己的哥哥烏雅束講，絕對不能再這麼幹了。於是，他們召集部落的元老議事。大家討論出一個結果之後，阿骨打站在房外，用綢條繫在權杖的頂端，跟令旗似的，召集大家，對大家講：「今貧者不能自活，賣妻子以償債。骨肉之愛，人心所同。自今三年勿徵，過三年徐圖之。」（《金史．太祖本紀》）現在窮人不能活，所以賣妻子償債。骨肉之情人心所同，誰把自己老婆孩子賣了心裏能好受啊？因此從現在起三年內免徵賦稅，等三年以後，咱們這兒經濟恢復了，饑荒度過了再說。這樣一來，眾皆聽令，聞者感泣，遠近歸心，各個部落紛紛來投奔完顏部，完顏部基本上完成了整個女真的統一。

當年平定蕭海里叛亂之後，阿骨打就建議自己的叔叔盈歌禁止各部設立自己的權杖，一律以完顏部的權杖為主。因為女真人沒有文字，靠權杖來證明這是大酋長說的話。所以各部一旦以完顏部的權杖為主，完顏部實際上就可以號令女真各部了。

二 責阿骨打

當時的女真族處於遼國統治下，長期遭受迫害和欺壓，因此阿骨打痛恨遼國。一一一二年，在遼國的頭魚宴上，天祚皇帝要求阿骨打為自己跳舞助興，被他斷然拒絕。這更加堅定了阿骨打崛起女真族、討伐遼國的決心。那麼，阿骨打在做了女真節度使後，會如何對待遼國呢？

在阿骨打做節度使之前，他就曾經在頭魚宴上拒絕給天祚皇帝跳舞。等做了節度使之後，那更是不拿天祚皇帝當回事，他招募甲士，修繕工事，一門心思準備跟遼國打仗。遼國熟悉女真內情的大臣就把這個事報上去了，說女真部最近有異樣，整天爐火熊熊，叮叮噹噹打造刀槍，大肆出來購買鎧甲、放養戰馬，在跟咱們邊境接壤的地方，木柵欄全都立起來了，好像是對天朝有不臣之心。遼國於是派使臣來責問，阿骨打回答說：「設險自守，又何問哉！」（《金史．太祖本紀》）我這兒修個工事防止強盜，用得著跟你打招呼嗎？你問什麼啊？他就這樣把遼使打發回去了。

朝廷一看，可能這個使臣身分不夠，就派了個更大的官去責問阿骨打，說你這麼做什麼目的？你要上報天子。阿骨打回答：「我小國也，事大國不敢廢禮。大國德澤不施，而逋逃是主，以此字小，能無望乎？若以阿疏與我，請事朝貢。苟不獲已，豈能束手受制也。」（《金史．太祖本紀》）我是個小國，我一直對你們大國恭恭敬敬，但是大國缺德，把從我們這兒逃亡的人、跟我作對的人，都保留起來，由你給罩著，你靠這個統治小國，我對你還能有什麼指望？所以我就提一個條件，你把那個叛逃的阿疏還給我，咱們該怎麼著還怎麼著。

破遼鬼

阿疏本是女真紇石烈部的首領，阿骨打的叔叔盈歌曾利用替遼國掃清鷹路的機會，佔領了紇石烈部，阿疏逃到遼國避難。後來阿疏屢次攻擊、詆毀完顏部，完顏部也曾多次請求遼國交還阿疏，卻都遭到拒絕。那麼，阿骨打再次提出歸還阿疏的要求，遼國會同意嗎？

遼國覺得這太傷面子了，絕不能把阿疏還給你。後來當女真人攻破了遼上京、抓著阿疏之後，非常詭異的一幕出現了：要說阿疏這個人，從阿骨打的父親到哥哥到他自己，三代人都要抓他，好不容易逮著了，還不得亂刀剁成肉泥啊？結果，阿疏被輕輕地敲了幾十板子就放了，啥事沒有。阿疏壽命還特長，比阿骨打壽命都長，尤其是到了晚年，小日子過得美哉美哉。

只要一有人請教他的姓名，說這老爺子誰啊？怎麼這麼悠哉遊哉的？阿疏就說，我叫破遼鬼。所以最後有一種議論，說阿疏也許真的是金國的內應，他成心逃到遼國，成心挑事，激化契丹跟女真的矛盾，女真才有藉口跟遼國打仗。女真只要一說遼壓迫我，舉不出什麼別的明顯例子，就舉這個例子，阿疏跑了，你不還給我，我就打你。遼國皇帝當時要是一時高興，把他還給女真，還真不知道完顏阿骨打會怎麼辦呢！因此阿疏特別得意，說自己破遼有功。當然這只是一種說法。

遼國不肯釋放阿疏，也就做相應的準備。在寧江州，就是遼國跟女真諸部邊防一線，建立工事，增調兵馬，增設守備。

淶流水誓師

遼軍和女真兵大肆備戰，戰爭一觸即發。遼軍雖然戰鬥力弱，但城高池廣，易守難攻。女真兵雖然驍勇善戰，但畢竟只有幾千人馬。因此阿骨打也不敢輕舉妄動。那麼這種情況下，又是什麼原因，促使阿骨打下決心挑起了對遼戰爭呢？

遼廷派了兩位將領前來防禦，派的將領都是渤海人，其中一位叫大家奴。渤海、女真本來就是一家人，都源出靺鞨，渤海是粟末靺鞨，女真是黑水靺鞨，只不過渤海歸順遼，入遼的戶口已久。阿骨打看到遼國增兵，就派人到寧江州去探問一下情況，派去的人到了寧江州，還真見到了守將，不知道是不是大家奴本人。守將跟阿骨打的人說，你們真討厭，沒事造什麼反啊？朝廷聽說你們造反了，就派我們來打你們，就你們手下這百十號人還想造反？你們不是真想反吧？整個寧江州上上下下，誰見了阿骨打的人都問這事，是不是你們想造反啊？

女真使臣回去之後趕緊稟告阿骨打，說咱們現在反也得反，不反也得反，地球人都知道咱要造反了。而且寧江州上上下下守備空虛，沒有人拿咱們造反當回事。這個時候我們趕緊起兵，一舉攻克寧江州，以快打慢，先下手為強，後下手遭殃。阿骨打一聽，發出信牌，召集各部，集中了兩千五百人在淶流水集中，這支部隊的人數已經在女真民族的戰鬥史上稱得上是一支前無古人的大軍了，這就是中國歷史上有名的「淶流水誓師」。

阿骨打祭告天地，然後發表了一通鼓舞人心的演說：「世事遼國，恪修職貢，定烏春、窩謀罕之亂，破蕭海里之眾，有功不省，而侵侮是加。罪人阿疏，屢請不遣。今將問罪於遼，天地其鑒佑之。」（《金史．太祖本紀》）阿骨打伐遼的藉口有倆：第一個，有功不賞。我們本來對大遼一向忠心耿耿，平烏春、平窩謀罕、平蕭海里，幫助大遼建功，但是他們有功不賞，欺負我們。第二個，我想把阿疏要回來，他老不給我。所以在這種情況下，我起兵造反，天地神明保佑我一舉成功。阿骨打告訴自己的部下：「汝等同心盡力，有功者，奴婢部曲為良，庶人官之，先有官者敘進，輕重視功。苟違誓言，身死梃下，家屬無赦。」

（《金史·太祖本紀》）大家同心協力，如果立下戰功，你們做奴婢的釋放為平民，庶人可以做官，有官的人可以晉級。大家齊聲呼喊，女真民族壓抑了上千年的能量在這個時候噴發出來。阿骨打指揮兩千五百人撲向寧江州。

兵到寧江州城下。女真兵以前只有野戰和打木柵欄的經驗，第一次面對城牆和護城河。怎麼辦？阿骨打下令，兩千五百名士兵背土，也不知道哪兒有那麼多土，一人背一麻袋，填平護城河。估計那河也沒多深，也沒多寬，填平之後女真兵開始攻城。後來宋朝人在靖康之變的時候曾經形容女真人，人如龍、馬如虎、入水如獺、登城如猿。阿骨打一舉攻克了寧江州。

佔領寧江州之後，完顏阿骨打下令，把所有俘獲的渤海人和熟女真人一律放掉，包括遼國將領大家奴，讓他們回自己的家鄉，去召服熟女真和渤海人。阿骨打傳諭：「女直、渤海本同一家，我興師伐罪，不濫及無辜也。」（《金史·太祖本紀》）咱們本來都一家子，這一次我興師伐罪，只對付契丹人，只破遼國，不殃及無辜。他這麼一搞，早已加入遼國國籍、有遼國戶口的熟女真人紛紛歸附。渤海人也覺得，遼國一打仗就讓我們渤海人打前鋒，我們在歷史上也建立過國家（渤海國就是海東盛國），而且是被遼國所滅，在遼國的統治下當了二百多年亡國奴。這個時候我們的遠親起兵，畢竟都是靺鞨人同一血脈，是選遼還是選女真，根本就不用想！這樣一來，整個女真地區，傳檄而定，形勢對阿骨打來說一派大好。

出河店大捷

寧江州一戰，遼國認識到女真發展迅速，不容小視。因此，遼國派出號稱十萬大軍討伐女真。此時阿骨打擁有女真兵三千七百人。這一仗的兵力對比之懸殊，不但在中國古代，甚至在世界冷兵器戰爭史上，也極為罕見。那麼在兵力相差如此懸殊的情況下，阿骨打又是如何以少勝多、大敗遼軍的呢？

阿骨打面對強敵絕不退縮，而是利用隆冬季節，三千七百名女真騎兵，騎馬渡過了鴨子河，在出河店與遼軍對峙。但畢竟阿骨打人數太少，遼軍的人數太多，怎麼才能鼓舞士氣？阿骨打利用女真人都相信的薩滿教，靠占卜之說來穩定軍心。「既夜，太祖方就枕，若有扶其首者三，寤而起，曰：『神明警我也！』即鳴鼓舉燧而行。」（《金史．太祖本紀》）夜裏，大軍渡過鴨子河，部下剛紮下營來，阿骨打睡到半夜就蹦起來，趕緊把全軍集合起來。他說我剛睡著，就夢見有人敲我腦袋，敲了三回，這是蒼天警示我，出兵打仗就在此時，一戰成功。女真騎兵們全都信以為真了，本來就對自己的領袖無比尊重、無比崇拜、無比信任，我們的領袖又有神明相助，必定成功。

於是全軍上馬，三千七百多女真鐵騎，趁夜直撲遼營。當時正好大雪紛飛，天寒地凍，遼國的士兵縮在帳篷裏邊已經進入了夢鄉，連站崗的都不怎麼走動，圍著火堆烤火。在天將亮不亮的時候，女真騎兵一陣風似的衝到遼軍面前，展開了激戰。遼國人萬萬沒有想到女真兵來得如此神速，而且敢於主動進攻。遼軍覺得女真人打仗不合章法啊，仗不是這麼打的，你們不會打仗。打仗得兩方面下了戰書，約定地點，等天一亮，兩軍對圓，中軍左軍右軍，然後擊鼓進攻，鳴金收兵。你們什麼都沒有，酋長親自領著一幫人就來跟我們玩命來了，所以我們敗給這種人不新鮮，沒人教過我們怎麼對付這種人。遼國的統軍大將耶律謝十被完顏阿骨打一箭射落馬下。離得老遠，兩軍剛一照面，主帥就被完顏阿骨打射死了。這一下女真兵士氣大振，遼軍十萬大軍被三千七百女真人打得差不多全軍覆沒。

出河店大捷之後，生熟女真、渤海人紛紛來歸，阿骨打的人馬發展到了一萬，兵力已經是很強大了。女真兵發展到了一萬之後，阿骨打的弟弟完顏吳乞買和他的堂兄、國相撒改，就勸阿骨打登基做皇帝。你看咱們三千多人就能打敗契丹十萬大軍，您應該登基做皇帝了。阿骨打哈哈大笑：「一戰而勝，遂稱大號，何示人淺也。」（《金史．太祖本紀》）咱剛打了一個勝仗，就當皇帝，這太淺薄了，這事咱不能這麼幹。當時女真民族沒有文字，阿骨打也應該沒有讀過書，但是對於謀略無師自通、爛熟於胸。後來朱元璋起兵，謀士就告訴他，「高築牆，廣積糧，緩稱王」，不能跟洪秀全似的，剛有一個村就建「天國」了，再佔一鄉就當「天王」了，不能那樣，那是過把癮就死，兔子尾巴長不了。阿骨打打了這麼個大勝仗，消滅了十萬敵軍，但是堅決不做皇帝。

金國建立

阿骨打起兵伐遼的初衷，本是反抗遼國的壓迫，對於做皇帝他並不著急。可是隨著女真實力壯大，歸降的部落越來越多，卻出現了一些問題，迫使阿骨打不得不立刻建國。那麼究竟是什麼原因促使阿骨打決定建立大金國呢？

隨著女真的勢力越來越大，生熟女真和渤海人歸降的是越來越多，在這種情況下，就出現了一個問題：你阿骨打不再是為自己做皇帝了，而是因為戰爭的需要，你必須得做皇帝。比如說，渤海人原來是遼國公民，我們有官府，有州縣的長官，有人管我們，我們是有國家的，現在我歸降誰？我歸降一個部落？我由一個國家的公民變成一個部落的村民？這我心裏面接受不了。再有，女真起兵反遼，在遼朝眼裏就是叛亂，遼到哪兒都說女真是叛徒，覺得出兵平叛光明正大，如果女真建國，那就不是叛亂了，就變成民族獨立解放戰爭，變成了兩個民族、兩個政權之間的戰爭，而不是遼國內部的戰爭了。

大家反覆遊說完顏阿骨打，你必須得建國，「今大功已建，若不稱號，無以繫天下心」（《金史．太祖本紀》）。現在咱們勢力已經這麼大了，歸順的同胞越來越多，如果你不稱位號，無以繫天下心。大家投降咱們的目的不也就為了當開國功臣，享王侯之位？你不當皇帝大家都沒念想。來到你這兒給個酋長？那誰幹啊！原來人家是朝廷命官，錦衣玉食，到這兒品級都沒有了，連國家公務員都不算了。於是，完顏阿骨打說：「吾將思之。」（《金史．太祖本紀》）我想想吧，這個時候心眼已經活泛了。

女真貴族們一看，完顏阿骨打光說想想，沒下文了，這不行，咱還得勸。光咱們勸不行，咱們太樸實，不會說話，語言表達能力差，得找個念過書的人勸。於是，大家推出一個渤海人，此人叫楊朴，很多書籍上把他記載為漢人，其實他是渤海人，是在遼國中過進士的一位渤海人。老楊，你能說會道，識文斷字，你有文化，你去跟我們老大說說，讓他當皇帝。於是楊朴就來遊說阿骨打：「大王創興師旅，當變家為國，圖霸天下。比者諸部兵眾皆歸大王，今力可拔山填海，而不能革故鼎新，冊帝號，封諸蕃，傳檄回應千里。自是東接海隅，南連宋，西通夏，北安遠國之民，建萬世之鎡基，興帝王之社稷，行之有疑，禍如發矢，大王如何？」（《續資治通鑒》卷九十一）這個楊朴說得真是頭頭是道，他跟完顏阿骨打講，你現在創興師旅，就要化家為國，你得有個國家，你是為了民族獨立解放而戰，不是為了完顏部而戰。現在各部落傳檄而定，已經能夠拔山填海了，這個時候就應該革故鼎新。你建國之後，東到大海，南連大宋，西通西夏，北安遠國之民。我們就可以把遼的地盤全部佔領，興帝王萬世之基。如果不這麼做，後果實難預料，大王你好好想一想吧。

完顏阿骨打一想，我手下這幫人的話可以不聽，我覺得他們有私心，或者他們可能太熱愛我了，急於讓我當皇帝，但文化人的話咱不能不聽，知識份子都勸我建國了。這個時候的阿骨打心中可能並沒有推翻遼的思想準備，因為遼雖然打了兩場敗仗，但畢竟實力那麼強大，不可能說完就完，但是他要有一個名號，足以號令部眾。這樣一來，在他起兵的第二年，也就是西元一一一五年，阿骨打在群臣的推戴、勸諫下即皇帝位，建國號大金。

簡樸的國家

金國建立，女真人有了屬於自己的國家。但這時的金國還不能算是真正意義上的封建制國家。女真人依然沿襲著原始的部族時代保留下來的生活習慣和傳統制度。那麼，當時女真人的生活狀態究竟是怎樣呢？

史籍記載，大金建國的時候，阿骨打身穿龍袍，面南而坐，彩旗飛舞，大臣宗翰獻犁杖，給皇帝權杖和木犁，以示農業為本。這段史料給人的感覺可能有虛構的成分，因為那個時候的女真人不可能以農業為主，他們還是以漁獵為主，農業只是輔助產業。至於阿骨打登基的時候那麼大的排場，這肯定是虛構美化的。

阿骨打當了皇帝之後，在自己的老家建立了所謂的「宮殿」，後來他定為都城，就是上京（今黑龍江的阿城）。阿骨打住的地方俗稱皇帝寨，連城都不是，就是一個村落，拿木頭圍欄圍起來。阿骨打家的房子不過比村裏一般老百姓的房子稍微大一點而已。可能別的老百姓一間，他們家前後有幾間，這就成了他的皇宮。他的嬪妃們在大雨天的時候，如果在「前殿」跟「後殿」之間穿梭，要把鞋脫下來，蹚水過去，因為「宮殿」與「宮殿」之間一片汪洋。如果外邊下大雨，宮裏面就下小雨，皇帝睡一宿覺，得換幾個地方。阿骨打在前殿召集文武大臣議事，就是大家盤腿在火炕上坐著，冬天冷，燒火炕。大臣圍坐一圈，舉行圓桌會議，由職位最低的人第一個發言，這個想得好，高階可以否低階，低階的不敢否高階的，所以職位最低的先說，一圈人發言完，最後皇帝拍板，還有原始民主制的痕跡。到了飯點了，大傢伙都別回家了，在皇帝家吃飯。負責端飯的都是皇帝的嬪妃，沒有宮女，哪兒找宮女去，部落一共才多少人啊？大臣站起來說：「謝謝嫂子。」阿骨打只要在「宮殿」裏邊舉行國家典禮，牆頭就有一幫小孩趴著看熱鬧。鄰居家殺了雞了，就派孩子到阿骨打家，叫皇上來吃。阿骨打就到人家家裏吃雞，很開心。他說最近朕勤於國事，好久沒吃到這麼鮮美的食物了。更不可思議的是，皇帝下河跟大臣們一起洗澡，君臣赤膊以待，坦誠相見，什麼禮儀、避諱都沒有，一邊搓著背，一邊軍國大事就決定下來了。在這麼簡陋的情況下，女真人建立了自己的國家，總算圓了當年的夢想。

那麼女真建國，遼能答應嗎？肯定不能！所以一場大戰即將爆發。

六

太祖滅遼

西元1115年，金太祖完顏阿骨打率領女真人建立了金國。
當時，金國國土面積很小，士兵僅一萬餘人。
那麼阿骨打是如何率領金軍，
只用十年的時間，就吞併了幅員萬里的大遼帝國的？
他又是怎樣使金國迅速發展成為北方最強悍的王朝的呢？

完顏阿骨打在群臣的勸諫下正式建國稱帝，女真人有了自己的國家。阿骨打稱帝之後，下一步最主要的目標就是佔領遼的重鎮黃龍府。黃龍府是遼針對女真地區軍事體系的中心，佔領了黃龍府，遼針對女真地區的防禦體系就會全部崩潰。因此，女真人必須佔領黃龍府，完顏阿骨打親統大軍打到黃龍府城下。

黃龍府確實不是浪得虛名，易守難攻。女真兵幾次強攻，抬著攻城器具，潮水般地衝上去，又潮水般地退下來。遼又派出了援軍，增援黃龍府。完顏阿骨打這時候表現出過人的謀略與智識。他沒有讀過兵書，沒有受過任何軍事訓練，但是打仗無師自通。他知道，一面是堅城，一面是援軍，必須要圍點打援。當年宋太宗北伐遼國，頓挫於幽州城下，就是忘記了圍點打援。金軍以一部分兵力牽制黃龍府守軍，因為黃龍府的守軍整天惶惶不可終日，不敢主動出兵迎戰，只要牽制住就足夠了，集中主力打敗遼的援軍。遼國的幾支援軍來援，都被金軍打得大敗，黃龍府守軍一看大勢已去，包括主將的心思都已經不在守城上了，認為此城早晚必陷。金太祖完顏阿骨打打退遼國援軍之後，親冒矢石，指揮士兵登城，遼兵此時再也沒有決死戰鬥的勇氣，黃龍府被一舉攻克。太祖皇帝過人的智謀在這場戰鬥當中體現得淋漓盡致。黃龍府一戰，標誌著遼在東北地區的軍事防禦體系徹底崩潰，黃龍府被佔領後，遼的東京遼陽就直接暴露在金軍面前。

此時此刻，遼天祚皇帝也顧不上打獵了，他也知道事態的嚴重程度已上升到遼帝國的存亡絕續了，因此親統大軍跟金兵決戰。史籍記載遼國大軍有七十萬之眾，當然這七十萬是個虛數，能夠查到的資料，大概是十五萬人，對外號稱七十萬。女真兵有多少人呢？兩萬！如果遼軍是十五萬，那也是一比七點五，要是七十萬，就是一比三十五，這麼懸殊的比例，在戰爭史上是罕見的。

太祖燃情

遼天祚帝率數十萬大軍親征，討伐女真。阿骨打根據以往同遼軍交戰的經驗判斷，遼國倉促成軍，士兵毫無戰鬥力，全軍將士只要士氣不減，敢於迎戰，就一定能取勝。那麼大敵當前，阿骨打會用什麼辦法鼓舞將士的鬥志呢？

阿骨打當著百官的面，拔出刀來，割破自己的臉，這是女真人表示傷心的一種極端方式。然後，他跟手下的人講，當初起兵，就是為了咱們民族的生存，不受遼的壓迫，起兵之後又很順利，建立了我們自己的國家，我們很希望能夠跟遼和平共處，讓他承認我們這個政權。沒想到今天遼不容我，竟然起全國之兵來消滅我們。現在眾寡極其懸殊，咱們部落以前雖然也打過以寡敵眾的戰鬥，但是畢竟沒有這麼懸殊。所以現在不如我以死謝罪，殺我一族，你們把我的首級獻給遼國，大家可免於無事。你們看如何？說著太祖就要自己抹脖子，旁邊的大臣一把抱住他，把刀就給搶過來了，大家的悲情被點燃了。我們皇上說得對啊，遼壓迫我們，我們就為了民族生存、解放而起兵，我們招誰惹誰了？遼還是不容我們，現在逼得我們皇上自殺！我們皇上真要自殺了，我們這幫人還算人嗎？大家跪下來跟太祖講，現在無話可說了，沒有什麼招可想，您也別自殺，咱們跟遼決一死戰，拼一個夠本兒，拼倆咱就賺一個。太祖一聽，好！朕的演出效果堪稱完美。

既然如此，有進無退，有死無生，有敵無我。於是，金軍就懷著必勝必死的勇氣向遼軍殺去，已經豁出去了，無所謂了，人人奮勇，個個爭先，殺開一條血路。遼軍像潮水拍在岩石上一樣，一浪過來，粉碎，再上來一浪，又粉碎。但是畢竟遼軍人數眾多，你一個人砍十多個，這十多個人就算是一動不動，站在那兒讓你砍，你砍上幾個，還舉得起刀來嗎？十多棵大白菜剁一陣子也累，甭說活人了。遼軍一浪一浪地過來，女真兵眼看不支的時候，遼軍卻突然退去。為什麼遼軍退去了呢？

護步達岡之戰

遼天祚帝率兵親征女真，遼國御營副都統耶律章奴趁機在朝中發動叛亂，企圖廢掉天祚帝，另立新主。叛亂的消息傳到戰場，天祚帝立刻率親軍班師，打算先回朝平定內亂。可此時，戰場上的遼軍正處於扭轉戰局的關鍵時刻，那麼，天祚帝的離開會給戰事帶來怎樣的變化呢？

天祚帝帶著自己的親信大臣、護衛親兵撥馬就撤。皇上一撤，戰場上的遼兵不知道怎麼回事。我們本來正在這兒苦戰，女真兵很凶猛，但是猛虎架不住一群狼，眼看我們就要贏了，怎麼皇上跑了？士兵們就以為是遼軍敗了，部隊嘩一下就潰退了下來。女真兵這個時候長出了一口氣，可算撿了條命，遼國人跑了，咱們歇口氣吧，這玩意兒可真不是鬧著玩的，看來殺幾十萬人真不容易。當女真兵勒馬不前的時候，太祖皇帝策馬衝到，大聲呵斥，你們還是男子漢嗎？剛才敵人那麼凶猛，我們都敢打，現在敵人敗了，你們不敢追擊？我真替你們蒙羞。女真騎兵們一聽，皇上這麼說我們？行了！不累了，水不喝了，飯不吃了，一夾馬肚子就追上去了。

遼兵跟女真兵的想法是一樣的，可算躲開這幫人了，他們簡直瘋了，跟瘋子怎麼打仗？好不容易三三兩兩退下來，終於能夠活著回到家鄉了。遼兵一看這幫瘋子追上來了，這個時候皇上都跑了，你讓他們去拼命？所以幾十萬人讓開一條路，您這邊請，皇上在前面，你別追我。金軍兩翼包抄，在護步達岡追上了天祚帝的部隊，一場血戰下來，天祚帝只率三十餘名騎兵逃離戰場，七十萬大軍還剩三十多個人。拙作《塞北三朝・遼》一書中講過，天祚帝一口氣狂奔五百多里，中間不待下馬的，個人身體素質不錯，騎術不錯，馬更不是一般的馬，一路狂奔逃離了險境。此役之後，金興遼亡的格局基本上已經奠定，在中國北方雄踞了兩百餘年的遼帝國從此一蹶不振。

第二年，一一一六年，遼國東京遼陽府被金軍攻佔。五個首都就已經喪失一個了。阿骨打佔領了遼東京之後，又有很多渤海人、契丹人、奚族人歸附，阿骨打一方面要跟遼打仗，另一方面要進行政權建設，把一個部族變成一個成熟體制下的國家。相比與遼對陣接仗，這個任務可能相對於政權初創的女真人難度更大，女真人怎麼辦呢？

改革體制

大金建國初期，女真人並沒有皇權至上的觀念和皇位世襲的制度，而是依然沿襲著部族時代的政治體制。當時金國的皇位，既不專屬於阿骨打本人，也不屬於阿骨打派系。完顏部任何派系的首領都可以掌權當皇帝。因此，擺在阿骨打面前最緊迫的問題就是，如何平衡派系間的關係、鞏固自己的權力。

完顏阿骨打當時做了皇帝不假，可是從女真部族時代傳下來的很多傳統並沒有改變。金國貴族都屬於完顏部，但是分成了幾大派系，阿骨打只不過是他這一派的領袖而已，還有幾派，比如前邊講過的勸阿骨打當皇帝的國相撒改派。撒改是阿骨打的堂兄，他的地位相當於女真最高宗教領袖，薩滿之首。這一派勢力大到什麼程度呢？可以講基本上完顏部老家的人心向背取決於撒改，如果撒改下令造阿骨打的反，完顏部就敢造阿骨打的反。

阿骨打針對這種情況，在中央建立了一種制度，叫作勃極烈制。勃極烈，中原的史書中翻譯成郎君、郎主，如《岳飛傳》中的大郎主、二郎主；清朝人的史書就乾脆翻譯成貝勒，後來清朝的貝勒跟勃極烈可能就是一脈相承。當時在金朝中央，主要是五大勃極烈：阿骨打的弟弟完顏吳乞買為諳班勃極烈。諳班就是大的意思，大勃極烈，能當上了這個職務，實際上就意味著是皇位的接班人。後來太祖阿骨打去世之後，就是吳乞買繼承了皇位。原來的國相撒改擔任國論忽魯勃極烈，相當於漢族的宰相。因為他原來也是國相，現在在國相上面設立一個大勃極烈，這個大勃極烈將來繼承皇位，您就別做這個打算了，但是照樣可以管制軍民，權力很大。阿骨打的堂叔辭不失為國論阿買勃極烈。另一個弟弟完顏杲，女真名叫斜也，為國論昊勃極烈。後來又增加了一個大臣叫阿離合懣，做國論乙室勃極烈。這些官稱都是女真語，翻譯成漢語，大概諳班勃極烈是接班人的意思，國論忽魯勃極烈是宰相的意思，國論阿買勃極烈更多的是管軍隊，最後設立的國論乙室勃極烈主要是負責外交。如此一來，中央政權有了一個簡單的分工，雖然這些勃極烈們位高權重，但是已經跟當年阿骨打做酋長的時候，大傢伙一起在地上畫土議事，有了明顯的變化，勃極烈只不過是皇帝的輔佐機構了。女真人也確立了皇權至上的制度或者理念，由一個部族向一個國家的過渡完成了。

另外，女真人在軍事上有一套完善的制度，猛安謀克制度。三百戶為一謀克，十謀克為一猛安。「猛安」如果翻譯成漢語，應該就是千夫長，「謀克」翻譯成漢語應該就是百夫長。後來金國仿行漢制之後，把猛安、謀克的級別做了一個規定，猛安相當於知州，謀克相當於知縣，一個是五品，一個是六品。這就為後來女真在明朝末年創立八旗制度奠定了基礎。八旗制就是從猛安謀克發展來的，三百人一牛錄，五牛錄一甲喇，五甲喇一固山，一個固山用一面旗來表示。阿骨打起兵的時候，連一猛安都沒有，只有兩千五百人，一猛安還要三千人呢。女真人用猛安謀克制度來統率，凡是渤海人、漢人，仍然按原來的統治方式。也就是說，金也繼承了遼的一國兩制。就是說猛安謀克是針對女真人和契丹人的，漢地、渤海地區仍然用原來的州縣統治機構，因為渤海人很不習慣這種上馬管軍、下馬管民的方式。女真、契丹按同一種方式管，一個重要原因就是為監視契丹人，後來把契丹人的部落組織打散了，編入女真的猛安謀克當中。

這套制度一建立，女真人出則為兵，入則為民，戰鬥力極其強勁，特別能打仗。《金史·兵志》裏對女真人的軍事制度有過這樣一番記載：「金興，用兵如神，戰勝攻取，無敵當世，曾未十年遂定大業。原其成功之速，俗本鷙勁，人多沉雄，兄弟子姓才皆良將，部落保伍技皆銳兵。加之地狹產薄，無事苦耕可給衣食，有事苦戰可致俘獲，勞其筋骨以能寒暑，徵發調遣事同一家。是故將勇而志一，兵精而力齊。」這裏明確地點出了猛安謀克制度的重要性，本來這個民族就是很英勇的民族，這個地方又很窮，窮則思變，老百姓苦耕、苦戰獲得衣食，再加上猛安謀克制度，對於民眾和軍隊管理的有效性，使得女真兵的戰鬥力奇強，不到十年就能夠成就大業。

太祖建國後也取了漢族名字，不叫阿骨打了，改名完顏旻，他的弟弟吳乞買改名叫完顏晟。不但起了漢名，哥倆還知道排上輩，都用日字頭，下面一個弟弟叫完顏杲，凡是這個名字裏帶日字頭的，基本上跟太祖是一輩的。下一輩人都叫「宗×」，雙名裏面帶一個「宗」字，是太祖的子侄輩的人。

國家建立以後，金太祖覺得一個國家進入文明的標誌，就是要創立自己的文字。於是他派自己手下的大臣完顏希尹，依據漢字製成文字來拼寫女真語，從而發明了女真文。女真文也是在漢字筆劃的基礎上發明出來的，跟契丹文一樣，乍一看很像漢字，仔細一看，一個也不認識。女真文成為金國通用的官方文字，一直到了十五世紀初，東北的女真部落裏還有人用這種文字。隨著後來金國的滅亡，沒有了推廣文字的機制，這種文字也就沒有人用了。今天，女真文基本上可以說也變成了一種死文字，得靠學者專家們破譯。

攻陷遼都

金太祖經過一系列改革，金國體制日漸完備，國家初具規模。同時，金軍對遼的戰爭也頻頻告捷。可是，這時的阿骨打卻突然想要同遼國休戰。這究竟是怎麼回事呢？

這個時候的阿骨打更希望能夠跟遼和平相處，為什麼呢？女真一起兵，攻佔了這麼大片的土地，甚至出乎他們自己的預料，沒想到竟然這麼快，沒想到遼竟然這麼虛弱，新佔領的地區需要時間去消化。所以金這時候並不想推翻遼國，只要遼國能夠承認現在大金的地位，兩下停兵止戈，就達到目的了。護步達岡之戰以後，遼也看到大金崛起於東北白山黑水間，方興未艾，消滅金的時機已經過去了，所以也想跟金議和。

雙方幾回使節往還之後，遼答應冊封完顏阿骨打為東懷國皇帝，做大遼藩屬，世世修貢，謹守臣節。那阿骨打能同意嗎？阿骨打要的是跟遼地位完全平等，你在屢戰屢敗的情況下，我沒滅了你就夠對得起你了，你還要讓我藩屬？我還「東懷國皇帝」？我已經建國了，國號大金，憑什麼讓你給我改國號？我想做皇帝就做，用得著你來冊封啊？阿骨打被遼的態度激怒了，跟自己的部下講：「遼人屢敗，遣使求成，惟飾虛辭，以為緩師之計，當議進討。」（《金史·太祖本紀》）遼屢戰屢敗，來跟我們議和，這是放和平煙幕，掩蓋他假和平、真戰爭的罪惡，咱們不能上他的當。咱們現在別的事先放一放，一鼓作氣，乾脆把遼推翻，把遼地劃入我大金版圖。完顏阿骨打算是徹底明白了，金遼兩國不可能和平共處，必然存一亡一。而此時，宋朝看到遼倒楣，派遣使臣渡海到金，簽訂海上之盟，與金相約，聯手滅遼。金很高興，鬼知道幽雲十六州在哪兒，反正也不是我的地盤，你願意要回去就要回去吧，每年能得到五十萬銀絹，還能得到中原大國相助，挺好。這個時候隨著戰事的開展、外交工作的順利，金就更加感覺到沒有必要跟遼談和了，沒有必要低聲下氣了，應該一鼓作氣，把遼滅掉。遼的五個首都中，東京已經被攻佔，由東北地區通往遼國上京臨潢府的道路已經全線敞開。於是，阿骨打親統大軍，進攻遼上京。

遼上京是契丹發祥之地，只要拿下遼上京，遼國皇帝就無以號令天下。太祖率領大軍打到上京城下，派人去招降，守軍拒絕投降，太祖揮軍猛攻，只一個上午，幅員萬里的大帝國的一號首都就被佔領了。太祖皇帝非常高興，騎馬巡視了城裏一番，做夢也想不到，當年進貢我都沒資格來，現在我以主人的身分來到了這座城市裏，這些東西都是我的了，太高興了！於是，阿骨打在這兒住下來了，流連忘返。部將勸他，天太熱，大軍趕緊班師，以免傳染病流行。咱就這麼點人，可病不起，咱們一病的話遼軍反攻，後果很嚴重！太祖皇帝聽信部將之言，雖然很喜歡宮殿裏的東西，但是為了保全戰鬥力，絕不貪戀財寶，更不羡慕榮華，率軍撤退。咱們還有更重要的事情要做，分遣大軍多路出擊。

上京被佔領之後，金軍兵鋒直指遼國的中京大定府，就是今天內蒙古寧城。聽說天祚皇帝在遼中京，大軍馬不停蹄，前來進攻。出兵之前，金太祖下詔：「遼政不綱，人神共棄。今欲中外一統，故命汝率大軍，以行討伐。」（《金史・太祖本紀》）這一次咱們的目的就是要一舉佔領遼國的疆土，實現中外一統，徹底把遼政權推翻。在《塞北三朝・遼》一書中咱們講過，由於天祚皇帝昏庸，賜死了自己的文妃，殺掉了自己最賢德的兒子晉王，逼反了文妃的妹夫、遼國的第一名將耶律余睹。耶律余睹降金之後被封為元帥府監軍，因為他對遼國的內情瞭若指掌，所以他率軍為前鋒去攻打遼國，很快就佔領了遼的中京，但是沒有逮到天祚皇帝。天祚皇帝在中京陷落之前就已經跑了，遼軍的最高指揮在這個最緊要的關頭放棄了自己的指揮權，於是金軍兵分多路，分別去攻打西京、南京。

按照金與北宋的盟約，南京本來應該由北宋攻打，但是北宋軍隊的戰鬥力低下，所以金就把這些地方都給佔領了。當金軍攻打遼中京的時候，太祖皇帝特別告誡自己的部將：「若克中京，所得禮樂儀仗圖書文籍，並先次津發赴闕。」（《金史・太祖本紀》）咱們的大軍攻進了中京之後，一定注意去找禮樂儀仗、圖書文籍。這些東西對於定國安邦的作用非常重要，你先別把遼國皇帝的金銀器皿運來，要把禮樂儀仗圖書文籍趕緊給我送來，咱們治國需要。可見太祖皇帝這個時候對於中原文明的嚮往如饑似渴，他知道馬上打天下，不能馬上定江山，所以我最需要安邦定國的東西你趕緊給我拿來。

遼國滅亡

隨著遼國首都逐一淪陷，大遼滅亡已成定局。可是金軍卻一直沒有抓住遼國的天祚皇帝。那麼，這時候天祚帝究竟在哪裏，他為什麼眼睜睜看著國家淪陷，卻不率軍抵抗呢？大遼末代皇帝耶律延禧最後的下場又是怎樣呢？

天祚皇帝在中京陷落之前就已經跑了，詳見拙作《塞北三朝・遼》，他準備了日行三五百里的寶馬兩千匹，弄了三五百麻袋的金銀珠寶，準備逃到宋當弟弟，或者到西夏當舅舅。他都已經想好了，宋朝皇帝是我哥，西夏皇帝是我外甥，我跑到哪兒都吃香的喝辣的，我不在乎，所以帶著人帶著馬就跑了，後來一直躲在夾山。

天祚皇帝是一口氣地逃，他想的是金國的軍隊不會離家那麼老遠來作戰，遼國的疆域這麼大，我哪兒不能藏身呢？萬一你找著我了，我換地跑。你跟我耗，你耗不起，早晚有一天，我耗死你，自然你就會退軍。實際上，後來金宋戰爭的時候，宋高宗也是這個主意，江南地區，疆域廣大，卑濕水熱，我就是跑跑，我跑了之後，你們能在我這兒待多久？你一撤了之後我不就又回來了嗎？我的疆域還能恢復啊。宋高宗這麼想，都比天祚帝這麼想有道理。我們確實看到金國消滅不了南宋，因為那個地界不適合他們動武。但是天祚皇帝這麼想就大錯特錯了！你這個地界除了草原就是沙漠，特別適合騎兵運動，人家金國也是這樣的一個民族，你跑到哪兒人家追不上你啊？

後來由於耶律余睹歸降，耶律大石出走，天祚皇帝大勢已去，只好率部眾去投歸西夏。在投歸西夏的路上，走到今天的山西應縣，被金國大將完顏婁室的部隊追上，團團圍住，天祚皇帝連玉璽、皇冠都丟了，飲食也沒有了，只能渴了弄把雪，餓了拔根草，退回到史前文明時代了。金軍圍上來，部將紛紛投降。天祚皇帝知道抵抗也沒戲了，於是仰天長歎，時不我與。金兵就準備把天祚皇帝給捆上，沒想到天祚皇帝這時候還在擺皇帝的架子：大膽，爾等敢對天子無禮？怎麼著我也是皇上。雖然皇冠沒了，玉璽沒了，畢竟我當了二十五年的天子。完顏婁室還真的很尊重他，甩鐙離鞍，下了馬之後，在天祚皇帝的馬前下跪作揖：奴婢不才，以甲冑冒犯天威，請陛下下馬。我錯了，對不起，穿著盔甲來見你，但是你給我下來吧。天祚皇帝淒然一笑，畢竟最後一刻，戰勝者給了自己尊嚴，人家打勝了，逮著我了，我都被俘虜了，人家還給我跪下。於是天祚皇帝下馬，上了車，當然上的是囚車，被押運到金國，降封為王爵。

對天祚皇帝的死，史籍有兩種不同的記載。一種說法是他活了五十四歲，被俘第二年就死了；一種說法是他八十二歲高齡時被海陵王給害死了。不管他是怎麼死的，天祚皇帝的被俘，標誌著遼帝國正式滅亡。後來耶律大石在新疆中亞建立了西遼，把契丹的國祚又延長了八十多年，這是後話了。

「完美」皇帝

西元一一二五年，金軍徹底消滅遼國，金太祖完顏阿骨打的夙願得以實現。但非常遺憾的是，阿骨打沒來得及看到這一切，就離開了人世。那麼，阿骨打是怎麼死的？對於金太祖，史籍上又有怎樣的評價呢？

天祚皇帝被俘後，最讓他欣慰的一件事，或者最讓他高興的一件事，就是他看到了自己的老對頭完顏阿骨打死在自己前面。金太祖完顏阿骨打在班師途中駕崩了。前面幾代女真領袖，也多是在大功底定、班師途中去世的，也不知道他們是不是故意功成身退，反正是為子孫開創了一個好的局面。完顏阿骨打的弟弟完顏吳乞買繼位，就是太宗皇帝。中國有句俗話叫作蓋棺論定，一個人棺材蓋蓋上了，才能給他的一生下一個評語。那麼，對於金太祖的一生，該怎麼評價呢？

《金史・太祖本紀》記載：「太祖英謨睿略，豁達大度，知人善任，人樂為用。……金有天下百十有九年，太祖數年之間算無遺策，兵無留行，底定大業，傳之子孫。」包括今天的史學家，都給金太祖用了一個評價人的時候很少用的詞——完美，這是一個完人。金國一百一十九年的天下，都是太祖這幾年奠定的基礎。《金史》是元朝人編的，元是蒙古人建立的王朝，蒙古就是因為反抗金才起兵的，按說跟金是對頭。當然寫《金史》的人應該不是蒙古人，肯定是漢族的儒臣。但是對於自己的老對頭，給予這麼崇高的評價，可見金太祖不管是用兵理政，還是他個人的品德修養，都找不出什麼毛病來，善於用兵，身先士卒，屢戰屢勝，對外與周邊部族包括對宋的外交謀劃，都為金爭取了最大的利益。

金太祖個人的生活相當簡樸，跟群臣一塊兒下河洗澡，顯然不貪財貨，是一個傑出的開國之君。他雖然去世，但今時金國的國力，蒸蒸日上。他歸天之後，太宗皇帝繼位，按說老對頭遼國也已經滅亡了，金國這十多年一直在打仗，這個時候最好休養生息，鞏固、消化被佔領的地區。可是太宗皇帝一繼位，金國又進行了更大規模的對外戰爭，這一次是跟誰打呢？

七

金宋敗盟

西元1120年，金和北宋簽訂海上之盟，
聯手滅遼，但是滅遼之後，
金太宗完顏吳乞買一繼位，馬上撕毀盟約，
出兵攻打北宋，這是為什麼？
為什麼昔日的親密盟友一下就反目成仇？
宋金兩國之間究竟發生了哪些特別的事情呢？

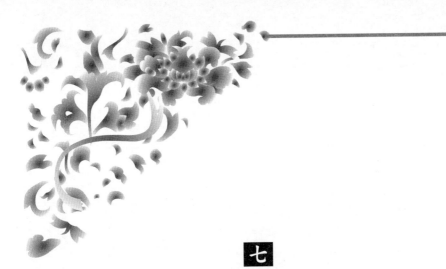

金與北宋聯手滅了遼國，兩國一開始是盟友的關係。但實際上，金宋這兩個國家，一個是草原民族建立的政權，另一個是中原王朝建立起來的政權，他們的共同利益其實少得可憐，他們之所以能夠聯手走在一起，是因為有共同的敵人。一旦這個共同的敵人失去了，兩國的蜜月也就到頭了。

實際上，金跟北宋聯手滅遼的過程中，就出現了很多不和諧的音符。在這些不和諧的音符之中，金看穿了北宋的虛弱與腐朽。金宋結盟，是宋主動約金的。宋朝皇帝聽了遼國人馬直（後來改名叫趙良嗣）的話，說女真興起，把遼打得慘敗，這個時候是我們出兵收復幽雲十六州的好機會，咱們趕緊出兵把它收回來，咱要不佔的話，就被金給佔了。宋朝皇帝聽信了馬直的一番話，西元一一一八年，主動派人渡海去金國佔領區，商量兩國結盟的事。後來跟金國簽訂了盟約，就是海上之盟。海上之盟明確規定，宋金兩國是兄弟之邦，地位完全平等；宋收回幽雲十六州，把原本該給遼的歲幣給金；雙方不能夠吸引對方的叛徒；並劃定了一個軍事分界線，金軍打到榆關止步，就是今天的秦皇島山海關那一帶。這個和約達成，是在西元一一二〇年。

和約達成之後，轉過來年，西元一一二一年，金國就派使臣來北宋交換盟約文本，催著北宋執行，你該出兵了。但是北宋爆發了方臘之亂，南方亂了，本來應該去攻打遼的部隊，南下平叛去打方臘了。部隊一南下，等於北宋敗盟了，你跟人家約好了來年出兵，共同攻擊遼，結果你沒出兵。金國不管你為什麼沒出兵，使臣到了東京汴梁，北宋沒法跟人家交代，宋徽宗君臣視國事如兒戲，就把金國的使臣給扣下了。人家是來跟你結盟共同對付敵人的，催著你出兵，你不能出兵，你跟人家實話實說，求得人原諒，把人扣下來算什麼事啊？當然他也不是強扣，三天一小宴，五天一大宴，經常贈點禮品，一待就待了三個多月。

古代交通通信又不是很發達，金國君臣等得十分焦急，怎麼回事？我的使臣是到了還是沒到呢？怎麼沒個信回來？半道上被遼國俘虜了？金國大臣就告訴金太祖，咱們別等北宋了，看來這北宋沒譜，咱們直接出兵，把遼國滅了得了。這個時候我軍士氣正盛，一鼓作氣，再而衰，三而竭，等著北宋得猴年馬月了。恰逢此時，遼國名將耶律余睹降金，把遼國的虛實全部告訴了金太祖。金太祖非常高興，任命耶律余睹為元帥府右監軍，做金軍的先導部隊。很快就佔領了中京、西京，把天祚皇帝打到夾山裏面去了，亡命大漠。本來宋跟金要聯合夾擊遼，金負責佔領遼的上京、東京和中京，宋負責佔領西京和南京，因為宋要收回幽雲十六州，西京是雲州，南京就是幽州。你不是要收回這些地方嗎？你自個兒打啊！北宋沒能出兵，金軍連西京也給佔了。

金國把西京一佔，北宋著急了，眼瞅遼國的五京讓金佔了四個，我們再不出兵的話，南京也就要被金國佔了，咱就什麼都撈不著了。此時方臘之亂已平，宋朝忙調集大軍北上進攻遼南京。按說你進攻遼南京的時候，該跟你的盟友說一聲吧，我去年有點事耽誤了，遲到了一點，也沒晚太久，就遲到了一年，現在我出兵了。可是宋也沒通知金國，自己就出兵了。更可笑的是宋軍被耶律大石、蕭干這些人打得大敗，第一次慘敗之後，又騙金國人——其實打敗了，也可以實話實說啊，可宋卻跟金國人說我軍大捷，南京指日可下。第二次去打南京，又失敗了，這下紙包不住火了。童貫只好跟金太祖講，我們打南京實在是比較費勁，麻煩您給打一下。

金太祖不嫌麻煩，金軍越過古北口，佔領了遼南京，等於遼的五個首都全部是被金國佔領的，北宋只發動了攻打南京的兩場戰事，還全失敗了，第一次，十萬對三萬，第二次十萬對兩萬。此情此景，金國人長眼珠肯定不是出氣用的，怎麼看北宋，那就可想而知了。你們幹什麼什麼不靈，就會耍嘴，耍嘴還沒譜，答應的事從來不算數，兩次違約背盟。所以金國的大將們就建議金太祖，別跟北宋和好，你看他這麼虛弱，遼兵在我們面前是羊，到了他們宋軍面前就是狼，被我們殺剩下的這點漏網之魚都能把他們打得慘敗，咱們要打他們，那不是摧枯拉朽、勢如破竹嗎？咱們不要把土地還給他，咱們要跟他作戰，一下把他給消滅掉就完了。金太祖不願意背盟，但是他說了一句話，我活著的時候我要遵守跟北宋的盟約，我死了之後，你們愛怎麼著怎麼著，我就不管了。金國的將領只好強壓住了怒火，那好吧，既然皇上有旨，那就暫時便宜北宋一把。

北宋收南京

雖然金太祖完顏阿骨打同意把南京地區歸還北宋，但是由於金國將領對北宋的兩次背盟非常不滿，所以當北宋派使臣前來接收南京地區時，金國大將完顏宗翰藉機提出了一個極為苛刻的條件。那麼，北宋這次能順利收回南京嗎？

當時金國的大將宗翰跟宋朝講，南京是我軍將士流血犧牲一刀一槍換來的（實際上金軍也沒流多少血，一發動進攻遼軍就投降了），憑什麼你上嘴皮一碰下嘴皮我就還給你？給你也行，你得贖回去，給我一百萬代稅錢，我就把南京還給你。南京的地盤，我可以給你，但賦稅你得給我，不但賦稅給我，我把這裏的人也得遷走，給你座空城，老百姓弄回北方還可以做奴隸。當時的宋朝使臣趙良嗣就跟金國人爭辯，說自古賦稅跟著土地走，有這塊地才有這塊地的稅，哪能說我佔了這塊地，稅交給你，沒有這樣的事呀。宗翰說，南京這地方一年的賦稅是六百萬，我才要一百萬，我已經虧到家了，你要不給的話，咱倆就兵戎相見。你們跟遼國打了這麼多年仗，打不過人家，所以給人家歲幣。你打不過遼，打得過我大金嗎？你嫌這一百萬多是不？這個錢我不要了，咱們兩軍對圓了，打一仗再說。要是我們大金輸了，一分錢不要，這塊地你拿走，白送。要是我們大金贏了的話……趙良嗣一聽，幹什麼，打仗？還什麼如果你們大金輸了，沒有這種如果，不打不打就不打，一百萬給得起，仗是絕對不能打。不就一百萬嗎，沒有問題，給你，只是求你別再喊打講殺了。

宋朝要求金交還南京地方的九個州，金只答應給七個，差出倆來怎麼回事？差的這兩個州一個是平州，一個是營州，在今天河北、遼寧一帶，平州、營州並不在幽雲十六州裏。宋朝君臣不但對國事懵懂無知，地理學得也不好，當然歷史也沒學好，營、平二州並不是石敬瑭割給契丹的，而是五代的時候幽州節度使劉仁軌送給契丹的。契丹得到了幽雲十六州之後，設立南京道，遼國的地方行政區劃是道、州、縣，跟北宋一樣，北宋是路、州、縣。營、平二州另立一路，隸屬西京道管轄，不歸南京道管轄。北宋並不知道遼國疆域的變化，遼國內部行政區劃怎麼回事，因此跟金國人談的時候，要求把營、平二州也給還回來。金國人這幾年一邊打仗一邊惡補地理知識，隨著對遼戰爭的不斷勝利，金軍的鐵蹄踏遍了遼的山山水水，對遼國地理學知識的掌握已經遠遠超過了北宋。一聽北宋的要求，金人立刻糾正北宋的這個地理學術錯誤，這營、平二州並不在幽雲十六州裏，你憑什麼跟我要？本來給你南京就多餘，你現在還要這個，堅決不給。雙方因為這個地理學術爭議鬧得很不愉快。

西京問題

在營、平二州的問題上，金國人覺得北宋這個盟友不僅言而無信，而且得寸進尺、貪得無厭，於是金國和北宋之間的關係進一步惡化。而此時的北宋並沒有見好就收，在勉強收回了南京，改南京析津府為燕京府之後，接著馬上又要求金國歸還西京。那麼已經對北宋十分惱火的金國，會答應北宋的要求嗎？

金國大臣的憤怒已經達到了頂點，你有完沒完，南京（即燕京）這幾個州給你，我們就心不甘情不願，你還要西京？那可是我們大金武士一刀一槍流了血拼出來的，堅決不給。阿骨打說，趙皇大度，我跟他要一百萬貫，他都沒跟我討價還價，這一百萬貫就給了，西京也還給他們吧。在阿骨打的眼裏，這本來也不是大金的地方，給他也沒什麼，但不能平白無故地給，宋得給我錢。給多少呢？三百萬，而且要白銀，銅錢不要。另外還要借給金二十萬斛白米的軍糧。金國使者嚴格貫徹阿骨打定下的還地要錢要糧的方針去跟北宋談，拿錢，給米，西京還你。北宋馬上動員起來了，北宋有錢啊，銀子湊得很快，當然白米一時半會兒湊不到，先把銀子給金送去了。金國收到白銀，開始交割西京，但動作卻很慢，磨磨蹭蹭，故意不交還給北宋。在西京九州還沒有交還完畢的時候，金國朝廷內唯一主張對宋友好的太祖完顏阿骨打駕崩了，這一下宋金關係出現了大轉折。

完顏阿骨打駕崩之後，根據女真貴族兄終弟及的傳統，完顏阿骨打的弟弟完顏吳乞買繼承皇位，這就是金國歷史上的第二代皇帝，金太宗。西元一一二三年，吳乞買繼位，自然不想承認金太祖答應下來的那些條件，況且金太祖也曾說過，他活著的時候不背盟，死了之後不禁止後人背盟。如此，金國就不想把西京各州還給北宋。

張覺降宋

金太宗完顏吳乞買繼位之後，金和北宋的關係雖然越來越僵，卻還沒達到徹底決裂的地步，然而就在這個關鍵時刻，一個人的出現將宋金兩國一下推到了戰爭的邊緣。那麼，這個人究竟是誰呢？

宋金兩國反目成仇、關係徹底決裂的導火線，是一個名叫張覺的人。張覺是遼平州人，就是前文所說營、平二州中的平州人，中過進士，官至遼興軍節度使，原來耶律大石也做過這個職務，在遼國應該是高官了。

當金國興起的時候，張覺感覺到天下大亂，形勢不對，在自己所管轄的地盤招募丁壯，組成軍隊，準備抵抗金兵。據說他當時招募了五萬多人，有良馬千匹，選定大將，準備保家衛國。不料他的壯志還沒來得及施展，遼國就已經接近滅亡。張覺覺得這也太沒意思了，我的祖國怎麼這麼快就滅亡了？我這滿腔抱負還沒來得及施展，不是我不行，更不是我不會打仗，而是沒有用武的機會。所以他苦心經營以待時機，暫時投降了金國。張覺投降了之後，金國對他很不錯，仍然讓他統治平州，他的部隊也沒有解散。因為當時金軍進軍太迅速，女真兵一共就那麼幾萬人，金國人都沒想到勝利來得那麼快，好多地方都顧不上管理，仍然用的是遼國的降兵降將。當張覺身在金營心向遼的時候，南京那幾個州歸還給了北宋，金國人把這幾州的老百姓趕著北上。金兵忙著打仗，搶地盤，沒空押他們，主要是讓遼的降兵押俘虜，遼兵押遼民。北上的第一站就是平州，幽雲十六州的百姓大多是漢人，祖祖輩輩世居此地，住了幾百年，頃刻間背井離鄉，去遙遠的北國誰都不樂意。經過平州的時候，俘虜們譁變了，拒絕北上。俘虜們想，萬一金國人報復怎麼辦？我們得找一個有能力領導我們的人抵抗金國。他們就找上了張覺。

張覺非常高興，巴不得這一天早點兒到來呢，自己好報效祖國。這些人跟張覺講：「公今臨巨鎮，握強兵，盡忠於遼，免我遷者，非公而誰！」（《續資治通鑒》卷九十五）您現在手握重兵，管轄這麼一大片土地，希望您起義兵，恢復大遼，拯救老百姓於水火之中，責任重大，非您莫屬。張覺聽了之後立刻召集部屬商議，這事咱能不能幹？這些部屬都昏了頭了，一致認為這個事可以幹。他們跟張覺講：「聞天祚兵勢復振，出沒漠南，公若仗義勤王，奉迎天祚以圖恢復……而以平州歸宋，則宋無不接納，平州遂為藩鎮矣。即後日金人加兵，內用營、平之軍，外籍宋人之援，又何懼焉！」（《續資治通鑒》卷九十五）聽說天祚皇帝出沒於漠南，兵勢大振，也不知道他們從哪兒聽說的，謠言害死人，實際上當時天祚皇帝領兵反攻，很快被打敗了。他們說，您仗義勤王，把天祚皇帝迎到咱們這兒來，讓燕地的百姓安居樂業，我們還可以把平州獻給宋朝做宋朝的藩鎮，一旦金國人加兵，我們有營、平二州的軍隊，又有大宋的後援，不怕金兵。張覺一聽，言之有理，就領著老百姓扯旗造反了。張覺完全誤判了形勢，他準備回應天祚皇帝，仗義舉旗，可旗舉了半天，天祚皇帝也沒來。實際上皇上已經被擊潰了，很快就被俘了。

張覺一看誤判形勢，好生沒趣。我這兒舉了半天勤王義旗，結果王不來，旗白舉了。金國一看張覺反水，非常生氣，派了一員將領，帶一支偏師兩千名騎兵，來進攻平州，結果被張覺打得大敗。張覺手下有五萬人，怎麼也不會打不過兩千人。這下金國君臣惱羞成怒，你個叛徒竟敢對抗王師？還居然把王師打敗了。金國要調大軍征討張覺。張覺害怕了，我打兩千人打得過，金兵要是來兩萬，要是來好幾萬，那我可就不是對手了。怎麼辦？降宋！

弱國無外交

張覺派使臣來到北宋，準備獻上平州，歸降北宋，這無疑給北宋出了一個天大的難題。雖然北宋一直想要收回營、平二州，但是金國早已正式宣布營、平二州歸金國所有。如果北宋接受張覺的歸順，等於強佔了金國的土地，必然會成為金國出兵攻打北宋的一個絕好藉口。面對難題，北宋統治者宋徽宗思考再三，還是接受了張覺的歸降。

宋金兩國盟約是有明確規定的，誰都不能招降納叛，你佔的地盤歸你，我佔的歸我。營、平二州是被金佔領的，張覺以金地歸宋，明顯違反了兩國的海上之盟。但如果拒絕張覺的話，就有可能出現兩個結果：

第一，將使幽雲十六州人心離散，豪傑離心。這些人原來以遼為祖國，現在遼被金滅了，遼雖然也是游牧民族建立的政權，但高度漢化，我在遼稱臣做子民還不覺得丟人，但如果在野蠻的金人手下，我不樂意。既然我是漢人，我還是歸順我漢民族建立的宋。如果宋拒絕，有悖民心所向，焉能再談治理幽雲十六州。

第二，拒絕張覺歸降，就失去了收回營、平二州最好的機會，好不容易現在這兒有個內應。所以在北宋看來，張覺歸降是不能拒絕的，拒絕了他，於情於理於義都說不通，因此北宋就接納了張覺。

宋金關係這個時候裂縫大開。金國一看張覺降宋了，好，我正想找機會跟你宋朝算帳，現在你不加檢點，居然犯下這麼大的錯誤。所以金國遣使理直氣壯地到北宋要張覺，你必須把張覺還給我。實際上當初接受張覺投降的時候，負責跟金國簽約的趙良嗣就一再建議不可。北宋燕京地方的最高長官安撫司王安中，是沒有權力接受張覺投降的，必須要報給朝廷，等待朝廷的旨意。宋徽宗性格輕佻，好大喜功，一看營、平二州不費吹灰之力主動歸降，龍心大悅。趙良嗣就出面建議說：「國家新與金盟，如此必失其歡，後不可悔。」（**《續資治通鑑》卷九十五**）咱們剛剛跟金國訂立盟約，現在收留金國的叛徒，那麼惹惱了金國，以後可沒後悔藥吃。宋徽宗龍顏大怒，我這兒正高興呢，你和我說這話，不聽你的。趙良嗣被降官五級，再也沒有人敢勸宋徽宗了。宋徽宗指示燕京守臣王安中，可以收留張覺。

這邊剛一收留，那邊金國使臣就趕到了，要宋朝交出張覺來。王安中睜眼說瞎話，沒有這個人啊，沒見過。金國的使臣說，我們有內應，這燕京城裏的人不一定都聽你們宋朝的，張覺在哪兒藏著我們都知道，你必須把他交出來。張覺藏在哪兒了呢？他藏在宋朝常勝軍的甲杖庫裏面。常勝軍就是郭藥師的怨軍，郭藥師是漢人，他的部隊都是由在跟金國打仗的時候，家裏有親人遇害的漢人、渤海人組成的，所以叫怨軍。在遼滅亡前失利的情形下，郭藥師率軍降宋，宋朝把他的軍隊改名為常勝軍。這支部隊確實戰鬥力很強，弓馬嫻熟。張覺是遼國舊臣，郭藥師也是遼國舊臣，張覺一投奔宋朝，郭藥師就把他藏在自己的甲杖庫裏面。金國人明確點明了張覺就藏在郭藥師的甲杖庫裏面，說我們有證據，甚至我們都搞到了他昨天晚飯的菜譜，你要是不肯交出張覺的話，明顯是背盟。

北宋守臣王安中一看金國人不好忽悠，就找了一個相貌與張覺相似的人殺掉，把腦袋給金國人送過去了。沒想到，金國人一看就急了，這是山寨版張覺，真的張覺我們認得，你拿個替身來騙我們，可一可二不可三，你騙我兩回了。你一開始說張覺不在，又弄個假張覺糊弄我，你們到底想幹什麼？你們把兩國關係看成什麼了？王安中一看，大事不好，金國人不好糊弄，趕緊給皇帝上疏，說張覺留不得了，必須得殺，不殺張覺的話，麻煩太大了。這樣一來，「朝廷不得已，命安中縊殺之，函首還金人」（《續資治通鑑長編拾補》卷四十七）。朝廷不得已，就讓王安中把張覺勒死，把腦袋切下來，給金國人送過去了。

北宋處理此事的水準低下，簡直令人瞠目結舌。你要不就別收留張覺，堅守兩國的盟好，還讓金國沒有藉口；要不你收留了張覺，就跟金國硬到底。現在是金國的人一叛逃我就收留，金國人一要，我就送過去，要活的，我幫您捆，要死的，我幫您砍。這樣做的結果，幽雲十六州地區真是人心離散，特別是常勝軍統帥郭藥師覺得很沒面子。我跟張覺是哥兒們，我們倆當年是一殿之臣，他走投無路來投奔，我拍著胸脯跟他保證他的生命安全，藏在我的甲杖庫裏面，結果他被從我的甲杖庫裏逮出來或者騙出來勒死，還把腦袋給人家送去。這樣的朝廷啊，太令人寒心了。史籍上說，郭藥師公開斥責朝廷：「金人欲穀（張覺也作『張瑴』）即與，若求藥師，亦與之乎？」（《續資治通鑒》卷九十五）金國人要張覺的腦袋，咱們朝廷就給人送去，有朝一日金國人要我的腦袋，是不是朝廷也給人送去啊？因為郭藥師的部隊是怨軍，每個人跟金都有仇，在抗擊金軍的過程當中他們是很堅決的。於是，常勝軍的將領皆「切齒朝廷，而常勝軍亦解體矣」（《三朝北盟會編》卷十八）。這支部隊本來是很有戰鬥力的，但是這一下人心一散，就全完了。

其實也怨不得朝廷，怨就只能怨北宋的力量太弱小，金的政策太蠻悍。什麼叫外交？兩國的國力相當，軍力相當的時候，外交有用，那個時候，外交就是實力，誰的談判水準高超，誰在談判桌上能夠折衝樽俎，誰佔便宜。比如說，宋遼澶淵之盟的時候，雙方國力相當，這個時候談判的技巧就看出來了，曹利用到了遼營唇槍舌劍一番，把歲幣壓到最少。但是如果實力過於懸殊的情況下，外交就要靠實力了。兵敗受辱、城下之盟還有什麼可談的？我們說弱國無外交就這麼一個道理。北宋的軍事實力跟人差得很遠，沒有辦法，只能人家要求什麼就幹什麼。

義勝軍臨陣倒戈

宋徽宗下令處死張覺，避免了和金國的一場戰爭。但是外患剛平，內亂又起，原本英勇抗金的義勝軍竟然臨陣倒戈，歸降了金國，甚至還力勸金國出兵攻打北宋。這是怎麼回事呢？

北宋實在是太有意思了，張覺這件事按說應該給你敲了個警鐘吧？這種事您就別再幹了，北宋記吃不記打，老幹這事，還越幹越上癮。幽雲十六州的老百姓不願意降金，更不願意隨著金北上，所以好多地方自發地組織起來，把金國的守官守將驅逐了。當年北宋攻遼的時候，他們驅逐遼國的守官守將，等金軍一過來又驅逐金的守官守將。

北宋皇帝非常高興，把這些自發組織起來的武裝給了個封號，叫義勝軍，說你們憑著道義就能戰勝敵人。義勝軍也忘乎所以，忘了自己這一生拿鋤頭的時間是遠遠長於拿刀槍的時間，忘了刀是鋼打出來的。這幫人真覺得自己是一支軍隊了，真覺得自己可以光復故土，歸降大宋了。宋徽宗呢？不知道是真糊塗還是裝糊塗——有可能是裝糊塗，這些人剛打了隻兔子就覺得自己是獵人了。他們不懂事，真覺得自己是戰士，你朝廷不能真拿這些人當兵用啊！但是宋徽宗也真拿這些人當兵使，既然有義勝軍在那兒鎮守，大宋的官軍就不用費力了，所有金國人佔著不還的幽雲十六州的土地傳檄而定。宋徽宗忙著給人發檄文，發任命狀，只要一個地方老百姓一起來，驅逐了金國的守將，我就給你任命狀。一幫老百姓佔領城市之後，就歸降大宋，義勝軍一時風生水起。

義勝軍趁著當時金軍主力追擊天祚皇帝的時候，佔地很容易，但等金國人騰出手來之後，就要對義勝軍動手了。金國人一動手，義勝軍看明白了，原來打仗真死人啊！不是我在這兒喊兩句，打倒誰，誰就倒了，看來金國人不是你一喊打倒就能倒的，你真得一刀一槍地打。義勝軍發現金國人是獵人，自己才是兔子。真死人了，義勝軍就不幹了，他們跟宋徽宗講，你看現在金國人真打我們來了，趕緊派支援啊。宋徽宗裝糊塗，要支援？你們不是戰鬥力很強嗎？朝廷不是給了你們支援了嗎？委任狀發了一沓子了，要兵沒有，要糧餉沒有，要刀槍沒有，委任狀有的是。

義勝軍這個時候恨大宋更甚於恨大金，他們感覺自己被祖國拋棄了。當初我佔領這些土地的時候，我說把這塊土地歸還給大宋的時候，宋朝皇帝多大方，要啥給啥，現在跟敵人開戰了，他什麼支援都不給。所以義勝軍將領們二話不說，毫不猶豫，無一例外地選擇了降金。降了金之後，他們跟宋的仇更大。他們覺得把他們放到這樣一個危險境地上，讓他們流血犧牲的是宋朝，所以他們降金之後，反而成了攻宋的急先鋒。這些人打金兵不行，打宋兵還真不弱，而且這些人一再建議金國去打宋朝。金國說我要張覺，宋朝就把張覺給殺了，把腦袋都給我送來了，我再打宋朝，有什麼藉口呢？金國人正想瞌睡呢，宋朝人給送枕頭來了，幹出了一件讓金國人無法容忍的事情。這件事情是什麼呢？

八

金滅北宋

宋金聯手滅遼之後，金國接著就要滅宋，
但畢竟宋金兩國有盟約在先，
那麼金國究竟都找了哪些藉口來出兵攻宋？
最終又是什麼事導致了宋金兩國開戰？
金滅了宋後，金國的領土空前廣闊，
然而金太宗完顏吳乞買卻面臨著大權旁落的危機，這是為什麼呢？

北宋跟金的關係，因為張覺事件已經發生了裂痕，而且由於北宋處理失當，使得幽雲十六州地區的漢人對北宋特別失望，很多漢人組成的軍隊包括義勝軍、常勝軍，人心解體，歸降金國。在金國只需要一個藉口就可以伐宋的情況下，北宋又幹了一件荒唐事，給了金國一份大禮。

當年天祚皇帝耶律延禧曾放出豪言：我不怕金國人打，我有幾千匹好馬、幾百袋子珍寶，宋朝皇帝是我哥哥，夏國皇帝是我外甥，甭管是找哥還是找外甥，我都能吃香的喝辣的活得很好。等到他上天無路、入地無門的時候想起哥哥、外甥了，而宋朝和西夏這個時候都對天祚皇帝表示熱烈歡迎。西夏歡迎天祚皇帝還情有可原，因為西夏又沒跟遼結仇，據說當時的西夏國主派了五萬騎兵準備迎接天祚皇帝，但是被金軍擊潰，西夏救遼之戰就失敗了。宋可是跟金聯手滅的遼，這個時候居然好意思把天祚皇帝給招來？當然了，天祚皇帝更沒心眼，跟蜀後主劉禪有一拼，忘了家國之恨，一看宋朝招降他，特別高興，欣欣然帶著自己部下就來投奔。路上遇到了金軍伏擊，天祚皇帝被打得大敗虧輸，落荒而逃。

金軍打掃戰場的時候，發現天祚皇帝不見了，金國人堅信天祚皇帝逃到了宋朝境內，被宋朝給保護起來了。實際上，天祚皇帝逃跑，有可能是逃往西夏，也有可能是逃往宋朝。天祚皇帝後來在逃亡途中被俘，史書上就有不同的記載，有的書上說他是在逃往西夏的途中被俘的，有的書就說他是在逃往宋朝途中被俘的。當時的金國人就相信第二種說法。而且金軍還搜到了宋徽宗親筆寫給天祚皇帝的詔書，你要來我大宋的話，「待以皇弟之禮，位燕、越二王上。築第千間，女樂三百人」（《續資治通鑑》卷九十五）。金國使者當即去見宋軍統帥童貫，氣勢洶洶地責問：「海上元約不得存天祚，彼此得即殺之，今中國違約，招來之，今又藏匿，我必要也。」（《三朝北盟會編》卷二十一）當年咱們海上之盟的時候曾經有約定，兩國聯合對遼作戰，誰也不得跟遼單獨媾和，現在你們違約，招降天祚皇帝，而且還把他藏匿起來了，你們快把他交出來。童貫真沒見著天祚皇帝，所以一再向金國人解釋，這不可能，我們沒有幹這種事，我們宋朝人講信用，天祚皇帝就是不在我這兒。金國人對宋朝已經徹底失去信任了。你們講信用？你們要講信用就沒人不講信用了，你們一而再、再而三地幹出違約的事，我們一定要抓到天祚皇帝。

金國使者在童貫這兒氣勢洶洶的時候，國內來信，說天祚皇帝在逃亡途中被咱們逮著了，別跟他們要了。金國人惱羞成怒，逮著天祚皇帝幹嘛還惱羞成怒？因為他們覺得這是一個很好的伐宋藉口，沒想到天祚皇帝真沒在宋朝，金國人覺得面子上很掛不住。童貫這時候來勁了，你看見沒有，我說沒在吧，你非說在，你們得賠禮道歉。金國人恨恨而去，你等著瞧，我就不相信找不著藉口打你！

燕府拒糧

在遼天祚皇帝這件事上，北宋有驚無險地躲過了一劫，但金國人是鐵了心要攻打北宋，

於是處心積慮地四處找碴。那麼，北宋最終究竟做了什麼事，給了金國出兵的藉口呢？

金國要想從宋朝那兒找藉口，太容易了，馬上宋朝人就把一個新的藉口送到了金國面前。而這個藉口對於金宋關係而言，相當於壓斷駱駝脊背的最後一根稻草。

趙良嗣曾經答應借給金國二十萬斛白米的軍糧，金國大將完顏宗翰就派人來見宋朝的宣撫使要這些糧食。金國人說：「去年四月間南史趙直閣（趙良嗣）已許矣。」「南史」就是指宋的使臣，「直閣」是趙良嗣的官銜。去年四月間，你們的使臣，殿閣大學士趙良嗣答應給我二十萬斛白米，現在我來取了。宋朝宣撫使很為難，說：「二十萬斛糧，豈易致耶，兼自宣司未嘗有片紙隻字許糧之文。」又說：「趙良嗣口許，豈足憑？」（**《三朝北盟會編》卷十九**）你一張嘴就跟我要二十萬斛糧食，我上哪兒給你弄去？而且我們宣撫司沒有接到任何上級的文書讓我給這二十萬斛糧食，我憑什麼給你？在北宋人看來，你要這二十萬斛糧食實在是荒謬，你金國隨便來個人，見了我就跟我說，給我二十萬斛糧食，你們家趙良嗣答應的，我就給你二十萬斛？等你走了又來一個，你們趙良嗣還答應給我三十萬，再給我三十萬。那這還有完嗎？我這二十萬斛糧食哪兒報銷，我得有發票啊。上級得給我一個公文，我才能決定要不要給你這個糧食，趙良嗣口許，不足為憑啊，他能代表誰？他奉聖旨了嗎？所以我不能給你。

對北宋來講，這件事拒絕得合情合理，理直氣壯，你來個人跟我要二十萬斛糧食，我不能給。在金國人眼裏，我要再不打這個宋朝，我這國名就不叫大金了，我就改叫宋朝得了。當初咱們說完了之後你答應得好好的，我們女真人從來都這樣，我們沒有文字，口頭一說，雙方指天畫地，折箭為盟，絕對不會反悔的。可是你們宋朝人說完了的事全不落實。所以這個燕府拒糧事件實際上是北宋公文文化跟金朝的口頭文化之間產生了誤會，或者說也可能是北宋成心忽悠人家，裝糊塗，但是這件事在金國人看來，是可忍孰不可忍，我們上當已經上得太多了，已經挑戰我們忍耐的極限了。

金國君臣上下，尤其是領兵的大將，一致喊打。這些大將在跟遼作戰的過程中，既發了財，又攬了權。他們聽說宋朝比遼國還有錢，中原漢地更加富庶，軍隊的戰鬥力更弱。那個時代的戰爭，戰爭成本低，戰爭願望強烈的一方是不可戰勝的，金軍正是戰爭成本低、戰爭願望最強烈的時候。金軍滅遼就已經鳥槍換炮，發了大財了，如果攻打宋朝就是不得了了。大將們不打仗無法體現自己的價值，所以一致主戰。特別是完顏宗翰，女真名叫粘罕，更是堅決主戰。史籍記載，粘罕「內能謀國，外能謀敵，決策制勝，有古名將之風」（《金史・完顏宗翰傳》）。這個人是一個軍事天才，在滅遼的戰爭中顯出了奇高的軍事才能，他是堅定的主戰派。

消滅北宋

完顏宗翰力主對宋開戰，其實不僅僅是為了權和財，他還有一個不為人知的私人原因讓他堅決主張南下滅宋。那麼，這個隱祕的個人原因究竟是什麼呢？

完顏宗翰積極主張對宋開戰還有一個原因，他的妻子蕭氏原來是天祚帝的妃子，是在他跟遼打仗的過程中俘獲的，然後就納為己有了，沒有上交給組織。宗翰娶了天祚帝的妃子，另一個女真大將宗望娶了天祚帝的女兒。這些前朝的妃子、公主們懷著亡國喪家之痛，這個仇就發洩到了宋朝身上。要不是你們宋朝違盟，捐棄了兩國百年之好，助紂為虐，我大遼不至於到這步田地。所以，這兩個人就經常跟宗望和宗翰講，一定要出兵教訓背信棄義的宋朝。據說宗望的夫人還經常使用家庭暴力，宗望冥思苦想怎麼能擺脫家庭暴力，討夫人歡心。就是夫人讓我們幹什麼我們就幹什麼，讓我們攻打宋朝，我們就打宋朝。降金的遼國舊臣們跟妃子、公主們的心思一模一樣，都急於找宋朝報仇。金宋開戰之後，這些遼國的降臣，甭管是契丹人、渤海人還是漢人，對待宋朝的態度好像比女真人還要惡劣一些。這就是報復，你把我們國家滅亡了，你也沒有好下場！現在是金國統治區從上到下，一致呼籲，要對宋朝開戰。

在這種情況下，完顏吳乞買不得不遵從眾意，何況完顏吳乞買本身對宋朝也沒什麼感情。另外，史籍上也記載了一件極其聳人聽聞的事情。據說當年宋朝使者出使金國，見過完顏吳乞買之後大吃一驚，說完顏吳乞買長得簡直就跟宋太祖皇帝一模一樣，於是有人說完顏吳乞買是宋太祖轉世投胎。宋太祖死後，宋太宗繼位。燭影斧聲，千古謎案，宋太宗可能是把自己哥哥殺了繼位的。甭管是不是吧，這是千古謎案，真相可能永遠無法揭開。後來，宋太祖的幾個兒子都沒有好下場，而宋太祖他們哥仨除了太祖、太宗，還有魏王廷美，魏王也沒有好下場。以後北宋帝位一直在太宗一系傳承，徽宗是太宗的後人，所以說完顏吳乞買是宋太祖化身，來找宋太宗的後人報仇的。當然，這種記載有可能完全是牽強附會，甚至荒誕不經的。

完顏吳乞買下令伐宋，當然不能說你不給糧食我就打你，一共找了三個藉口：

第一，北宋招降納叛，典型事例就是張覺。

第二，北宋沒有定期支付歲幣。北宋曾經答應把每年給遼的五十萬歲幣給金，但是這個時候北宋確有難處，北宋兩次跟遼打仗都慘敗。北宋是帶著金銀財寶去打仗的，因為它吸取了太宗打北漢的教訓，打完了仗沒犒賞三軍，士兵們不幹了，所以這兩次都是帶著東西去的，準備打完之後就發賞金，但是賞金全被遼繳獲了，後來又落到金手裏了。在燕京方面，金國要一百萬貫，西京那邊要三百萬，還要糧食，當然後來沒給。金國還把幽雲十六州的人口遷走了。在這種情況下，再讓宋朝支付歲幣，確實很困難。但金不管那一套，你該支付歲幣你沒按時支付，這是我打你的藉口。

第三，已支付的歲幣品質太差。金國認為宋朝給的燕京、西京的代稅錢，物貨粗惡，銀子成色不純，布帛一下水就縮。

以此為藉口，完顏吳乞買在上京會寧府建立了都元帥府，由自己的弟弟，也是他的皇位繼承人完顏斜也出任都元帥，兩路進兵攻打宋朝。這兩路領兵的大將就是完顏宗翰和完顏宗望。

完顏宗翰是阿骨打的堂侄，完顏宗望是阿骨打的親生兒子，這兩個人分別出任左副元帥和右副元帥。兩路金軍南下，就發生了歷史上著名的靖康之變，滅掉了北宋，徽、欽二帝被俘北上，康王趙構南渡，開創了南宋。詳細過程，在拙作《兩宋風雲》中講過了，此不贅述。

金國滅了北宋之後，就出現了這麼一個情況：滅遼、滅宋戰爭都過於順利了，金國人原來就像一個小瘦子，把嘴一張，咔嚓一口，遼國吞進去了，又一口，宋也吞進去了，但卻消化不良，因為他沒有那麼大胃口。女真人當時一共才多少？部隊就十幾萬，沒有那麼大胃口一下吞併比自己大幾倍十幾倍的地盤。這兩個帝國文明比金發達得多，文化水準比金高得多，這麼快就被推翻，金國人有點無所適從了，失去了學習的對象。如果跟遼長期作戰，可以學習遼國的制度，現在很快遼被滅了，遼的文明程度比我高，被我滅掉了，我沒有必要學遼。我為什麼要跟手下敗將學呢？宋比遼的水準還高，又被我滅掉了，所以我也就沒必要跟宋學。這樣，女真人很茫然，大金下一步怎麼走？一定要走正路，千萬不能邪了啊！

皇帝挨揍

雖然金國一舉滅了遼和北宋，但是金太宗完顏吳乞買手中的權力卻隨著領土的擴張而越來越小。根據史書記載，金太宗完顏吳乞買甚至曾經在朝堂之上被大臣們打了二十板子。那麼這個記載究竟是真是假？為什麼到了金太宗這一代皇權會如此衰落呢？

本來女真人起兵靠的是完顏家族，先統一女真各部，再滅遼平宋，但是完顏家族內部並非鐵板一塊，而是有幾股大勢力。在阿骨打以前，女真部落首長的傳承都是兄終弟及，造成每一個當過酋長的人，子孫們都有很強大的政治勢力。完顏氏除阿骨打一系外，還有阿骨打的堂兄弟們、堂叔們等很多強勢家族。完顏阿骨打更多的像是這幾大強勢家族的掌門人，或者說是召集人，他並不像中原皇帝那樣擁有絕對的權威、至高無上的權力。有事的時候，皇帝要召集各大家族、各大政治勢力的領袖，大家商量著來。當然，完顏阿骨打的意見最重要，但是，他不能什麼事不經商量就自己拍板決定。當時的女真人實際上處於從原始的軍事民主制向國家、皇權專制過渡的過程中。阿骨打在位的時候，平衡術玩得好，他極富個人魅力和領導水準，又是一個軍事天才，所以大家心服口服。阿骨打說什麼，大家聽什麼，阿骨打指到哪裏大家就打到哪裏，這幾大政治勢力是很服從阿骨打的。

阿骨打一死，太宗吳乞買繼位，事情就變了。完顏阿骨打領兵作戰的時候，完顏吳乞買作為皇位繼承人長期留守上京（今黑龍江阿城），沒有離開過東北老家一步。他在戰場上尺寸之功未立。有可能他負責後勤，安頓老家，但是畢竟沒有在戰場上一刀一槍拼殺過，沒有流過血。其他各派就覺得你憑什麼對我們指手畫腳。這樣，有事必須大家商量著來的傳統就得到了強化。在阿骨打系統以外的家族看來，吳乞買只是阿骨打系的領導人而已，他們並不服從吳乞買。

當時女真貴族們有一個約定，國庫平時誰都不能用，只有打仗的時候才能開啟，而且開啟國庫要各個家族一致同意才行，每個人都要遵守，誰也不能例外。太宗吳乞買有一次擅自動了國庫，就拿了二十匹絹。吳乞買在位的時候，上京的規模也是簡陋得可憐，據說吳乞買也照樣跟大臣、百姓一起下河洗澡，君臣之間坦誠相見。可能該過新年了，家屬要改善一下生活，要穿新衣服，他就拿了二十匹絹，這算個事嗎？但是宗翰不依不饒。按說宗翰是吳乞買的堂侄兒，論輩分那是你叔叔，論名分你是臣，人家是君。但是宗翰把祖制給抬出來了，他說咱們早說好了，國庫只有打仗的時候才能開啟，皇上擅自開啟國庫，該當何罪？群臣合議，揍吳乞買一頓。於是，朝廷之上把吳乞買扶下寶座，脫掉皇袍，乒乒乓乓抽了二十板子。揍完了皇上之後，讓皇上升座，也不知道皇上剛挨完二十板子怎麼能坐在那兒。宗翰帶著大臣下跪磕頭，死罪死罪，剛才打您對不起，但是我打您不是我因為想打您，這是祖制。由此可見，當時金國的皇權衰落，皇上拿了二十匹絹，居然能被人揍二十板子。

在吞遼滅宋的過程當中，立下戰功的大將們實力越來越強，特別是西路軍的統帥完顏宗翰和東路軍的完顏宗望兩個人實力超強。史籍記載：「詔以空名宣頭百道給西南、西北兩路都統宗翰，曰：『今寄爾以方面，如當遷授必待奏請，恐致稽滯，其以便宜從事。』」（《金史·太宗本紀》）金太宗完顏吳乞買在兩路大軍南下的時候，給宗翰一百多道空白委任狀。他說你率軍南下途中，如果要任免官員，等著我批准，恐怕耽誤事，因為上京會寧府畢竟太偏遠了，大軍南下中原，什麼事都要派人到黑龍江來彙報，這太不便了。朕今賜你一百多道空白委任狀，你想任命誰就任命誰，不用什麼事都向我彙報。皇帝手裏最重要的權力就是財權、用人權和兵權，現在皇帝把用人權給了宗翰，他可以自己委任官吏。至於軍權，宗翰本來就是帶兵大將。財權，皇上拿二十匹絹就挨二十板子，有什麼財權啊？

東西兩路大軍南下就形成了金國俗稱的西朝廷和東朝廷，在燕京和雲中設立樞密院，樞密院按照宋、遼的制度是只管軍事的，但實際上，宗翰和宗望設立的兩個樞密院變成了金國的兩個分裂政府。金國當時一國三政府，上京一個中央政府，南京一個地方政府，西京一個地方政府。而跟宋朝打交道的主要是這兩個地方政府，向宋朝提什麼條件，包括宣戰書都是宗翰和東路軍宗望倆人一碰，商量出一個結果就執行。有時候商量出結果之後，奏報給朝廷，有的時候都不奏報給朝廷，等事發生了才報告。完顏吳乞買大權旁落，中原百姓只知有元帥，不知有朝廷。他對這一點是絕對不能容忍的。哪個皇上也不能容忍啊！

雖然金太宗完顏吳乞買大權旁落，但東朝廷、西朝廷和上京中央朝廷三者之間相互牽制，金太宗的壓力還不是太大。然而不久完顏宗望病死，完顏宗翰立馬控制了東朝廷，金太宗感到了前所未有的威脅。那麼，金太宗會怎麼解決完顏宗翰這個勁敵呢？

強權改革

金太宗現在處心積慮地想削弱宗翰的勢力，最好的辦法就是學習中原的統治制度。中原皇權至上，沒有什麼能夠對皇權構成威脅。當年太祖皇帝駕崩，太宗繼位的時候宣誓要用女真舊俗治國，絕不違背。所以現在只要有點事，宗翰就抬出舊俗來壓朕，挨的那二十板子到現在還疼呢，這個事朕忘不了。這不就是因為他用舊俗壓朕嗎？如果取法中原，皇權至高無上，就不會出現地方將帥威脅中央的事情。因此，女真人從第二代皇帝開始，就毫無例外、沒有其他選擇地走上了漢化的道路。太宗在位的時候，採取了下列措施：

第一，興學校，設科舉。在原來的遼宋統治地區，恢復學校，設立科舉，給漢族文人出仕做官的希望。

第二，定官名，頒爵祿，定服色。官名取法中原，原來都是猛安、謀克、勃極烈這些名稱，現在用中原官名。服色也向中原王朝看齊，一二品的高官穿紫色的官服，三四五品穿紅色，六七品穿青色，八九品穿綠色。女真人原來沒有俸祿，發財靠搶，所以愛打仗。現在定爵祿，規定什麼級別幹部享有多少俸祿。不打仗也有工資，那誰還願意到戰場上冒險啊？怎麼能保證每次都是你殺人？萬一有一次人家殺了你呢？這樣一來，女真人動不動就要打仗，什麼事都要靠拳頭說話的性情就可以慢慢收斂一些。

第三，制定天文曆法，制定刑罰，設立禮儀制度。見了皇上，得學中原那樣下跪了，不能一進屋盤腿往地上一坐；跟皇上一塊兒下河洗澡，這不允許了，以後皇上洗澡大家得迴避了。

金太宗嘗到了做皇帝的樂趣。他這樣做的目的，就是為了加強皇權，削弱地方軍閥的勢力，特別是把對外用兵的權力逐漸從宗翰的手裏收回來。

金太宗的改革很初步，並不徹底，他主要依靠金太祖的庶長子宗幹的支持，宗幹雖然是金太祖的長子，但因為是庶出，沒有繼承權，因此也就盡心竭力地輔佐太宗。他希望太宗死後，帝位能傳回太祖一系，太宗的接班人，也是太宗的弟弟斜也死得早。這樣，太宗死了之後，兄終弟及之路走不通了，沒有弟弟可以傳了。他們弟兄當中，嫡出的老大是康宗烏雅束，老二是太祖阿骨打，老三是魏王斡帶，老四是吳乞買，老五是斜也。老大死了老二接班，老二接班的時候老三就死了，所以老二一死傳給了老四，老四在位的時候，老五又死了，這個時候在兄弟輩中已經沒得往下傳了，不可能傳給庶出的，那就要傳子侄輩了。但是傳子還是傳侄呢？按照女真的傳統是應該傳侄的，兄弟這一輩輪完了，應該從老大的兒子輪起。但是太宗在位的時候，一再培養自己的長子宗磐，讓他進入女真的決策圈，做勃極烈，這在金國的歷史上也是破天荒的，凡是當到勃極烈一級高官的一定是有軍功，有大貢獻、大勳勞於國家。宗磐僅僅因為是皇子就做勃極烈，以前沒有過。可見太宗是一心想把自己的兒子宗磐培養成接班人。

那麼太宗去世之後，宗磐接沒接班，太宗是否能如願呢？

九

瘋子皇帝

金太宗死後，傳位給阿骨打嫡長孫完顏亶，
他也就是金國第三代皇帝金熙宗。
史籍記載，熙宗執政後期精神崩潰，
心智失常，甚至有人稱他為瘋子皇帝。
那麼，發瘋前的熙宗是一個怎樣的人呢？
究竟是什麼原因，促使他精神失常的？
發瘋後的金熙宗又做了哪些荒唐事呢？

金太宗完顏吳乞買在位的時候，大力培養自己的兒子完顏宗磐，希望把宗磐培養成皇位繼承人，但是他的這種做法遭到了幾乎所有女真貴族的一致反對。宗翰、宗幹等人聯起手來，要排擠掉宗磐，不讓他繼位。

太宗要立宗磐的藉口是太祖的嫡長子已經去世了，宗翰、宗幹一致認為嫡長子雖然不在了，嫡長孫還在，如果太宗皇帝歸天，應該立太祖的嫡長孫承繼大統。太祖的嫡長孫女真名叫完顏合剌，漢名完顏亶。宗翰、宗幹不斷地上躥下跳，堅決要求立完顏亶為儲君。他們甚至找了女真名臣，創制女真文字的完顏希尹去遊說太宗。此人是女真人裏面的秀才，德高望重，而且文學水準很高。完顏希尹對太宗說，既然合剌是先帝的嫡孫，應該把他立為儲君，如果不立他，授之非人。金太宗抗不過這麼多人的請求，只好勉從眾意，立完顏亶為諳班勃極烈，也就是皇位繼承人。

太宗皇帝培養了半天自己的兒子，最後沒能夠達成願望，很鬱悶，後來中風去世了，在位只有十幾年。他在位的時間雖然很短暫，但是畢竟從這時候起，女真開始了改革，由原來的部族國家開始向中央集權的王朝過渡。《金史・太宗本紀》中對太宗皇帝有這樣一番評價：「天輔草創，未遑禮樂之事。……既滅遼舉宋，即議禮制度，治曆明時，纘以武功，述以文事，經國規摹，至是始定。」到太宗朝，金朝規模始定，禮儀制度初次具備。

太宗歸天之後，完顏合剌承繼帝位，就是金朝第三代皇帝金熙宗。太祖太宗是兄弟，到了第三代皇帝，就變成了太祖的孫輩，也就是太祖太宗子侄輩的人沒有做過皇帝。金熙宗繼位的時候，只有十五六歲。

漢兒改革

少年完顏亶之所以能當上皇帝，完全是當時金國內部幾大政治勢力相互較量的結果。當時完顏宗翰在朝中勢力最大，官居右勃極烈，掌管南方樞密院，手握重兵獨霸一方。他利用手中的權力對太宗施壓，迫使他立完顏亶為接班人。那麼，完顏宗翰為什麼一定要讓完顏亶當皇帝呢？

宗翰讓完顏亶當皇帝是因為宗翰覺得小孩好控制，覺得完顏亶當了皇帝也就是一個傀儡。但是他忽視了一點，跟他一起謀劃的人是完顏希尹和完顏宗幹。完顏宗幹是太祖的庶長子，熙宗的父親宗雋是嫡長子，但從年齡上宗幹是老大，宗雋是老二，宗雋死得早，根據女真人盛行的收繼婚制，宗幹就娶了自己的弟妹，也就是金熙宗的親生母親。因此，金熙宗在父親早亡之後，就隨母親嫁到了大伯家，他是在宗幹家長大的。宗幹也沒拿這個孩子當外人，真當自己的親生兒子養，請幽雲地區的大儒教熙宗讀書。因此熙宗從小薰沐儒風，是在濃厚的漢族文化氣氛中長大的。所以他對於漢族的典章文物、對於中原王朝制度的態度，與以前的女真貴族們截然不同。他非常推崇中原帝王的治國之術，最愛讀中華經史，比如《貞觀政要》《資治通鑒》，喜歡讀《論語》等儒家的經典，認為「太平之世，當尚文物，自古致治，皆由是也」（《金史．熙宗本紀》）。他非常尊重孔子，在親祭孔廟的時候說：「朕幼年遊佚，不知志學，歲月逾邁，深以為悔。孔子雖無位，其道可尊，使萬世景仰。大凡為善，不可不勉。」（《金史．熙宗本紀》）他下詔尊孔，在上京立孔廟，封孔子的第四十九代孫為衍聖公。如此推崇儒學，傾心漢化，導致女真舊貴族對熙宗皇帝很不滿，稱熙宗皇帝為漢兒。而要想加強皇權，漢化是唯一的選擇。所以，加強皇權的人和反對皇權的人的鬥爭，表現出來，就是漢化與反漢化的鬥爭。

熙宗加強皇權的第一個措施，就是廢除了勃極烈制度。原來勃極烈制度，實際上就是皇帝之下幾個重要的頭目分割皇帝的權力，皇帝只不過是這些勃極烈們的總召集人而已。現在熙宗要把勃極烈由跟皇帝分權的人變成皇帝的輔臣，明確君臣關係。在中央設太師、太傅、太保，即三公，由他們兼領軍權和相權。熙宗讓宗翰做太保、都元帥，掌握軍隊，把他設立的樞密院廢了，設立行台尚書省，由文官來管轄地方。宗翰入朝做都元帥府的都元帥，他在地方的所有親信全都入朝做宰相、尚書右丞、平章政事，以相權易軍權，但是實際上軍權沒有了，明升暗降。

宗翰之死

金熙宗名義上推行漢化改革，實際是想通過改革收回宗翰手中的權力，剷除威脅皇權的勢力。那麼，宗翰能夠識破熙宗的真實目的嗎？對於熙宗的改革措施，宗翰會同意嗎？

宗翰入朝的時候，他的一個親信叫高慶裔，是遼國的降臣，渤海人，因為通女真語，被宗翰留做翻譯，引為至交心腹。高慶裔力勸宗翰不要入朝，一定要看住樞密院這個老家，軍隊千萬不能交出去，交出軍隊就什麼都不是了。但當時的宗翰志得意滿。怎麼可能呢？皇上是我立的，我要不立他，他也就是一個閒散宗室，他現在讓我入朝，做都元帥，這麼高的榮譽咱不要嗎？放著丞相咱不做，弄個地方官多沒意思！宗翰不聽高慶裔的，就入朝了。

宗翰一入朝，迎接他的全是不友好的目光，其中最凶惡的就是太宗的長子宗磐。宗磐覺得，我爸爸本來準備讓我當皇帝，就是因為你帶頭挑唆，結果我侄兒當了皇帝。既然現在你入了朝了，咱倆一殿之臣，你手裏沒有兵權了，就該我整你了。宗磐在熙宗面前不斷地說宗翰的壞話。熙宗雖然是少年，但絕對不懵懂無知。熙宗明白，自己之所以能繼位，就是幾大政治勢力較量的結果，他們擺不平，把我抬出來，然後想讓我做傀儡，我才沒這麼傻呢！尤其是現在身登大寶，體嘗到了做皇帝的快樂，我手裏有權，你們想玩我，我還玩你們呢。你們之間不是有矛盾嗎？很好，狗咬狗，一嘴毛，你們去掐，我從中漁利。

按道理講，出於報恩的心情，熙宗應該站在宗翰一邊，不應該站在宗磐一邊。可熙宗覺得宗翰的勢力太大，認為他立我是想讓我當傀儡，他想玩我。現在既然宗磐出頭，那我就支持宗磐。不久，宗磐舉報宗翰的親信高慶裔貪污。既然有宗室出面告發，不用查了，直接下獄。要說當時女真人打仗，平定地方，不就是掠奪戰利品嘛，什麼貪污不貪污的，欲加之罪，何患無辭？貪污在那個時代，不能算什麼特別重的罪過吧，把高慶裔下獄，實際上就是政治迫害，誰讓你跟錯人了呢。宗翰一看自己的頭號大謀士、鐵兒哥們，要下獄論死了，急忙進宮去見熙宗。他說，微臣願意辭去一切官職，回上京老家種地、放馬，求陛下饒高慶裔一命。看來宗翰這個人很講義氣，越是這種人在政治鬥爭中越玩不轉。熙宗堅決不准，你辭官可以，但高慶裔死定了。宗翰沒辦法，臨刑之前到刑場哭刑，他知道高慶裔冤枉。高慶裔一看主公來哭刑，也是放聲大哭。他說，明公，你不聽我當日之言，至有今日，我死之後，公當擅自珍重。然後，高慶裔引頸就戮。要說高慶裔在平宋的過程中，也是立下汗馬功勞的人，對於大金國的穩定，貢獻也非常大，但是沒有死於疆場，而死於內部的政治鬥爭。他一死，宗翰受到了沉重的打擊，整天飲酒縱欲，五十多歲就憤懣而死了。

對皇位威脅最大的宗翰勢力一被剷除掉，就標誌著非阿骨打系的政治勢力被清除掉了，因為宗翰不是阿骨打的親侄子，他是阿骨打的堂侄。接下來，熙宗就要清除太宗系了，矛頭直指宗磐。

天眷和議

完顏宗翰一死，金熙宗立刻把矛頭指向完顏宗磐。宗磐對皇位覬覦已久，他和自己的堂叔完顏昌，勾結成黨，把持朝政。金熙宗為除掉這兩個人，給他們冠以了賣國的大罪。那麼，完顏宗磐和完顏昌究竟做過些什麼？這個賣國的罪名該從何說起呢？

當時南宋跟金打了多年的仗，宋朝雖然一開始吃虧，但由於中興四將的浴血奮戰，特別是岳飛、韓世忠、吳階這幾位，在戰場上不斷取得勝利，金國也實在打疲了。本來金國在中原一再推行傀儡政治，先立張邦昌，後立劉豫，以漢治漢，但張邦昌當了三十三天偽楚皇帝就還政於宋室。劉豫倒是死心塌地效忠於金國，做了八年傀儡，可是這廝成事不足，敗事有餘，淨給金國幫倒忙。金國希望他跟宋打仗，做金宋之間的緩衝國，劉豫每一次都是十幾萬大軍出去，剩幾個人回來，每每被宋軍打得大敗虧輸。他一輸了就找金國求援，老大，我挨打了，你得幫我。老大沒轍，只得出兵幫他。過兩天，老大，我又挨打了，你還得幫我。金國覺得立他實在是得不償失，再加上劉豫這一派人，當初就是靠行賄宗翰才被立為皇帝的，現在宗翰一倒，靠山沒了，劉豫的偽齊政權也就被金國給廢掉了。

廢了劉豫之後，對於偽齊政權的統治區，今天的河南、山東、陝西這些地方怎麼辦？這個問題在金國朝廷內引起了激烈的爭論，形成了兩派意見：一派以宗幹、宗弼為首，主張把這些地方直接劃入金國版圖，設立行台尚書省；另一派以宗磐、完顏昌為首，主張把這些地方還給南宋，認為「宋必德我」，宋朝必定會感激咱們大金。實際上，完顏昌希望藉這件事培養自己的私人勢力，因為他當時已經把山東控制住了。由於完顏昌在金國朝廷強行推行還地於宋，從而達成了宋金之間的第一次和議。當時宋高宗的年號叫紹興，金熙宗的年號叫天眷，所以金國稱為天眷和議，宋朝喚作第一次紹興和議，其中心內容就是把河南、山東還給南宋。完顏昌認為宋必德我，按我們現在話講，叫挾洋自重，藉外國的勢力來壯大自己在本國的勢力。宗幹、宗弼這一派十分不滿，覺得完顏昌這麼做完全就是賣國行為。將士們一刀一槍拼來的土地，如此輕易就還給了宋朝，咱們把宋朝皇帝的父親、哥哥抓了，把他的國家滅了，把他的金銀財寶、文物典籍全給運走了，跟他打了這麼多年仗，追他入海，你覺得你還他土地，他能跟你有完嗎？你還他土地他就「德」你了？將來宋朝早晚還得跟我們打仗，現在給他土地就是資敵行為，這是賣國。沒想到，宋朝也不買帳，得到土地之後並沒有「德」完顏昌，而是加強戰備，準備對金開戰。這樣一來，宗幹、宗弼就拿到了把柄，說完顏昌百分之百是在賣國，這個和議不能算數。金國朝廷撕毀和議，反間除特，首先把太宗的長子宗磐誅殺掉了。

殺掉了宗磐，熙宗皇帝對完顏昌畢竟還有點投鼠忌器，完顏昌好歹是朕爺爺輩的人，是皇族中碩果僅存的元老，殺叔叔這事我幹得出來，殺爺爺還真是稍微有點兒不落忍。這麼著吧，爺爺你識點趣，把朝廷的大權交出來，貶到地方做行省丞相。完顏昌都到這份兒了，本應該明智一點兒，你不再是大權獨攬了，應該夾著尾巴做人，夾著尾巴做人也還是人，總比死了強。但完顏昌心高氣傲，說我乃堂堂開國元勳，皇室宗親，論輩分我是皇上的爺爺，居然打發我到行省與降奴為伍（因為行省的另一個丞相是南宋的降臣），這事我絕對不幹。如果你不幹，那就索性辭官，反正這輩子錢也撈夠了，名聲也有了，保住晚節也挺好，皇上也不會把你怎麼著，可是完顏昌居然要逃奔南宋。結果，有的說是沒成行，就被破獲了，還有人說他給南宋送信，南宋膽小，接受了北宋收降張覺的教訓，把密信給金國送回去了，你看我幫你們抓著一內奸，咱兩國友好吧。這麼大的幹部還叛變？完顏昌就也被朝廷賜死了。

完顏昌這一死，更是標誌著阿骨打家族以外的勢力徹底凋零了。

漢漢相爭

隨著宗翰和宗磐的先後死去，對皇權威脅最大的兩個勢力都已經被剷除。此時金熙宗才真正江山坐穩，得以大權在握。那麼，掌權後的金熙宗，會讓誰來輔佐自己治理國家呢？

金熙宗的叔叔完顏宗弼，成為金國的頭號輔政大臣，他就是我們家喻戶曉，評書《岳飛傳》裏講的被精忠報國的岳武穆打得丟盔卸甲，陰險狡猾的金兀朮。宗弼對熙宗忠心耿耿，由於他破除天眷和議有功，官職升到了無以復加的地步。他任太師領三省事、都元帥，封梁王。除了皇帝的頭銜不能加給他，基本上什麼都給他了。所以宗弼不遺餘力支持熙宗搞改革，集中君權。宗弼首先幫助熙宗清除了完顏希尹一黨。

完顏希尹可能都不屬於皇族，他的族份、族屬都不確定，但是，謀立熙宗是他首先倡議的，而且他創制了女真文字，自恃有功。有一次完顏希尹酒醉之下，叫板宗弼，說天下兵權在我手裏，爾等鼠輩還敢跟我計較？他顯然是喝多了，胡說八道呢，天下兵權怎麼能在他手裏呢？宗弼是都元帥，掌握軍權。宗弼一聽，正想弄死你，行，你這大嘴巴一張，地獄的門就打開了。宗弼立即報告熙宗，熙宗說我早就想宰了這個老匹夫了，馬上調集禁衛軍衝進希尹家，全族上下殺了個精光。當年女真人興兵，在很短的時間內吞遼滅宋，那個時候是打虎親兄弟，上陣父子兵，這些宗室完顏們衝鋒陷陣，屢立戰功，同心同德，兄弟情深，父子意厚。如今，立國後短短幾十年，完顏們就紛紛凋零了，都不是死於敵手，而是死於朝廷。這種殘酷的政治鬥爭，他們一學一搞，比中原王朝玩的還徹底。

宗弼手下有大量的漢臣，這些漢臣相當多的都是宋朝的降臣，而原來給金國劃定制度，創制典章的漢臣，好多都是遼國的降臣。現在，女真貴族之間的鬥爭暫告一段落了，這幫為金國服務的漢臣之間的鬥爭就開始了。同為漢人，同樣是降金，不同的只是由北宋降金還是由遼降金。

宋朝降臣的靠山就是當時大權獨攬的宗弼，遼國投降過來的人，原來的靠山是宗翰，但是宗翰已經倒了，樹倒猢猻散。宗翰手下有三大謀士：第一個是高慶裔，因為貪污被殺了。

第二個是韓企先，乃遼國名臣韓知古九世孫，遼末進士，降金後做到宰相，他對於金國建立初期制度的草創貢獻良多。金朝第五代皇帝金世宗曾評價，我朝宰相坐第一把交椅的、貢獻最大的就應該是韓企先。第三個是契丹人蕭慶。韓企先雖然是宗翰保上去的，但是他沒有什麼過錯，為金國兢兢業業，所以韓企先不能動。但韓企先身體不好，病勢沉重，他非常希望自己引薦的人將來能夠接替自己的相位。有一次他引薦的這些人到府裏面探望他，門房突然來報梁王到了。這幫人知道梁王很不待見自己，就躲到屏風後面去了。等宗弼進來問完韓企先的病情之後，一看韓企先只有進氣，基本快沒出氣了，就說丞相你這個樣子恐怕也堅持不了多久了，我也就不跟你客氣了，丞相百年之後，何人可以接任相位？韓企先說了一個自己的心腹，希望他能接替相位。沒想到完顏宗弼恨恨地罵了一句：此輩當誅。此話一下把屏風後面的大臣們嚇出一身冷汗。韓企先也嚇壞了，本來就病重，一嚇之後就去世了，沒看到手下這幫人的悲慘下場。韓企先一嚥氣，宗弼馬上下令整肅韓企先的手下，降金的遼國大臣基本上被誅殺殆盡，包括右丞相蕭慶，也就是原來宗翰的第三大謀士。沒被殺的一律流放海島，永遠不許回到陸地入朝為官。如此一來，宋朝的降臣徹底取代了原來遼國降臣的地位。熙宗朝伴隨著不斷的血雨腥風，一步一步地走向成熟，走向漢化，完顏宗翰、完顏宗磐、完顏昌、完顏希尹這些開國元勳們，被誅戮殆盡。

金國漢化改革不是一帆風順，而是帶著濃重的血腥味，熙宗皇帝可能看慣了殺人，天長日久，心理就有點扭曲了。他覺得殺人是一項很快樂的事情，周圍的侍從常常因為一點小事，動輒挨鞭打，甚至皇帝親自動手，割耳朵、挖眼睛，拿刀亂砍，砍不死更慘，還不如砍死呢。所以有人覺得他失心瘋了，但是誰也不敢指出來。皇上這個時候心智已經完全失常了，哪裏還有當年繼位之初那個勵精圖治的少年天子的影子，完全判若兩人了，無法想像這些事都是同一個人幹的。

皇上瘋了

頻繁血腥的屠殺，固然是導致金熙宗神智失常的一個重要因素，但卻並非根本原因。那麼究竟是什麼致使金熙宗由一個勵精圖治的青年，變成一個殘忍暴虐的瘋子呢？金熙宗精神崩潰後，還有哪些瘋狂的舉動呢？

促使熙宗皇帝發瘋的另一個重要原因是皇后裴滿氏專權。熙宗皇帝跟裴滿氏感情很好，他繼位以後一直都沒廣納嬪妃，時間一長，裴滿氏恃寵而驕，專權亂政，朝臣的任免、朝廷大政的實行，裴滿氏都要指手畫腳，恣意妄為。最後演變成為熙宗什麼事如果不跟裴滿氏商量，這事就辦不成。皇后專權亂政，熙宗皇帝也非常生氣，但是他又沒有辦法，什麼事一旦形成了習慣，改起來就不容易了。所以熙宗皇帝就只能靠飲酒、殺人來發洩自己的苦悶。他越飲酒越助長他的瘋病，越瘋他越要殺人，越殺人他越要飲酒來安慰自己，久而久之形成了一種惡性循環。

有一次，熙宗皇帝抽風到把自己的兩個弟弟都殺死了，說他們謀反。兩個弟弟死了之後，因為女真人實行收繼婚，他看到自己的一個弟媳婦很漂亮，就把這個弟媳婦納入宮中為妃，整天兩個人混在一起，冷落了皇后。皇后驕橫慣了，衝進後宮，來找皇上理論。不但找皇上理論，她還當著皇上的面，打皇上的前任弟媳、現任妃子。這一下，皇上暴怒到極點，你太不給我面子了，你原來專權亂政，能忍的我全忍了，現在我納個妃，你還不依不饒，當著這麼多宮女、太監的面，我的臉往哪兒擱啊？皇上可能也喝高了，衝上前去，揪住皇后的頭髮，拔出佩刀——女真人隨身都帶著刀，一通亂捅，皇后一身鮮血淋漓，癱在地上死了。皇上把刀從皇后屍體上拔出來，擦一擦，插入鞘，跟他前弟媳婦講，你看見沒有，這個賤人禍國亂政，我早想殺她，正好她今天找死，送上門來，我把她捅死了，朕要立你為皇后。

皇上一說要立前弟媳為皇后，其他妃子不幹了，三個妃子都找他來了。這仨人也真是死催的，你們論地位能跟皇后比嗎？皇上連皇后都敢殺，估計這仨人也失心瘋了，這時候名分重要還是命重要啊？這仨人來跟皇上講，立皇后怎麼輪也輪不著她啊！我們仨論入宮的時間、論跟陛下的感情都比她強，哪能新來乍到就立做皇后？怎麼著也得輪到我們，你要立她，除非我們死。皇上一聽，那行，你們死吧，當場就把這仨妃子斬殺了。既然你們有這請求，我就回應一下你們的呼聲吧。

皇上要立他原來的弟媳婦做皇后，大臣們也都不幹了，廢立皇后、廢立太子不僅僅是家事，還是國事，這麼大的事哪能不跟大臣商量就幹啊？再者說，你弟弟被殺，甭管冤不冤，從法理上講他是罪犯，他有罪你才能殺他，他沒罪你能殺嗎？他要是罪犯，你這個弟媳婦就是罪犯家屬，立罪犯的家屬為皇后實在是不妥。於是，大臣們一起勸諫，這就又把皇上惹炸了。這幾具死屍在地上躺著，你們沒看見是吧？真有人不怕死？皇上恨恨地跟大臣們講，誰要再勸我，地上躺著的死屍就是你們的下場。大臣們一看，這人不可救藥了，皇帝抽起風來的時候真的殺大臣。有一次，天上打雷把上京的建築給毀了，並引起了火災。根據中國古代天人感應學說，這是蒼天示警，皇上要下罪己詔。皇上的詔書不是自己寫的，得由翰林學士起草。翰林學士就草擬了一份給皇上看，旁邊有大臣素與翰林學士不和，藉機挑唆，這詔書罵您，說您眼睛瞎，沒文化，該遭雷劈。皇上一聽，也不問真假，拔出佩刀就衝上前去，一刀從翰林學士的臉穿進去，從另一邊扎出來，然後在那兒磨，把這個翰林學士活活給鋸爛了，慘不忍睹。

大臣們是親眼看過皇上怎麼殺人的，如果三尺白綾、一壺毒酒，也算留個全屍，落個痛快，但皇上發瘋之後，對大臣淨下狠手，甚至皇后都被亂刀捅死。大臣們一合計，這個昏君早應該被除掉了，不除掉他，咱們全玩完。特別是皇帝周圍的內侍，更是首當其衝。皇帝一發瘋，鞭子、棍子、刀子，先衝這幫內侍招呼，內侍們都是有今兒沒明兒的感覺。所以乾脆先下手為強，後下手的遭殃，把皇帝幹掉得了。大傢伙就集合起來，準備入宮，去殺金熙宗。那麼這一幫人入宮刺殺熙宗皇帝，領頭的是誰？殺了熙宗之後，金國的皇位又由誰來繼承呢？

十

弒君篡位

西元1149年，完顏亮發動宮廷政變弒殺了金熙宗，
自封為帝，成為了金國第四代皇帝，海陵王。
完顏亮和金熙宗是什麼關係？
他為什麼要殺死熙宗，又是如何當上的皇帝？
坐上皇位後，完顏亮又用了怎樣的辦法，
迫使滿朝文武承認自己來之不正的皇位呢？

金熙宗執政後期荒淫暴虐，嗜酒妄殺，朝臣們一致認為這樣的昏君應該廢除掉。可是大臣們都這麼想，由誰來挑頭呢？這個人就是後來成為金國第四代皇帝的海陵王完顏亮。

完顏亮與金熙宗的關係非常近，金熙宗是金太祖的嫡長孫，完顏亮是金太祖的庶長孫。金熙宗的父親宗雋早死，熙宗的母親就帶著熙宗改嫁到完顏亮家，完顏亮的父親宗幹就成了金熙宗的繼父。金熙宗比完顏亮大三歲，當熙宗繼位的時候，完顏亮還是少年。完顏亮看到自己的堂哥做皇帝，身穿袞服，頭戴冠冕，大臣山呼萬歲，很是羡慕，不由得生起一種想取而代之的願望。

按金國的規矩，宗室子弟長大了之後一定要從軍，完顏亮滿十八歲的時候，以奉國上將軍銜去他的叔父完顏宗弼，也就是金兀朮軍中服務。他跟隨叔父梁王宗弼經略河南、陝西，屢立戰功，回朝之後，因功遷升驃騎將軍，後來升到正三品龍虎衛上將軍。二十二歲的時候，他就做了中京留守。在他做留守時期，當地有一個猛安，叫蕭裕，是奚族人，經常跟完顏亮一起談天說地。他從完顏亮的言語之中，捕捉到完顏亮定有異志。完顏亮老是表露出自己想當皇帝的念頭，蕭裕刻意逢迎完顏亮：「誠有志舉大事，願竭力以從。」（《金史‧蕭裕傳》）因此完顏亮跟蕭裕兩個人沆瀣一氣，感情越來越深。蕭裕成了完顏亮的第一謀士，也可以講是頭號幫兇。

完顏亮做了幾年地方官，被調入京城，兩年不到的工夫，升到了尚書省右丞相，位極人臣，二十五歲就拜相了。隨著他權力的增大，其不臣之心也就更加顯露。但是當時時機不具備，所以他還要想方設法地去討好熙宗皇帝。有一次跟熙宗談及列祖列宗創業艱難，完顏亮痛哭流涕。熙宗覺得完顏亮忠誠可嘉，不忘本，江山社稷有這樣的賢臣輔佐，朕無憂矣。

熙宗這個時候已經對朝政不感興趣了，皇后裴滿氏專權，完顏亮毫不猶豫地站到了后黨一邊，與裴滿氏內外勾結，把持朝政。此時的完顏亮表現得非常禮賢下士，異常儉樸，家中只有妻妾三人，衣裘鄙陋，出門乘輕車，一點看不出皇上老弟的派頭來。完顏亮對大臣們也很好，只要他覺得將來用得著的人，一定折節下交，去跟你攀交情，包括熙宗皇帝身邊的衛士、內監。所以大家對他交口稱讚，完顏亮在大臣當中的勢力越來越大。

蓄謀弒君

隨著勢力不斷壯大，完顏亮謀權篡位的野心愈加膨脹。再加上熙宗執政後期的所作所為，令滿朝文武徹底絕望，這也使得完顏亮謀反的條件日漸成熟。那麼，此時發生了一件什麼事，使完顏亮下定決心鋌而走險殺死皇帝呢？

上文提到，熙宗皇帝曾經讓一個翰林學士給他起草罪己詔，翰林學士草詔之後，熙宗覺得翰林學士侮辱他，當時就把他殘忍地殺死了。殺了他之後還不解氣，熙宗追問幕後指使，旁邊有人跟熙宗皇帝講，這是完顏亮指使的。可能這個人跟完顏亮有仇。熙宗當時正在酒醉將醒未醒之際，一聽之下龍顏大怒，立刻把完顏亮貶到汴京行台尚書省，中央的丞相不讓他做了。完顏亮就被貶出上京（今黑龍江），到汴京（今河南）赴任。

從黑龍江到河南，山高水險，萬里迢迢。完顏亮行至今天北京良鄉時，熙宗皇帝可能酒醒了，也不知道是哪天喝的酒，這時終於醒了。熙宗皇帝一想，我兄弟平時沒有不臣之心啊，他不會指使別人罵我啊，很有可能是小人挑撥，於是把完顏亮又召了回來。天使快馬趕到，說你還回去做你的尚書右丞相吧，汴京不用去了。完顏亮雖然官復原職，但是心存怨恨，而且也看出來，在熙宗這樣的暴君面前，伴君如伴虎。皇上連自己的親弟弟都殺，連娘娘都給亂刀捅死了，我這個堂弟不定哪天就會身首異處呢！他一高興我就是丞相，他不高興我就是冤死鬼。完顏亮決定要加緊動手，趕緊把熙宗除去。

熙宗越到執政的後期，越是殘忍嗜殺，朝中大臣人人自危。當時的兩個丞相，唐括辯和完顏秉德，也想把熙宗皇帝給廢掉，消息就傳到了完顏亮的耳朵裏。完顏亮回到上京做了平章政事，比原來的官職低了，當他聽到兩位丞相要謀反的消息之後，不但不報告給熙宗，反而主動來找這兩位丞相。他說，咱們仨志趣相投，都想謀反，我跟你們想的一樣，這樣的昏君必須要把他除掉，咱們聯手幹吧。

皇帝殺害皇后之前，有一次完顏亮過生日，皇帝賜給完顏亮禮物，皇后在沒有經過皇帝同意的情況下，也賜給了完顏亮禮物。皇帝聽說之後，大發雷霆，把皇后斥責了一頓。皇帝一般情況下不怎麼敢斥責皇后。他也斥責了完顏亮，並杖打了前去送禮的侍衛。這個侍衛叫大興國，完顏亮此次特意找到了大興國。我生日那天，皇后派你給我送禮，你遭到了主上的杖責。主上心胸狹隘，睚眥必報，他打完你之後，你別以為這個事就算了，這個仇他埋在心裏了。不定哪天他發作起來，你小命就沒了，你覺得應該怎麼辦？大興國一聽，就問完顏亮，你們想幹嘛吧？完顏亮說，暴君不除，社稷不安，必須得把暴君除掉。你現在是皇帝身邊的侍衛長，就在他寢宮裏值班，掌握寢宮的鑰匙，你得幫我們。大興國說沒問題，要不然我早晚也得被皇上給殺掉，乾脆，我先下手吧。

完顏亮得到了大臣的支持，又得到了皇帝身邊侍衛、內監的內應，就決定舉事了。

弒君登基

完顏亮勾結了兩位丞相，收買了宮中的侍衛，為弒殺皇帝做好了準備，只等時機一到，就要開始實施他弒君篡位的陰謀。那麼，這時的完顏亮等到了一個怎樣的機會？他又是如何殺死熙宗、坐上皇位的呢？

此刻正是群臣極力反對熙宗立自己的前弟媳為皇后之時，皇帝發洩一通之後，喝了酒就睡著了。完顏亮一看，時機成熟，皇上已經把能得罪的人全都給得罪了，此時不動，更待何時。完顏亮買通侍衛，走到宮殿的門前，開門，我們奉皇命要去見皇上。夜深人靜，你奉的哪門子皇命啊？而且出入皇宮要腰牌，你也沒有腰牌。但是宮門口的警衛不敢攔完顏亮這些人，一看都是天潢貴胄，平章、丞相，還有大理寺正卿烏帶，哪個也不敢惹，就開了宮門讓完顏亮進去了。

宮裏的侍衛、內監都被完顏亮收買了，這夥人一進皇宮，很順利地就到了金熙宗的寢殿門口。一聽金熙宗正打呼嚕呢，喝高了，完顏亮帶領大家一擁而上，除此昏君，就在今日。大家正要上的時候，有一個小子跑得快了點，摔了一個跟頭。畢竟是臣弑君，大逆不道，所以他很緊張，手裏攥著刀，一摔跟頭，「噹啷」一聲，刀掉地下了。金熙宗一下就醒了，坐起身來，不知道是嘟囔了一句還是咳嗽了兩聲，反正出了點聲。他一出聲，大家全嚇傻了，皇上醒了怎麼辦啊？他要睡著了，咱過去給兩刀，沒心理負擔。現在他醒了，大家面面相覷，不敢上前，完顏亮也不敢上去。這個時候，被完顏亮收買的一個叫僕散忽土的侍衛，大喊一聲，事已至此，有進無退。咱們都攥著明晃晃的刀進了皇宮了，皇上要出來一看，怎麼解釋？咱說我來保衛您來了？誰信啊！說完，僕散忽土橫下一條心，咣一腳踹開寢宮門，照著床上的金熙宗掄刀就砍。

女真皇帝都是馬上天子，金熙宗雖然已經漢化，但是少數民族的驍武之氣不脫，平時刀不離身，睡覺時就擱在床邊上，或者掛在床欄杆上。金熙宗想抽刀抵抗，伸手一摸，刀沒了，被大興國趁著金熙宗睡覺，偷偷給摘走了。僕散忽土衝進來，劈頭一刀，把金熙宗砍倒在地。然後大家一擁而上，亂刀把金熙宗砍為肉醬。金朝第三代皇帝熙宗遇刺身亡，年僅三十一歲。

砍死了皇帝之後，大家長出一口氣，都快虛脫了。皇上被砍得血肉模糊在那兒躺著。殺的時候挺痛快，誰也沒想後果，大家只想除掉這個昏君，昏君不死，社稷不安。現在怎麼辦？大家只有在殺皇帝這一點上，達成了一致，殺完皇帝之後怎麼辦，誰都沒想，或者說誰都想了，但是想不到一塊兒去。在皇上死屍面前，大家開始合計，皇上死了，立誰為新皇上。當時唐括辯和完顏秉德是丞相，他們倆說話應該算數，唐括辯說立某某某，完顏秉德說我不同意，應該立誰誰誰，完顏亮黑著臉一語不發，攥緊了手中的刀。唐括辯和完顏秉德正吵呢，完顏亮大喝一聲，別吵了，皇位捨我其誰？你們不立我，你們還想立誰？被完顏亮收買的侍衛把刀一挺，往前逼進一步。完顏秉德和唐括辯一看，是，除了您沒有人配做天子，我們要說不立您，馬上躺下的就是我們。倆人馬上表示，願立平章為天子，大家往地下一跪，山呼萬歲。

完顏亮就在自己堂哥的屍身面前繼了皇帝位，這就是金國的第四代皇帝，海陵王。

殺叔行動

完顏亮雖然如願以償地當上了皇帝，但是他知道，自己畢竟是弒君登基，又是自封為帝，一旦滿朝文武和宗室貴族們知道了，必然不會答應。那麼，完顏亮會用什麼辦法，讓大臣們承認自己的帝位呢？

完顏亮做了皇帝之後，擔心朝中的宗室貴族們不服。他的頭號大謀士，也就是專門給他出壞主意的蕭裕就開始分析，現在宗室大臣裏面輩分最高、名望最重的是宗賢和宗敏。您做了皇帝之後，如果要有人不服，肯定就是他們倆先不服。宗字輩的都是太祖太宗的子侄，就是第二代，完顏亮是第三代，宗賢、宗敏論輩分都是完顏亮的叔叔。蕭裕就跟他講，趕緊把這兩個人召進宮來殺掉。完顏亮一聽，說得對，馬上就傳聖旨叫宗賢、宗敏入宮。

宗賢傻呼呼地來了，他不知道熙宗皇帝被刺身亡了，以為是熙宗皇帝發的聖旨。他想肯定是熙宗皇帝因為要立自己弟媳婦這件事，把我宣進宮來跟我商量。他在路上還想，我該怎麼說，怎麼勸皇上打消念頭，我要做一個為江山社稷負責的忠臣。一進了宮，也沒看見皇上面，想好的那套詞都沒來得及出口，伏兵四起，宗賢在亂刀之下就做了冤死鬼。宗賢到死都沒整明白是誰殺了自己，他到了陰曹地府肯定把這帳記在熙宗身上。他肯定以為熙宗皇帝要立弟媳婦自己不讓，二話不說把自己殺了。

完顏亮接著召宗敏入宮。宗敏比較機警，他一想，就算召我入宮也應該是天子徵召啊，完顏亮算老幾啊？他憑什麼召我入宮啊？此事有異。宗敏喚來大臣們商議，我去還是不去。葛王完顏雍，也就是後來的金世宗，對他說，完顏亮召叔父入宮，叔父應該去看看，宮裏到底發生了什麼。而且完顏亮不管怎麼說是天子的弟弟，您不去對天子也不尊重。宗敏一想，說得也對，起身入宮。一上了殿，發現寶座上坐的是完顏亮，宗敏情知大事不好，站起來就想往後退。完顏亮一聲號令，手下這幫人掄著刀就奔宗敏衝過來了。宗敏是一身的好武藝，可惜他身穿朝服（從金熙宗開始，女真貴族上朝穿的朝服就是漢服了，寬袍大袖，行動不便），再加上手裏沒有兵刃，武藝高強也無濟於事。完顏亮手下這幫亡命徒，紅著眼睛掄著刀上來一通亂砍，宗敏左躲右閃，身中數刀，倒地身亡。而且宗敏死狀極慘，大殿之上，他的殘肢斷臂、毛髮碎肉，散落得滿地都是。

就在宗敏被殺的現場，完顏亮召集群臣說，主上暴虐無道，我們已經送他走了，他已經到他該去的地方去了。大臣們擁立我為天子，你們如果效忠於我的，官職不動；如果對我繼位有異議，就追隨先帝去吧。大臣們在底下跪著，誰也不敢說有異議，只有勸宗敏進宮的葛王完顏雍，心存不忍。他想，是我勸叔叔進宮的，沒想到他一進來就給剁成碎肉了。他覺得特別對不起宗敏，就大著膽子問了一句：曹國王何罪見誅？他到底犯什麼罪了你們把他給殺了？完顏亮狠狠地瞪了完顏雍一眼，周圍的侍衛拔出刀奔完顏雍就走過來了。完顏雍一看，光棍不吃眼前虧，殺了就殺了吧，趕緊一低頭跪下，不說話了。這樣一來，完顏亮在滿地的血腥中登基做了天子。

只殺完顏

完顏亮威逼利誘，迫使大臣們認可了自己的皇位。但他仍然時刻擔心會有人來造反奪權。因此，完顏亮登基後繼續在朝中大肆進行屠殺。那麼，完顏亮都殺害了哪些人？他的大肆殺戮又給金國帶來怎樣的影響呢？

完顏亮一繼位，就開始對宗室貴族們揮起了屠刀。

他的兩個叔父宗賢、宗敏已經被殺掉了。接著他的心腹謀士蕭玉的出面，誣告太宗的兒子宗本謀反，於是宗本就被下獄處死。然後太宗子孫七十多人全部被完顏亮處死，基本上金太宗完顏吳乞買這一支就給殺絕了。殺絕了這一支之後，完顏亮又開始對太祖的子孫們下手。過了沒多少年，太祖的子孫基本上也被殺絕了。接著，完顏亮又對太祖太宗系統以外的完顏氏貴族們下手，比如擁戴他上臺的左右丞相唐括辯和完顏秉德，都被他殺掉了。

當年太祖太宗起兵，吞遼滅宋的時候，靠的全是這些宗室貴族，這些完顏父子兄弟在戰場上出生入死。現在對皇位威脅最大的也正是這幫人。中國的歷史上親貴用事，是一個忌諱，因為親貴造反沒有心理負擔。就像完顏亮殺金熙宗一樣，你姓完顏我也姓完顏，都是太祖的孫子，只不過就是你嫡長孫，我是庶長孫，咱倆都是大孫子。所以這個大孫子殺那個大孫子，他不覺得有什麼心理負擔。兩姓旁人的大臣們跪在地上，反正寶座上坐的是完顏，至於是哪個完顏我不關心，只要能保住我的爵祿，哪個完顏都行。但是如果寶座上換了一個不姓完顏的，那大家就不幹了。所以，親貴用事是個忌諱，絕對不能讓宗室手裏有權，特別是兵權。

完顏亮一上臺，吸取了這個教訓，以後不能再發生完顏殺完顏的事了，怎麼辦呢？我先把完顏們都殺光，免得別的完顏殺我。所以他一上臺，太祖太宗子孫屠戮殆盡。經過這樣的一番屠戮之後，女真政權出現了一個很大的變化，漢人、渤海人、契丹人開始大量地進入金朝的中央機構。除了尚書令完顏袞是他親弟弟之外——他當然得用自己的親弟弟做尚書令，丞相、平章、參知政事、樞密使，這樣的高官沒有一個姓完顏了。從完顏亮開始，金朝改變了國初以來一直皇族弄權的事。由皇族以外的家族，甚至包括其他民族的人，執掌朝政大權。

所以有人講，不應該一概否定完顏亮，他在位的時候還是很有作為的，而且他刷新政治，改革官制，搞民族團結，讓這麼多外人進入金國朝廷做官。但是這並不是完顏亮的本意，完顏亮絕不是把這些完顏們殺乾淨，給其他民族的人騰地兒。他是因為把完顏們殺乾淨了，沒人可用了，所以才把其他民族的人拉進來了。而且他很清楚一點，這些人甭說不是完顏，甚至都不是女真族，渤海人、契丹人、漢人，都屬於被征服民族，現在我讓你入朝，官居宰輔，你沒有根基，肯定會對我感恩戴德。所以越是女真族以外的大臣，在完顏亮一朝越受到重用，大家都沾沾自喜，當今聖上跟前面被殺掉的那個比真是有道明君，他只殺完顏，跟我們沒關係。

謀士造反

完顏亮把宗室皇族誅戮殆盡後，啟用了大批外族人入朝做官，並賜以高位。在他看來，這樣自己的皇位便牢牢在握，可以高枕無憂了。但令完顏亮萬萬沒有想到的是，這時，他身邊最親近、最信任的人居然謀反叛變了。這個人是誰，他為什麼要背叛完顏亮呢？

完顏亮本來想著，把完顏們殺光，用的都是女真族以外的貴族，這些人應該對他忠心耿耿，沒想到他手下的頭號大謀士蕭裕反了。

要說蕭裕跟完顏亮的關係，那真的就是諸葛亮跟劉備的關係，風從龍、雲從虎。沒有蕭裕的謀劃，就沒有完顏亮的今天。完顏亮做了皇帝之後待蕭裕很好，位極人臣。在這種情況下，蕭裕不知道怎麼想的，可能覺得跟著完顏亮起事的這些大臣們都被完顏亮殺掉了，就剩自己了，完顏亮最終會殺人滅口的。怎麼辦？我先下手吧。

蕭裕不是女真人，不能做金國皇帝，所以想復興大遼，立遼天祚帝的孫子為帝。蕭裕主意已定，就開始謀劃。時至今日，遼國已經滅亡三十多年了，意欲復興大遼，談何容易。於是他拉攏手握重兵的契丹族、奚族大臣。這些人或者是遼國降臣，或者是降臣之後。蕭裕以故國之思打動他們，鼓動他們一起謀反。蕭裕派人找到當時手握重兵的一位契丹族大將，此人正在西北地方駐防。蕭裕派人痛訴完顏亮荒淫無道，殘暴掠殺之後，展開前景，說大遼中興正在其時，天祚皇帝孫子還在，咱們西接大石，光復社稷。蕭裕的人忽悠了半天，契丹大將不動聲色地問，誰是你們頭兒啊？誰主事啊？來人告訴他，這個主事的人可了不起，皇上身邊第一大謀士蕭裕。這個大將一聽是蕭裕，回答說那好吧，你讓他親筆給我寫封信，如果真的是蕭丞相主事，我就跟著反。

蕭裕真就傻呼呼地給人寫了封信。謀反大事，哪能見諸文字啊？他卻把自己的想法和盤托出，說咱們一筆寫不出倆蕭字，將來光復大遼如何如何。大將看完這封信之後跟左右說，我跟著誰，也不能跟著蕭裕這號反覆無常的小人。誰讓完顏亮當皇上的？還不是他！你們看這信裏他寫的什麼？主上荒淫暴虐，荒淫暴虐你立他當皇上？當初你怎麼說他天縱聖明，這才幾年就荒淫暴虐了？你還唆使我一塊兒造反？真是天堂有路爾不走，地獄無門偏進來！蕭姓大將把這封信快馬送往京師，呈給完顏亮，這就是你手下的第一號大謀士幹的好事，挑唆我造反，您瞅瞅吧。

蕭裕求死

完顏亮一直認為，如果沒有蕭裕的輔佐，自己不可能坐上皇位，因此他對蕭裕絕對信任。可如今，蕭裕的親筆反書擺在眼前，由不得完顏亮不相信。那麼，事已至此，完顏亮又會如何處置蕭裕呢？

完顏亮一看這封信，五雷擊頂，與其說是氣憤，不如說是傷心。他非常難受，吩咐人把蕭裕找來當面質問。蕭裕來了之後，完顏亮就問蕭裕，你為什麼謀反？蕭裕知道事情已經洩露了，不承認也沒用啊，躲是躲不過去了，就老老實實地回答。他說陛下和唐括辯還有我，咱們約定同生共死，那些人全部被陛下殺掉了，我一看，這事早晚要落在我的身上，所以我要先下手為強，必須要把你給殺掉。皇上一聽，你真夠誠實的，到這份兒上你還嘴硬，還說必須把我殺掉。皇上一時動了感情，潸然淚下。咱倆的交情你還不知道嗎？你跟那些人不一樣，你從來對我都是忠心耿耿的，你沒有害我之心，我怎麼可能害你呢？你這是防衛過當了。蕭裕一看皇上哭了，就也哭了，這時候他可能也後悔了。當然這種事也沒法問皇上，皇上您最近想殺我嗎？不好問啊，我覺得他就是要殺我，所以我想造反保命，沒想到皇上沒有殺我的意思。

皇上說，我要想動手殺你，早殺你了，你親戚都在京城，我能允許你這麼安然嗎？現在一看蕭裕後悔了，皇上跟他說你也可以不死，只要你悔個罪。蕭裕到這個時候心一橫，也豁出去了。他說，陛下待我恩重如山，我還圖謀造反，實在是該遭天譴。但既然事已至此，你也別饒我了，你如果念及舊情就把我絞死，給我留個全屍，拿我當個反面典型，告誡其他大臣不要再覬覦皇位。人之將死，其言也善，蕭裕說太宗子孫皆為我所害，當初宗賢、宗敏那些人遇害都是我出的壞主意，這也是報應不爽，也該著我去死了。說完這句話之後，蕭裕閉目待死，但求速死。完顏亮大哭，割開自己的手臂，把血抹在蕭裕的臉上，這不知道是什麼風俗，然後告訴蕭裕，我絕對沒有懷疑你的意思，你活著不明白，你死後就應該明白了。隨後，蕭裕就被勒死了。

由此我們看到，完顏亮時代，君臣之間完全沒有了當年太祖太宗時期，靠人格魅力感召大臣的那種風格了，變成靠著陰謀、屠刀來鞏固自己的江山。所以大家一般認為，完顏亮在中國歷史上是一個暴君。但暴君有的時候幹的事也不一定都是壞事。完顏亮在位的時候，女真民族的漢化徹底完成。那麼這個時期他幹了什麼事，徹底完成了漢化呢？

十一
遷都燕京

海陵王完顏亮雖然殘暴好殺，但是他也曾勵精圖治，
對金國政治制度進行了大規模的改革，
甚至還大費周章地從遙遠的上京遷都到燕京，也就是今天的北京。
那麼完顏亮為什麼要遷都呢？
中原地區這麼多城市，為什麼他偏偏選中北京作為新的首都呢？

金海陵王完顏亮靠著權術和屠刀殺戮宗室子弟、同胞手足，登上了皇位。此人殘暴好殺，但是他也坦陳自己除了貪點財、好點色也沒別的毛病。你們看朕當皇帝的日子裏，宰相敢胡亂提拔人嗎？官員敢隨便接受賄賂嗎？老百姓有一個說自己的日子過得不好的嗎？這說明他對自己在政治上的所作所為是很有信心的。完顏亮在出行的過程中，曾經從御駕車輦上跳下來，幫著路上的百姓推車。他暴虐是對大臣，尤其對宗室貴族們，表面上不知道是真的還是裝出來的，確實是體恤百姓。

完顏亮在即位之初就下詔書，明確表示：「勵官守，務農時，慎刑法，揚側陋，恤窮民，節財用，審才實。」（《金史・海陵王本紀》）這也是他的施政方針，鼓勵官員向皇帝陳述朝政得失。完顏亮在位的時候，廢除了中書、門下兩省，只設尚書省。金熙宗天眷年間改革官制，廢掉了金初以來一直施行的勃極烈制度，實行中原的三省六部制，三省指中書、尚書、門下三省。但是由於金熙宗的改革並不徹底，好多職務都是為了安插女真貴族，因人而設。這種因人設職其實也是一種策略，增人不減人，可以減少改革阻力，但是導致機構臃腫，冗員充斥，效率低下。完顏亮一上臺，正式廢除了在熙宗朝就已經被架空的中書、門下兩省，只設尚書省，讓自己的弟弟完顏兗出任尚書省的最高長官尚書令。尚書令表面上是百官之首，實際上不掌實權，更多是一種榮譽頭銜。尚書省設左右丞相、平章政事、參知政事，由這些人來執掌朝政。

完顏亮還廢除了國初以來勢力強大的都元帥府，設立樞密院。原來的都元帥府設都元帥一名（完顏亮在做皇帝之前，就擔任過都元帥），相當於金軍的總司令、武裝部隊最高統帥；另設左副元帥、右副元帥、元帥左監軍、元帥右監軍、元帥左都監、元帥右都監。現在完顏亮把都元帥府廢掉，仿照宋朝制度，改設樞密院。柏楊先生在《中國人史綱》裏邊對於這段歷史有個評述，大概意思是說金雖然滅掉了北宋，但是金的政治制度完全以被他打敗了的對手為藍本描繪出來，也就是完全學習了宋的制度。遼還有以國制待契丹，以漢制待漢人，還有一國兩制，金朝完全仿照漢族的制度，全面漢化了。完顏亮還廣開科舉，選拔讀書人入朝為官，任用漢人張浩為尚書右丞，做到宰輔一級的高官。

另外，完顏亮在位時期強化了御史台。在中國古代官員當中，台諫官是非常重要的。御史在中國古代有一個特權，可以風聞奏事，我聽說宰相貪污，我就去彈劾宰相，不用拿到真憑實據。皇帝派人調查，一調查宰相果然貪污，那宰相該怎麼處理怎麼處理，御史該怎麼獎賞怎麼獎賞；一調查沒這回事，御史也不用負任何責任。這種監察制度的完備，也是約束臣下的一個手段。完顏亮不止一次地跟御史台的官員講，我對你們很不滿意，朕即位以來這麼多年，就沒見過你們彈劾誰。顯然你們在裝老好人，有不法的官員，你們一定要給我彈劾，你們要是不彈劾就是你們失職。完顏亮在位的時候，吏治確實非常清明，用他自己的話講，官員沒有敢隨便收取賄賂的。如果官員跟完顏亮的意見發生了衝突，完顏亮廷杖以對，甭管你是多大的官，只要與皇上的意見發生了衝突，或者說你辦事不力，拖下去，扒下褲子，掄板子就打，讓你尊嚴掃地。完顏亮還不止一次地跟官員們講，朕就夠疼愛你們的了，你們犯了錯，只是稍示懲戒，拿板子招呼一下，打完了之後你還是朕的愛卿，但是如果你們膽敢犯法，寶刀之下絕不容情。大臣們一個個噤若寒蟬，誰也不敢當面忤逆天子，或者說行不法之舉。

完顏亮改革官職，大興科舉，注重監察，使吏治情況為之一新。

刨墳遷都

完顏亮大力推行這一系列改革，其實就是為了把皇權牢牢地掌握在自己的手中，但是就在這些改革還沒有徹底完成的時候，完顏亮卻突然下令遷都，甚至為了遷都，他還不惜毀掉了祖上數代苦心經營的上京會寧府。這是為什麼呢？

完顏亮此時決意徹底完成漢化、切斷女真舊俗，最好的方法就是遷都城至中原漢地。金朝國都原在上京會寧府，現在金帝國疆域遼闊，南到秦嶺淮河，與宋朝接壤了，上京會寧府地處偏遠，交通不便，特別是經濟落後，此地實在沒法做一個大帝國的首都，完顏亮有意遷都。

完顏亮想把都城從上京遷到燕京，就是今天的北京。北京原來是遼南京，遼國在這個地方有一定的建設，但是規模不足以成為一個帝國的正式首都。遼的五京嚴格意義上講，都不怎麼像首都，只不過是一個行政中心而已。遼國皇帝是地道的游牧民族天子。契丹人四時捺缽，尤其是末代皇帝天祚帝耶律延禧，整天不在屋裏待著，到處打獵，所以他捺缽的地方才是真正的政治中心。皇上住在帳篷裏，帳篷才是真正的政治中心。如果要遷都到燕京，就需要大規模的營建，完顏亮動用了八十萬民伕、四十萬軍卒開始營建燕京城，改名為中都。

遷都之前先算了一卦，卜問吉凶，分析完卦象，有的大臣就跟完顏亮講了，燕京地方的德運與我們大金不符，遷過去之後，於國勢不利。完顏亮說了一句話，這個地方好還是不好，跟五行德運沒有關係，只跟住在這兒的人有關係。如果桀紂住在這兒，再好的德運也會亡國，堯舜住在這兒，再壞的德運也會轉化為好的德運。完顏亮覺得自己足以媲美堯舜，所以一定要遷都。遷都之前，很多女真大臣不願意走，就磨洋工。皇上讓我搬家，跟他到中都去，我不願意去，可我又不敢公然抗旨，怎麼辦呢？我就在這兒窮磨，我們家還沒收拾好呢，您再容幾天。完顏亮有招，你們跟我來這套？他下旨把太祖太宗的陵寢移到中都，在今天北京市房山區，一萬六千八百平方公里範圍內的大北京有兩代帝陵，昌平有明十三陵，房山有金朝前七位皇帝的皇陵，而且完顏亮把女真始祖函普以下十代的陵全刨了，遷到房山來了。祖陵過來了，你還是完顏氏的子孫嗎？你跟不跟著走吧？你再不跟著來，那皇上就只能強制拆遷了，把你們家拆了。然後，皇上下令把上京城的寺院、官署甚至城牆全給拆了，並在上面種莊稼。這一下，等於完顏亮把上京城毀棄了。本來在熙宗時代，大力營建上京城，宮室、廟宇、官署、宅邸，全都具備了，完顏亮這一毀棄，上京就又變成了女真興起之前那個樣子，成了不毛苦寒之地。大臣們沒辦法，萬般不情願地跟著完顏亮來到中都，白天還得強顏歡笑，敲鑼打鼓，一到晚上抱頭痛哭，祖宗基業毀於一旦。

完顏亮遷都，使中都變成了金國的統治中心。

形勝甲天下

完顏亮大費周章地遷都到中都，也就是今天的北京，一方面是為了削弱女真貴族的勢力，而另一方面其實也就是為了加強對中原漢地的統治。那麼中原地區這麼多的城市，為什麼完顏亮偏偏選中北京作為新的首都呢？而北京之所以成為遼、金、元、明、清五朝古都，這其中究竟有什麼特殊的原因呢？

北京城是遼、金、元、明、清五朝故都，除了明之外，遼、金、元、清全是少數民族建立的王朝，遼時這裏只是陪都——南京析津府，到了金朝才真正成為帝國的政治中心。此後一直到金宣宗南遷，六十多年，這裏一直就是金帝國的都城。元統一中國之後更是成了整個中國的政治中心，包括明清兩代，中華民國的前十六年，還有中華人民共和國成立之後，北京長期作為都城，一定有它的道理。

古代立都，首先是要看地理環境。中國的語言文字，現代是以詞為單位，古漢語是以字為單位。城市有兩個職能，一個是城，一個是市。城，軍事和政治中心，防禦的職能；市，商品買賣，城擺在市前面。一個地方地勢險要，交通便利，才能在這兒定都，定都之後，經濟自然就會繁榮起來，因為古代經濟主要是為統治者服務。北京正好在華北大平原的最北端，古人建都，講究前有照，後有靠，長安、洛陽、北京、南京，概莫能外。前有照，面臨一條河，後有靠，背靠一座山。北京「左環滄海，右擁太行，北枕居庸，南襟河濟，形勝甲於天下，誠所謂天府之國也。」（《大明一統志》卷一）沃壤千里，萬年帝都。北京的地理環境從南北看，背山帶河，東西看，背山負海，西邊太行山，東邊大海，北邊是燕山，南邊就是華北大平原，進可攻，退可守，北連朔漠，南控江淮，非常適合立都。金中都城在今天北京的西南部。今天北京有很多地名，仍然保留了金中都的痕跡，比如：會城門就是金中都的城門，麗澤橋就是金中都的麗澤門；再如豐台區，金中都南門豐宜門外五里，壘台祭天，相當於天壇，因此得名。金中都周長九華里，十三座城門，分為外城、內城、宮城。今天北京西二環路上還有一個金中都宮殿遺址紀念碑，曾是金朝宮殿所在地。中都裏官署、宅院、寺廟通通具備，標誌著金的統治中心轉移到了中原漢地。

金帝國定都燕京，完成了從一個原始的部落向中原王朝身分的轉化。金國的君主也就由原來的一個偏僻小邦的君主變成了佔有中原地區的中原王朝君主。特別是金與宋以秦嶺、淮河為分界線，意味著華夏民族的發源地——黃河流域這個時候完全變成了金的統治區，北宋皇帝的皇陵也位於金統治區了。

對於這麼遼闊的疆域，怎麼進行管轄呢？完顏亮執政時期廢掉了行台尚書省，設立了路一級管轄機構。地方實行路、州、縣三級制，與北宋的行政機構完全一樣。金國的疆域在極盛的時候，東到大海，西到貝加爾湖，北到今天的日本海和鄂霍次克海，南至秦嶺、淮河，西南到了今天的青海、甘肅，與西夏接壤，疆域遼闊。金的面積比南宋要大上很多，可能兩倍不止。這一切均是在完顏亮手裏完成的。

荒淫帝王荒唐事

完顏亮確實通過遷都以及一系列改革，鞏固了皇權統治並推進了金國的經濟發展，但是根據一些史書記載，完顏亮非常荒淫無道，甚至很多小說都把他描寫成一個貪好女色的無恥之徒。那麼完顏亮貪好女色的惡名究竟是怎麼來的呢？

完顏亮是個實至名歸的暴君，如果沒做出什麼成績還好點，越有成績對他來講越麻煩，他越是志得意滿，越覺得自己不得了。《金史・海陵王本紀》評價完顏亮，「智足以拒諫，言足以飾非」。他拒絕大臣給他提意見，你們誰也沒我英明，並且他能把黑的說成白的，把白的說成花的，能言善辯，足以飾非。天要讓誰死亡先讓誰瘋狂，完顏亮很瘋狂。殺大臣可以算作是清除異己，但殺完大臣之後，把人家家屬都弄進宮裏來，這事就怎麼也說不過去了。

完顏亮一生有三大志向：天下大權都得握在自己手裏；率師伐國，執其君長問罪於前；得天下絕色而妻之。現在當了皇帝，功勞又這麼大，數他最英明，所以要實現他的第三個理想，「得天下絕色而妻之」。完顏亮看到被他殺掉的宗室、大臣們留下的遺孀，包括他的姑媽、嬸嬸、兄弟媳婦、表妹、堂妹、外甥女，這些人不錯，想把她們弄進宮來。可他自己又不好意思，怎麼辦呢？他想，最好有大臣上諫，建議我這麼幹，然後我虛心接受這個建議。

於是完顏亮找到蕭裕，那會兒蕭裕還沒死，他倆關係多鐵，蕭裕簡直就是完顏亮肚子裏的寄生蟲，完顏亮想什麼他都知道。完顏亮跟蕭裕講，你建議我把她們都收進宮來，然後我接受，沒想到蕭裕在這件事上很不配合。蕭裕覺得有愧，我給你出了那麼多壞主意，太祖太宗的子孫都被殺光了，我將來要遭報應的。因為你是皇上，沒人把你怎麼著，我將來死了之後肯定進《奸臣傳》。所以他說自己不願意幹這事。完顏亮盛怒之下，再三威逼。蕭裕萬般無奈，第二天上朝，結結巴巴地跟皇上講，您看那些大臣有罪都被處死了，但他們自身有罪，罪不及妻孥。他們家挺可憐的，孤兒寡婦一門，皇上您仁慈，要不您就把這些寡婦給養到宮裏去？皇上一聽龍顏大悅，愛卿此議甚好，成就我一代賢君的美名。完顏亮立刻下旨，全給我進宮，呼啦呼啦大家全來了。站在漢民族文化風俗看，這簡直就是人倫盡失。站在女真族傳統習慣看，實行收繼婚制，沒什麼不合適的。但是你連嬸子、姑媽、外甥女都給收繼了，也不符合人倫，完顏亮做得有點太過分了。

完顏亮色迷心狂，以至於喪盡人倫，這還不夠，竟然把目光又盯在廟堂之上，打起滿朝文武官員妻妾的主意。他命令皇后徒單氏出面，邀請大臣的夫人們進宮，以便他在幕簾之後偷窺選擇，看中了誰，由皇后將其留在宮中。皇后斷然拒絕，我是國母，母儀天下，不能給臣民如此表率。你幹盡壞事，我沒能勸阻，已經是失職了。皇后是後宮之長，皇帝不能好色縱欲，如果皇帝這樣做就是皇后的失職。但皇后不敢惹他，皇上急了眼誰都殺，自己的叔叔砍死好幾個了，皇后不敢勸諫。這一次皇后說我已經失職了，這事我實在幹不了。皇上說，你這皇后想幹不想幹了？你如果想當皇后，就必須得給我當幫兇，你不當幫兇，這皇后就換人。徒單皇后沒辦法，只好按皇上的授意出面把朝廷命婦召進宮來，完顏亮看中了誰就把誰留下來。完顏亮殺害大臣，勉強說是政治鬥爭清除異己的手段，但是如此荒淫，在歷史上留下的惡評如潮，成了一個反面的典型。

完顏亮不但把被他殺害的宗室大臣的眷屬弄進宮，他看中的大臣夫人弄進宮，甚至連他身邊的功臣的夫人都不放過。他能登上皇位，合謀弒君的除了他之外，高級別的官員有三個人，丞相唐括辯、完顏秉德和大理寺卿烏帶，至於像前面講過的大興國、僕散忽土，都是小人物，不值得一提。完顏亮能夠登上皇位，烏帶的功績很大。烏帶的夫人生性比較放浪，原來跟完顏亮就有不清不楚的關係。完顏亮當了皇帝之後很思念烏帶的夫人，就跟她講，天子可以立兩個皇后，如果你把丈夫勒死，進宮伺候我，我就立你為皇后。烏帶夫人當即表態，咱們過去年輕的時候糊塗，不懂事，做下了糊塗事，現在兒女都長大成人了，還是給你我留些顏面吧。完顏亮說，你若不從，我殺你全家。烏帶的夫人說我勒死丈夫可以，問題是我兒子在身邊，不好下手啊！完顏亮說，沒關係，我把你兒子調進宮來值班，你趕緊動手，我等信。烏帶的夫人萬般無奈，只好在兒子入宮值班的時候，把丈夫灌醉，然後親手把丈夫給勒死了。

烏帶之所以幫助完顏亮篡奪帝位，完全是因為金熙宗暴虐，完顏亮上臺之後，自己的老婆送走了不說，自己也莫名其妙地被勒死，做了冤死之鬼。這種事在完顏亮一朝層出不窮，他為了得到絕色女子，不惜殺害大臣，搞得朝臣人人自危。後來的金世宗完顏雍起兵反完顏亮，跟這種事也有密切的關係。

好殺成性

完顏亮身為中國歷史上有名的暴君，不僅好色而且還好殺，他不但在朝堂之上大肆殘害異己，濫殺無辜，而且還在後宮制定了許多極為奇怪的規矩，只要有人違反馬上處死。那麼，完顏亮究竟定了哪些奇怪的規矩呢？

完顏亮一個人在宮裏面，這麼多的女子，他有可能照看不過來，擔心這些女子與宮外的男子或者宮中的男子有私情，於是嚴格防範。宮裏不光都是太監，得有侍衛，有刺客來襲，太監是指不上的。完顏亮每一次跟嬪妃宴會的時候，就往地上扔一件東西，除了他之外，在場的所有男性眼睛只能盯著這個東西，不能往其他地方看。這場宴會要是仨鐘頭，你就盯著這東西看仨鐘頭。你如果眼神一游離，不是真想看看嬪妃長什麼樣，老盯著一個東西看，太累了，就是眼珠動動，那就立斬不赦，說明你偷窺皇妃。宮裏面的男子不管是侍衛還是文臣，必須四個人以上才能出門，一個人不行，上廁所都得四個人一塊兒去。四個人在前面走，後面有一個人拿著刀跟著監督。如果宮中男女相遇，必須要彙報，哪怕就是碰著了，露了一臉，倆人必須要去找完顏亮彙報。先彙報者賞三品官，甭管是女的還是男的，只要先彙報，就給三品官，因為嬪妃在那個時候也是有品級的，後彙報的處死。倆人同時彙報，都有封賞。宮中只要男女一見面，撒腿就往完顏亮那兒跑，看誰跑得快。因為先彙報的三品官，後彙報就死了，只能放開腿腳，以跑搏命。完顏亮不但對大臣的管理是靠殘酷手段，對後宮的管理也都充滿了血腥味。

有一次，完顏亮覺得北國女子不夠瞧的了，想在中原找點美女，於是讓南京的留守，一位姓蕭的契丹族大臣，給自己選點美女。留守果然找了一個同族的美女，準備給完顏亮送去。運送過程中，行至燕京（當時的都城還在上京），這個契丹大臣的父親正好做燕京的留守，一看兒子送的這個女子，大驚失色。這位父親心想，壞了，看這個女子的形狀（也不知道怎麼看的），不像處子之身，你要是把她送給皇上，皇上肯定會認為是你從中作梗了，我兒性命不保。當然又不能不送去，那更麻煩，所以他沒跟自己的兒子說破，只是告訴家裏人，能跑的趕緊跑，收拾金銀細軟，咱們家滅族的慘禍即將降臨。他兒子不明就裏，繼續護送女子到了上京。果然，完顏亮一看這女孩不是處女，懷疑是這個大臣事先下過手了，就把他給殺了，不但把他殺了，連他全家都殺掉，包括他的父親都受到了牽連。他的父親在熙宗朝就做過宰相，卻為了這麼點小事就被殺掉，幸虧家屬都逃亡出去了。

完顏亮為人殘暴，好殺，好色，但是在他的手裏，女真人完成了漢化，都城向中原漢地轉移。但是為什麼完顏亮最後也被人弒殺了，為什麼他死了之後連個廟號都沒有？他最後是因為好色遭到報應了嗎？

十二

海陵伐宋

海陵王完顏亮雖然統治殘暴，
但是真正把他推上不歸路的卻是他對南宋發動的一場戰爭。
那麼面對滿朝文武大臣們的激烈反對，
完顏亮為什麼要執意攻打南宋？
他又使用了哪些手段來發動這場戰爭的呢？
最後究竟是什麼導致他死於非命的呢？

完顏亮好色、好殺，是一個暴虐之主。但是如果他只是在國內自家的一畝三分地上幹點這種事，雖然免不了像金熙宗那樣被人刺殺，可多做幾年天子也未必不可能。金熙宗也是做了十幾年天子，而且那時候還有那麼多反對力量，完顏亮登基之後，宗室屠戮殆盡，基本上沒有什麼反對力量了。如果完顏亮關上門過自己的小日子，下場也許還不至於那麼慘。問題就在於，當年他的三大抱負已經實現了兩個，一是掌權，二是得天下絕色而妻之，兩大抱負實現了。還有一大抱負沒實現：率師伐國，執其君長問罪於前。所以他就想要實現自己的這個抱負，要混一宇內。

完顏亮漢化程度很高，特別喜歡讀中原的史書。有一次他看《漢書》，看完之後跟左右人講：「漢之封疆不過七八千里，今吾國幅員萬里，可謂大矣。」（《金史．張仲軻傳》）言下之意，我國疆域已經超過了漢朝。中國古代疆域的概念跟今天版圖的概念不是一回事，古時候疆域的概念其實更多的像今天的勢力範圍。我的力量能控制到什麼地區，這個地方就屬於我的疆域，那時候也沒有立界碑，勘定邊界那一說。完顏亮覺得自己的疆域已經很大了，超過漢朝了。但是他最寵愛的一個漢族大臣張仲軻，跟他講：「本朝疆土雖大，而天下有四主，南有宋，東有高麗，西有夏，若能一之，乃為大耳。」（《金史．張仲軻傳》）現在雖然咱們是萬里大國，但是現在天下四分，南邊有宋，東邊有高麗國，就是今天的朝鮮半島，西有夏，如果咱們都給統一了，這疆域才算大。一句話說得完顏亮心裏就癢癢起來了，是啊，我現在畢竟只是天下四分之一國的君主，當然我國最大。既然我國最大，有什麼理由讓這些小國存在著嗎？我就應該把他們通通滅掉。

那首先該滅誰呢？當然是滅宋了。完顏亮讀柳永的詞，見柳永寫杭州「三秋桂子，十里荷花」，這個地方太好了，我一定要把宋滅了，佔領這個地方。他旁邊的宦官，也不知道打哪兒聽來的消息，不斷慫恿完顏亮，宋高宗的劉貴妃，絕色美女！就咱們宮裏這些料沒法跟人比。完顏亮一聽，更堅定要滅宋，不但能得到江南的土地，還能得到劉貴妃這個絕色美女。完顏亮下令，在自己居住的宮殿裏給劉貴妃加蓋寢宮，相當於「招賢館」，將來劉貴妃就住這兒，臥室裏的床榻、傢俱、被褥全是新的。

十年為期

完顏亮躊躇滿志地準備南下滅宋，但實際上，金國的絕大多數大臣們都是堅決反對出兵攻宋的，特別是尚書令溫敦思忠更是不惜以死進諫。那麼，為什麼這些金國大臣們會如此反對對宋開戰呢？

當時的尚書令叫溫敦思忠，出面諫止，說切不可舉，不能打南宋。完顏亮不聽，「汝勿論可否，但云何時克之」（《金史・耨碗溫敦思忠傳》）。我不是跟你討論要不要打南宋，只要你告訴我多長時間能夠滅掉南宋。思忠一聽，只好說以十年為期。咱要真想滅宋，怎麼著也得用十年。因為這個時候金的綜合國力，其實在宋之下。從五代十國開始，中國的經濟重心就已經從黃河流域轉到了長江流域，北宋時期已是「國家根本，仰給東南」，東南是國家財政收入的主要來源地。而且江南地區除了當年梁王宗弼率輕騎南下，追擊宋高宗入海之外，沒遭到過兵燹，北方黃河流域，這麼多年兵連禍結，現在應該休養生息，發展生產，怎麼能又輕易動兵呢？所以皇上要說打，臣以十年為期。

完顏亮說，時間太長了，你告訴我幾個月吧，給我按月數，別說十年。思忠說：「太祖伐遼，猶且數年。今百姓愁怨，師出無名。江、淮間暑熱湫濕，不堪久居，未能以歲月期也。」（《金史・耨碗溫敦思忠傳》）太祖皇帝比你厲害吧？英武絕倫，一代人傑，伐遼尚用了數年，從西元一一一四年起兵，到一一二三年太祖皇帝就駕崩了，太宗皇帝滅遼是一一二五年，伐遼尚且用了十二年的時間。現在你要打宋，宋又沒有什麼過錯，而且宋待的江南之地水網稻田，丘陵密布，卑濕水熱，實在不好打。我說十年都是保守的，怎麼可能幾個月就把宋給滅了呢？

完顏亮聞言大怒，拔出刀要砍溫敦思忠，廷杖都不解恨。溫敦思忠不愧是忠直的大臣，面不改色：「老臣歷事四朝，位至公相，苟有補於國家，死亦何憾。」（《金史・耨碗溫敦思忠傳》）我已經歷事四朝，從太祖太宗的時候我就伺候皇上，如果我的話於國事有補，死有何憾？我現在做到尚書令這樣的大官，這輩子值了。完顏亮一看思忠如此忠直，也沒好下手，但是再也不用了。凡是阻礙他伐宋的忠臣一概都不用，經過他的幾番屠戮，滿朝文武中像思忠這樣忠直的大臣已經很少了。

遷都汴京

完顏亮不顧大臣們的激烈反對，執意要南下滅宋，但是就在正式宣布準備伐宋之後，完顏亮並沒馬上調集兵馬，揮師南下，而是再次遷都了，這是為什麼呢？

完顏亮決定伐宋，但以什麼藉口調集兵馬呢？如果調集兵馬，南宋知道怎麼辦？所以完顏亮號稱遷都，從今天的北京遷到開封，也就是遷到北宋的故都汴京。眾人以為只是藉遷都為名，囤積糧草，徵募軍馬，大舉南下，進軍南宋；沒想到，完顏亮假戲真做，真的營建汴京城。他召集大臣說：「朕欲遷都汴京，將宮室重修，加兵江左，使海內一統，卿意如何？」（《三朝北盟會編》卷二百四十二）我想把都城遷到汴京去，重修汴京的宮室，將來加兵江右，使海內一統，卿等以為如何？長江中下游地區有很多不同的稱呼，江東、江南、江左，江右指的都是這兒。這東南左右看你站在什麼位置上，你從南往北看，長江以南就是江南；你如果是從長江的上游往下游看，那就是江右；如果是從長江的下游往上游看，那就是江左。所以這些不同的稱呼實際上都是講的一個地方。

大臣們紛紛反對，有一位大臣說：「燕都始成未數載，帑藏之匱乏未補，百姓之瘡痍未痓，豈可再營汴都而重勞民力？況江南乃繼好之邦，歲以厚幣禮陛下，豈可無名出師而重勞征伐哉？臣為二事俱不可！」（《三朝北盟會編》卷二百四十二）咱們剛剛從上京遷到燕京，遷都的錢已經花費太多了，修中都徵用八十萬勞力，怎麼能再遷都汴京呢？至於南宋，跟我們關係不錯，年年給咱五十萬，咱憑什麼打人家？所以臣以為二事皆不可。完顏亮一聽勃然大怒，你活膩歪了吧？我即位以來，你沒看見朝臣總是出現新面孔？那老的都哪兒去了？你是不是在我朝做官，活得不耐煩了？

完顏亮不顧群臣的反對，要遷都汴京。遷都的時候，他下令全國簽發軍馬，各猛安謀克，甭管是契丹人，還是渤海人、女真人，抽籤出人從軍，湊了六十萬大軍。幾十萬大軍得需要多少匹戰馬？如果這六十萬人都是騎兵，按一個人三到五匹馬計算，那就得需要二三百萬匹戰馬。完顏亮下令，收繳民間的馬匹，七品以上官員只能留一頭騾子，馬不許留，七品以下官員家裏連騾子都不許有。他還下令收繳天下的兵器，所有的兵器要運到中都來。老百姓家裏有二子以上的，父母年邁的出一子從軍；如果家裏兩個兒子，父母也不年邁，爺仨一塊兒當兵。

這樣一搞，百姓怨聲載道，流離失所。特別是完顏亮把全國的糧食、騾馬集中，民間沒有儲藏，老百姓的日子都沒法過了。大臣們苦勸完顏亮，不能把老百姓搜刮得這麼乾淨徹底，否則老百姓沒法活。完顏亮這個時候把愛民如子的面具撕下來了，居然說：「此方比歲民間儲畜尚多，今禾稼滿野，騾馬可就牧田中，借令再歲不獲，亦何傷乎？」（《金史・李通傳》）馬不是沒有草料嗎？沒有關係，老百姓家存的糧食很多，現在滿地都是莊稼，把馬放出去，吃老百姓的莊稼。今年沒收成沒關係，老百姓家裏有存糧，餓不死人。民以食為天，農以土為本，原來完顏亮糟蹋朝臣，淫亂好殺，與老百姓無干。但現在一禍害百姓，麻煩可就大了。

謀害太后

雖然完顏亮已經調集了六十萬大軍和九百艘戰船，準備海陸前後夾擊，一舉滅亡南宋。但是金國此時卻是民怨沸騰，舉國上下一片反戰的聲音，甚至連深居後宮的皇太后，也都勸阻完顏亮。那麼面對如此強大的反對力量，完顏亮還能順利出兵嗎？

大臣們紛紛看不過眼，連皇太后徒單氏都勸諫完顏亮。孩子，你有太祖皇帝英武嗎？完顏亮想了想，我還真不如太祖皇帝英武。你手下的大將有一個能比得上梁王宗弼的嗎？完顏亮又想了一想，問手下大將，你們覺得誰比梁王宗弼強？手下大將都把腦袋低下去了，誰敢說自己比完顏宗弼強啊？你看見沒有，你比不上太祖皇帝，你的大將也比不上梁王，你怎麼能去打宋朝呢？你好好琢磨琢磨。說完，太后就回後宮了。

太后一走，完顏亮坐著嘟囔，老東西這是找死啊，轉頭命令太監、宮女，去，把太后給我殺了。太后徒單氏並不是完顏亮的生母，而是完顏亮的嫡母。完顏亮的生母姓大，是渤海人。完顏亮是庶出，從小看著自己的親媽大氏在徒單氏面前低眉順目，他特別不服。完顏亮做了皇帝，仍然尊嫡母為皇太后，生母只能是皇太妃。完顏亮心裏一直窩著一股火，我當了皇帝了，我媽還是二房。

有一次徒單氏過生日，當時嬪妃、命婦、公主輪著給徒單氏敬酒，大氏也端著一杯酒跪在地上敬徒單氏。大氏敬酒的時候，徒單氏正跟周圍人聊天，沒看見她，不是成心的。大氏跪的時間長了一點，可能徒單氏聊完了以後才看見她。妹妹怎麼在這兒跪著？不好意思，快起來。完顏亮覺得徒單氏成心讓自己的媽出醜，憤然離席。第二天，他就把當時陪著徒單氏飲酒的公主、宗婦招進內宮，大板子劈里啪啦打得一個個哭爹喊娘，甚至有的香消玉殞了。他在揍這些公主、宗婦的時候，大氏趕緊進來勸，孩子，你怎麼能這樣，別打了。完顏亮說，現在兒子已經做了皇帝了，您還看人家臉色，我受不了。此次徒單氏一再勸阻不能伐宋，完顏亮新仇舊恨就全想起來了，居然派人把太后給害死了。

大臣們一看，皇上連媽都能給弄死，得，咱也甭說啥了。

奇怪的詔書

西元一一六一年十月，完顏亮無視全國上下的反對，命令六十萬鐵騎大舉南下，正式發動了對南宋的戰爭。而完顏亮親率的主力東路大軍，更是一路所向披靡，橫渡淮河，一直殺到長江岸邊，直逼南宋首都臨安。然而眼看著就要一舉滅宋的關鍵時刻，完顏亮卻突然接到了一份奇怪的詔書，這是怎麼回事呢？究竟會是誰給金國皇帝發詔書呢？

完顏亮正在江邊駐軍的時候，消息傳來，東京有新天子即位，讓他接詔書。完顏亮傻了，詔書？我沒發詔書啊？誰給我發的詔書？回答說東京有新天子即位，您已經不是皇上，被貶為庶人了。新天子的詔書到了，讓您接旨。完顏亮很詫異，這位新天子是誰啊？是葛王完顏雍，這就是金國的第五代皇帝金世宗。

金世宗在東京即位的消息傳來，南下金軍人心惶惶。完顏亮聞知以後，依然命令大軍過江，但是在采石磯一戰被宋朝中書舍人虞允文打敗了。金軍兵敗之後，完顏亮仍然賊心不死。鑒於北邊世宗皇帝已經即位了，完顏亮急欲滅掉弱宋，然後再揮師與世宗決戰，因此他下令金軍在第二天必須過江。可是南下金軍打不過宋朝軍隊，過不了江。於是完顏亮軍中的部將就一起商量，咱們不如把昏君殺掉，歸降新天子，既能保命，又能保住祿位。於是這幫人聯合起來，去殺完顏亮。

據說當叛軍攻打完顏亮營帳的時候，先往帳內射箭，一箭射進去，完顏亮拾起一看，此乃我軍箭矢，絕非宋軍之箭，壞了，有人叛亂。侍衛趕緊勸完顏亮躲一躲。完顏亮此時，倒也有幾分豪氣，拔刀迎戰。完顏亮剛一挑開帳簾，外面飛入一箭，正中他的胸口，當時就倒下去了。叛軍上去一通亂砍。完顏亮身子骨比較壯實，砍了幾刀沒死，於是叛亂頭目解下腰帶活活地把完顏亮給勒死了。

烏林答皇后

海陵王完顏亮死後，金世宗完顏雍的帝位就穩固了。那麼這個金世宗究竟是什麼人？為什麼有人說他是為了報私仇而篡奪帝位的呢？

金世宗漢名叫完顏雍，女真名叫完顏烏祿，也是太祖皇帝的孫子，完顏亮的堂兄弟。世宗完顏雍十三歲喪父，他的母親是渤海人李氏，頗通文史，把世宗撫養成人。世宗自幼通經史、習射獵，史籍記載：「國人推為第一，每出獵，耆老皆隨而觀之。」（《金史．世宗本紀上》）世宗不但書讀得好，而且武功高強，每一次出去打獵，女真的耆老勳舊，大臣們都圍著他看。熙宗皇統年間，他以宗室的身分封葛王，授兵部尚書，曾經跟隨梁王宗弼南下，與宋將劉琦作戰，當然他失敗了。但他是真正上過戰場，動過刀槍，見過陣仗的。

熙宗濫殺大臣，當時在金國做大臣真是個高危職業。熙宗、海陵兩朝，皇室人人自危，不定哪天屠刀就砍到自己身上來了。完顏雍很擔心，皇上哪天萬一要是殺高興了，把我殺了怎麼辦呢？他的妻子烏林答氏是一位賢內助，聰穎美麗，就跟他講，咱家裏有一條祖傳的玉帶（其實也不是祖傳，是宋朝皇室所用，當年他爸爸滅宋的時候順手撿回來的），將這條玉帶獻給天子就能免禍。完顏雍捧著這條玉帶，不斷摩挲，捨不得，這是我爸爸傳下來的，是我爸爸為國立軍功的見證。烏林答氏勸他，你別這麼小心眼，這東西本來就不是咱們家應該用的，這是宋朝皇帝的玉帶，你留著就是給自己招禍，一定要把它獻出去。完顏雍聽從了妻子，將玉帶獻與熙宗皇帝，熙宗由此認定完顏雍忠心，所以在熙宗一朝，完顏雍得以倖免。

待到海陵王殺了熙宗即位，大殺宗室完顏。完顏雍在妻子的勸告下，俯首低眉。咱是革命的一塊磚，哪裏需要哪裏搬，你讓我幹什麼我就幹什麼。他的爵位一降再降，由親王降郡王，由郡王降國公，由朝官貶出去做地方官，地方官還不斷換地方，一個地方讓他待的時間不超過一年。在海陵王在位的這些年中，完顏雍幾乎走遍了金國的地方大城市，倒是還沒讓他到偏僻小縣。完顏雍永遠在路上，永遠在搬家。那時不像今天，開封府到濟南府，坐動車倆鐘頭到了，那時候只有馬車，隨從都得步行，山高水險，不容易到。完顏雍就被這麼調來調去，疲於奔命。

就這樣完顏亮對他還不放心。完顏雍咋這麼乖呢？他怎麼就不知道反抗呢？他要反抗我不就有機會弄死他了嗎？有熟悉內情的人就跟完顏亮講，聽說是他妻子烏林答氏給他出的主意，而且烏林答氏可是美人，咱宮裏沒有，咱宮裏也不應該沒有。完顏亮一聽，馬上就跟完顏雍說，把你媳婦送宮裏來。完顏雍不捨得，夫妻感情很好，抱頭痛哭。烏林答氏非常決絕，跟完顏雍講，我要不去，咱們全家難逃一死，所以我一定要去。烏林答氏走之前，把家裏的管家、僕人都叫到一起，說天子徵召，我必須得去，我要不去就是給咱家老爺招禍。你們都在府上這麼多年了，從先王的時候你們就伺候先王，到現在跟著主公走南闖北。你們看見沒有，主上誅殺的很多大臣都是因為家僕貪財忘利，出面告發。我走了之後，你們都給我老老實實、規規矩矩，如果誰貪圖蠅頭小利出賣了主公的話，我將來化成厲鬼也要找你們算帳。完顏雍的家僕一聽感動得涕淚橫流，主母為了全家老小的安全，自己置生死於不顧，我們世代受恩的人如果幹出這種事，禽獸不如，主母您放心去吧，老爺走到哪兒我們跟到哪兒，同生共死。烏林答氏放心地上路了，她知道，自己不進宮，完顏雍難逃一死，自己進宮，必然受辱。所以行至良鄉，離中都城七十里，趁人不備，烏林答氏投環自盡了。

完顏雍做了皇帝之後，追認烏林答氏為皇后，在位幾十年，再也不立皇后，而且對烏林答氏生的兒子百般寵愛，立為太子。

世宗即位

金世宗完顏雍在金東京稱帝，最後導致了完顏亮的滅亡，也算是報了當年的奪妻之恨。但是如今大權在握的金世宗完顏雍，他的內心卻一點兒也不輕鬆，這是為什麼呢？究竟還有怎樣嚴重的危機在等待著他呢？

金世宗一登基就面臨什麼局面呢？國內，東北契丹起義。契丹人在遼滅亡之後，一開始組織保存得很完整，特別是在東北的契丹人，由於他們驍勇善戰，精於騎射，從而為大金國擔負起防備韃靼（就是後來的蒙古）的重任。金朝起初對他們管理不是很嚴格，也不是特別歧視。但是完顏亮伐宋徵人馬、徵牲畜，而牲口對游牧民族最為重要，是他們最基本的生產生活資料。一徵發牲口，契丹人就不幹了，他們跟完顏亮派去的使臣講，我們離開了馬不行啊，再說朝廷還讓我們防備韃靼呢，現在不但把我們的馬都徵走了，而且還招募契丹人南下，做弓弩手，那誰替國家防韃靼啊？您能不能跟主上講一講，別在我們這兒徵兵了。使臣態度蠻橫，出言辱罵契丹人，罵得很難聽，一幫亡國奴，讓你們活著就不錯了，現在主上派你們去打仗，你們別給臉不兜著！契丹人一怒之下，把這小子弄死了。主上派來的使臣被我們弄死了，怎麼辦？契丹人的國仇家恨全想起來了，撕碎了龍袍也是死，打死太子也是死，索性咱們反了吧。契丹起義軍有兩個領導人，一個叫撒八，一個叫窩斡。東北是金源故地，大金國發祥之地，東北的契丹人一反，給中原的漢人樹立了榜樣。

大金境內，中原漢人與契丹人境遇無別，眼看著契丹人反了，同聲相應，同氣相求，咱們也別閒著，一起反了吧。完顏亮召咱們去打宋朝，咱們原來可都是大宋子民，不像幽雲十六州的漢人，他們原來是遼國人。現在完顏亮召咱們去打咱們的祖國，咱們能幹嗎？於是山東、河南義軍蜂起，反抗金國的暴政。南宋傑出的豪放派詞人辛棄疾就是這個時候參加義軍的。完顏亮一興兵南下，金國國內的形勢極其不穩。

完顏亮一死，金軍退兵。金軍退的時候，跟來的時候感覺絕對不一樣了。來的時候氣勢洶洶，因為金軍是看不起宋朝軍隊的，特別是宋朝這麼多年不打仗了，文恬武嬉。陸遊詩云：「和戎詔下十五年，將軍不戰空臨邊，朱門沉沉按歌舞，廄馬肥死弓斷弦。」（《關山月》）戰馬都肥死了，弓弦也斷掉了，宋軍的戰鬥力之差可見一斑。金軍撤退的時候就不一樣了，急於了解家鄉的情況，急於知道新天子會怎麼處理自己。我們都是海陵的部將，現在新天子登基，我們的官位能不能保住？一時人心惶惶，撤退就變成了潰退。很多部隊燒了帳篷、糧草，連夜拔營就跑了。

宋朝一看，我可有今天了，你來打我，我很緊張，一不留神書生典戎行，我居然打贏了，現在你跑了，我該追了吧！宋軍乘勢掩殺，佔了金朝數個州縣。當時世宗皇帝趕緊寫信給宋高宗解釋海陵王暴虐無道，是他打的你們，我們認錯，希望維持紹興和議的局面，現在元凶海陵已經死了，跟我們沒關係，咱們趕緊和好。宋朝得理不饒人，我不管你世宗還是海陵，你們一筆寫不出倆金字來，反正是你們金國先侵略我們了，我們自衛還擊，趁著你現在國力衰弱的時候，我趕緊多佔一個州是一個州，多佔一個縣是一個縣，沒那麼容易便宜你。宋軍不肯退兵。

金世宗的帝位也來得不正啊，你說海陵王是篡位，但你也是篡位啊。海陵王雖不是你殺的，但是你當了天子他才被殺的。所以海陵的舊臣們是什麼態度，他也沒有把握。國內東北契丹起義、中原漢地起義，這些是內憂，南宋咄咄逼人，得理不饒人，發兵越境進攻，這是外患。那麼即位之初的金世宗是怎麼處理這些內憂外患，開創了金朝盛世的大定之治的局面呢？

十三

內憂外患

金世宗登基時，金國面臨著非常嚴峻的形勢，
在國內，契丹農牧民大規模起義，
甚至建立了國家，大有光復遼國之勢。
而南宋憤怒於金國的背盟，銳意北伐。
此時，金軍士兵又因為連年征戰，士氣低落，軍心浮動。
那麼，在這種情況下，金世宗能否平定內憂，又會如何應對外患呢？

金國的第四代皇帝海陵王完顏亮，不顧群臣勸諫，一意孤行，率師伐宋，以至於兵敗身死。東京留守宗室完顏雍趁完顏亮起兵之機，在群臣的擁立下做了皇帝，這就是金國的第五代皇帝金世宗。世宗皇帝登基的時候，金國的局勢是內憂外患。他要解決三個最主要的問題：第一個，就是要建立一個穩固的統治集團；第二個，要趕緊平定契丹的農牧民大起義；第三個是最關鍵的，要迅速結束對宋的戰爭。

首先，對於東北地區起義的契丹農牧民，必須要迅速平定，如果內部不安定是沒法結束對外戰爭的。當時契丹農牧民的勢力非常大，義軍攻佔了遼的故都上京臨潢府，大有遼國復興之勢。完顏亮在位時，就曾調兵去鎮壓契丹牧民起義。世宗皇帝繼位之後，更是派遣大軍多路圍剿，圍剿之前，先禮後兵，先撫後剿，剿撫並用。世宗派了一個使臣去見契丹農牧民起義的領袖窩斡，勸窩斡投降。世宗派去勸降的使臣，也是契丹人。窩斡見到金使之後，就問來人，如果我們投降了，你能保證我們沒事嗎？這個使臣不知道出於什麼用心，居然回答說我只管招降，別的你別問我，你有事沒事我管不著。窩斡說這不是廢話嗎？沒有條件誰投降啊？我投降之後滿門抄斬？你看看我的兵眾，看看我的實力。金使就跟著窩斡去視察，一看牛羊遍野，甲帳連天，刀槍耀眼。金使就跟窩斡講，我來之前，以為你們就是一幫跳樑小丑，成不了大事，沒想到你們勢力這麼大。這麼大的勢力，怎麼能像犬羊一樣供他人驅使呢？如果你真的有大志，打算光復大遼疆土，我也不走了，留下來跟你一塊兒幹。窩斡說，那咱們就一塊兒幹吧。本來是世宗皇帝派來勸降的使臣，居然留在了義軍當中。

金使跟自己手下人說，我就留在這兒了，你們回去報明天子。他不但不走，還輔佐窩斡，給他出謀劃策。窩斡遂正式稱帝，建年號為天正。

農牧民起義

契丹起義軍建國後，勢力迅速壯大，然後大肆出兵攻掠金國。金世宗只好派兵圍剿。但這時的金國，因為內部動盪，致使軍心浮動，再加上連年征戰，將士戰鬥力減弱，金軍屢戰屢敗。那麼在這種情況下，金世宗會用什麼辦法，盡快平定契丹農牧民大起義呢？

金世宗一看，還得以兵勢之強壓服契丹人，於是就啟用了大將完顏謀衍，讓他去鎮壓契丹農牧民起義。此人是開國名將完顏婁室的兒子，也是一員名將。並且世宗皇帝開出賞格，義軍中原有官品的部眾，如果迷途知返，浪子回頭，官品如舊，有功還可以往上升。如果原來是平民的，歸降給官做，如果是奴隸的，釋放為平民。誰能抓住元凶首惡，也就是把窩斡抓住，原本是猛安職務的加三品節度使銜，原本是謀克職務的，加四品防禦使銜，是庶人的也加五品銜。金世宗封官許願，恩威並用。這個手段一使，果然很多契丹農牧民紛紛歸降，金軍盡知義軍內部虛實。

有一次，完顏謀衍的主力，與義軍的主力進行決戰，兩軍相距八十里。這時候，義軍中歸降的人跟完顏謀衍講，賊軍馬健壯，我軍馬疲弱，因為咱們長途奔襲，所以戰馬疲弱。如果八十里路衝過去的話，咱們的戰馬衝到那兒，已不堪一戰。而賊眾以逸待勞，不如偷襲賊的老營。他的老營離咱們三十里，離他們五十里，我們三十里路趕到之後，戰馬可以休息，恢復體力，他五十里路跑過來，比我們多跑二十里路接戰，必然要處下風。完顏謀衍一聽，確實是個好主意，接受了義軍降將的謀劃，率領大軍奔襲義軍的老營，把糧草輜重一鍋端了。如果沒有義軍內部的人歸降，完顏謀衍不可能知道義軍的老營在哪兒。這一下，義軍內部投降的人越來越多，不斷出現打敗仗的情況。

世宗皇帝漸漸看到完顏謀衍不像他的父親那樣英勇，擁兵數萬，但是只在有絕對把握的情況下，他才敢出兵一戰。如果是跟義軍勢均力敵，或者他兵力少的時候，盡量避敵。因此世宗皇帝覺得完顏謀衍擁寇自重，就把他給撤了。撤了他之後，換上金國兩員不世出的名將，都元帥僕散忠義，副元帥紇石烈志寧。這兩個人在以後的對宋戰爭當中，更是大出鋒頭。現在由僕散忠義和紇石烈志寧兩個人，領兵跟義軍接戰。紇石烈志寧極其英勇，每一次戰鬥當中，都持矛挺槊做前驅，領著士兵前衝，身中數箭，裹傷猶戰。義軍一看，官軍如此英勇，士氣就更加低落，不斷有人開小差投降。

兩軍在臨潢府以西一條河邊決戰。當時義軍號稱是擁兵八萬眾，金軍只有一萬三，兵力對比已經達到一比七的比例。金軍主動渡河發動進攻，義軍在選擇進攻地點上錯誤，掉入河中，溺斃者數萬人，被俘的又有很多，義軍統帥窩斡只率萬餘人逃走。被俘的這些義軍將領當中，有一個是原來在金國做猛安的奚族人，奚族和契丹族出於同源。紇石烈志寧俘虜他之後，對他好言勸慰，你想不想戴罪立功，將功補過？這個人當然想，感謝副元帥不殺之恩！紇石烈志寧就把他放回去，囑咐他，你見了窩斡之後，不要說曾經被俘，就說突破重圍，殺出來，投奔故主。窩斡對這個人百般信任，這個人藉機把窩斡，以及窩斡的母親、妻子、兒女一網打盡，綁送金軍。就這樣，窩斡全家二十餘口，被朝廷處死，金國故地的契丹農牧民大起義，就此平定。

金世宗總結平定起義得失，契丹人看來素有二心，海陵時期對於他們太重視了，所以他們就造反，如果以後一旦國家有邊患，這幫人是靠不住的。因為金國人讓他們在東北老家主要是為了防備韃靼人，屬於以夷制夷。但是世宗皇帝覺得，他們靠不住，於是把契丹原來單獨編的猛安謀克打散，跟女真人混編，甚至遷入中原內地，跟漢人混編。由此導致遼國滅亡以後，契丹民族的直系後裔，需要考證才能知道是哪個民族，因為他們大部分已經跟女真人、漢族同化了。

這樣，世宗皇帝上臺之後沒有多久，一個心腹大患——契丹農牧民的起義，就被平定下去了。

宋主戰派抬頭

金世宗急於平定國內起義的目的，就是為了集中精力處理宋金兩國關係。宋金兩國自紹興和議後，交好近二十年，不動刀兵。金國第四代皇帝完顏亮，撕毀和議，挑起對宋戰爭，最終卻兵敗身死。世宗皇帝登基後，希望盡快結束金國的戰爭局面，休養生息，因此主動提出議和。那麼，南宋會答應和金國談和嗎？宋朝君臣是如何看待宋金關係的呢？

海陵南侵，是以金國的名義幹的。宋朝不管你皇帝是誰，紹興和議之後，按照兩國的約定各守疆界，我們宋朝謹守臣節，年年給你歲幣，兩國的關係一直很好，幾十年不動刀兵。現在你金國背盟，主動打了我了，證明紹興和議失效了，你金國違反了和議。既然是你違反了和議，那我就不必遵守。在這種情況下，宋軍又打了勝仗，所以朝廷上下揚眉吐氣，主戰派大臣就開始抬頭了，紛紛主張一鼓作氣，收復中原失地。

在川陝戰場，大將吳璘頻繁出兵，收復了十三個軍州，當時宋軍最遠的推進到了德順軍，在今天的甘肅晉寧縣境內。宋朝是以秦嶺、淮河跟金國分界，完全是一個南方的政權，但是此刻宋軍最北打到了甘肅。吳璘攻打德順軍時，金國守將命士卒放箭。但金軍士卒大多都是漢人，大家在城樓上往下一看，見吳璘隻身匹馬，也不穿盔甲，只著軟袍，輕衣小帽，後邊一個士卒張著吳字大旗，在城底下轉圈示威。吳璘告訴城上的金軍我來了。金軍士兵一起高呼，相公來了，把弓箭一扔，金國的守將一捆，開城門投降了。

中原宋軍最遠推進到海州，就是今天的連雲港。金國在川陝失利，轉而進攻中原江淮，首攻海州，海州的知州魏盛率部出戰。當時宋軍三千餘騎與金軍交戰，城裏面留下千餘人把守，兩軍正打得難分難解，勝負未分之時，金國數萬大軍來援。魏盛不敵，退入城中向朝廷告急，朝廷派都統制張子蓋率數千兵增援，金軍數萬人列陣相待。張統制陣前動員，我軍兵寡，敵軍兵眾，我們只要一歇，士氣就沒了，一定一鼓作氣，現在誰也不要休息，衝上去，打他一個措手不及。雙方剛一出動，他手下第一大將張玘中箭陣亡。張子蓋站在馬上高呼，張將軍為國捐軀，此仇焉得不報。宋軍士兵一鼓作氣，下山猛虎一樣大敗金軍。

金國在幾個戰場上都打了敗仗，宋軍主戰的聲浪，一浪高過一浪。

受書禮

趁金國內亂，軍心渙散的時機，宋軍打了幾場漂亮仗，收復了大片失地。這樣一來，南宋主戰派勢力開始抬頭，主戰聲浪高漲。那麼面對大臣們主戰的請求，宋朝的皇帝是什麼態度呢？他同意跟金國打仗嗎？

當時宋朝的皇帝還是宋高宗，高宗皇帝堅決表示，以小示大，朕所不恥，我不能背盟，咱們仍然要堅守原來的盟約。高宗皇帝認為，我們的國力跟金還有差距，我們在戰場上取得的勝利，實屬僥倖，不能夠忘乎所以，不能忘了自己到底是吃幾碗乾飯的，不可貿然興兵。

取得采石磯大捷的虞允文回朝覆命，當時高宗皇帝非常高興，拉著虞允文的手說，愛卿文武雙全，簡直就是朕的裴度啊。裴度是唐憲宗年間著名的宰相，能文能武，唐宋八大家之一的韓愈，就是裴度提拔起來的。裴度還平定了淮西地方節度使的叛亂，所以高宗皇帝把虞允文比作裴度，喜愛之情溢於言表。虞允文順勢進言：「金亮既誅，新主初立，彼國方亂，天相我恢復也。和則海內氣沮，戰則海內氣伸。」（《宋史．虞允文傳》）完顏亮被殺了，他們的新皇帝剛剛登基，國內形勢不穩，此乃天賜我朝恢復良機。如果我們這時候再一味主和，就會削弱海內忠義之氣，不如主戰，乘勝出兵，收復中原故土，讓愛國激情爆發出來。高宗皇帝聽完，臉色陰沉下來，只說朕知道了。本來你是我的裴度，該做宰相的，但你既然主戰，還是出朝為官吧，到四川做川陝宣諭使，跟隨守川的名將吳璘一起經營川陝。高宗皇帝不想打仗，把虞允文給貶出去了。金世宗剛剛繼位，更不想打，所以他就派使臣來議和。

金使來到宋朝，還想按照當年紹興和議定下來的禮節見宋朝皇帝。宋朝大臣不幹了，你都打了敗仗了，還以天朝上國自居，到我們這兒來吆五喝六的，你覺得合適嗎？宋朝大臣們說，金主完顏亮背盟，紹興和議拉倒不算了，既然他來議和，就要改規矩，兩國平等，歲幣也不給了，重新劃分疆界，這樣我們才能答應。於是群臣上表。高宗皇帝不想打仗，但更不想給人家當臣子，或者當兒子。所以，他也覺得自己的大臣要求的對。高宗皇帝說，當初為什麼答應這些屈辱的條件？就是為了迎回太上皇、太后的梓宮，萬不得已，卑辭恭順。既然金國敗盟，兩國絕好，所以規矩是得改。原來金國的大臣來到宋朝，站著遞國書，宋朝的皇帝得站起來接，倆人平等，上國之臣當下國之主。現在不行了。

金使來了之後，要照舊禮見宋朝皇帝，宋朝宰相堅決不幹，說我們不再接受這種屈辱的外交禮節了。金國使臣說兩國的和約都簽了這麼多年了，幾十年都這樣幹，你們要改，這不合適吧？宋朝宰相說，你還配說這種話，背盟的是你國，不是我朝，是你們先撕毀和約的。如果想見大宋皇帝，你就得平等相見，否則你就回去吧，國書我們不要了。金國使臣無法完成皇命，他既不能按照舊禮節呈遞國書，也不可能按照宋朝畫出的道來幹，國書遞不上去，只好回朝覆命。他回去之後，宋朝派了一個叫洪邁的大臣出使金國。

高宗皇帝告訴洪邁，你這次出使，無論如何要把原來不平等的外交禮節改過來。對於華夏民族來講，有的時候面子比裏子重要，高宗皇帝最關心的就是要改變不平等的受書禮，這個一定要變，至於歲幣、疆界這倒擱在其次。這一幕在中國歷史上是一而再再而三地上演。到了中國近代，英法聯軍打進北京了，圓明園都燒了，不平等條約簽了，但中國皇帝最膩歪的事就是外國公使進北京。我可以多開幾個通商口岸，可以多賠他點銀子，他的公使千萬別來。因為他的公使來了不下跪，只是鞠躬。普天之下誰見了朕不跪啊？洋人不跪，朕太丟面子。至於多開幾個口岸、多賠你點銀子，這沒關係。宋高宗也是這樣一種思路，一定要改變不平等的受書禮。

洪邁到了金國，國書遞上去，金國人一看，國書上原來應該寫「臣宋皇帝×××」，現在改成「大宋皇帝致書大金皇帝闕下」。金國人說，這我們不能接收，你給我把國書改了。洪邁說，我哪有權力改天子的國書啊？你要不要呢，就這封帶來了，不要我走了。金國的大臣沒招了，就把洪邁困在館驛當中，三天不給飲食，活活餓死你，看你改不改。但金國有見識的大臣講，兩國相爭，使臣無罪，還是把他放回去吧。洪邁這才得以被放還。

和戰相爭

宋金兩國使臣，多次往還，都在受書禮的細節上爭執不下，而和議卻沒有絲毫進展，兩國交戰的局面仍在繼續。就在這時，宋朝的皇帝宋高宗退位，他的養子宋孝宗繼承了皇位。那麼，孝宗皇帝對於宋金關係是什麼態度，他是不是也和父親一樣，堅決主和？孝宗登基後，又會如何處理宋金兩國的關係呢？

孝宗皇帝絕對是個主戰派，他繼位之後，啟用了宋朝主戰派的代表人物張浚。當時孝宗皇帝問張浚，卿家覺得應該怎麼治國？什麼是根本啊？張浚講了這樣一番話：「人主以務學為先，人主之學，以一心為本。一心合天，何事不濟！所謂天者，天下之公理而已。必兢業自持，使清明在躬，則賞罰舉措，無一不當。人心自歸，強鄰自服。」（《續資治通鑒》卷一百三十七）人主一定要以進學為本，要上合天意，下順民心，天意是什麼？天意就是公，天絕不會有好惡，按照古人的話講，不為堯興不為桀亡，所以我們如果順天應人，那麼何事不成？孝宗皇帝聽了這話之後，起立行禮：「當不忘公言。」一定記住您的教導。就準備任用張浚，恢復中原。

張浚是堅定的主戰派，但他畢竟是一介書生，不知兵。宋孝宗啟用張浚，遭到很多大臣反對，其中反對最激烈的人是參知政事史浩。此人是孝宗皇帝繼位前的太子太傅，東宮的老師，孝宗皇帝登基之後，任用他為參知政事，參與朝政。一定要明白一點的是，不是說主戰的都是英雄，主和的都是叛徒，不是說主戰的都是岳飛，主和的都是秦檜，看你為什麼主戰，為什麼主和，很難用非黑即白、非好即壞來衡量主戰派和主和派。史浩主和，他跟皇上講：「先為備禦，是謂良規。儻聽淺謀之士，興不教之師，寇去則論賞以邀功，寇至則斂兵而遁跡，謂之恢復得乎？」（《宋史．史浩傳》）先做好防守的準備，得把刀槍甲帳、戰馬糧草準備好。如果聽淺謀之士（這顯然就是指張浚）的話，把沒有訓練過的軍隊送上前線，敵人一跑就邀功請賞，敵人一來他就領著兵跑了，靠這樣的部隊怎麼能收復中原呢？宋朝自紹興和議以後，二十多年沒有打過仗了，承平日久，軍隊缺乏訓練，也沒有什麼像樣的良將，以至於采石磯大戰，都得靠文官中書舍人虞允文到前線去指揮戰鬥，一不留神成就了千古功名。

當時跟岳飛同輩的老將已凋零殆盡，劉琦已經去世，楊沂中算是碩果僅存的老將了。如果這個時候興兵，確實沒有把握。孝宗皇帝聽了之後，覺得史浩說得有理，開始猶豫到底要不要恢復中原。

史浩誤政

張浚和史浩，一個主戰一個主和，雖然勸諫的角度不同，但是各有道理。宋孝宗一時難以決斷。那麼，後來是什麼促使孝宗做出了決定，他究竟選擇了「戰」還是「和」？最終的結果又會怎樣呢？

史浩繼續上書皇帝，我軍在川陝戰場跟金國人打仗，戰線不要拉得太長，咱們守陝的目的是為了守川，如果戰線拉得太長的話，金國人以偏師偷襲蜀地，保蜀反而亡蜀。因此應該把吳璘出兵攻佔的十三個軍州讓出去，專心保蜀。皇上一聽，覺得有理，就下詔給吳璘，立刻班師，佔的十三個軍州不要了。

吳璘接到詔書之後，部下就紛紛勸說，將在外，君命有所不受，皇上這個詔書來得沒有道理，咱們不能班師啊。吳璘思量再三，新主剛剛繼位，我是手握重兵的大將，如果不聽天子詔令，天子就沒有威信了。甭管這道詔書對還是不對，只有臣錯無君錯。中國自古都這樣，天子聖明，臣罪當誅，我們一定要遵守。因此吳璘跟岳飛當年的選擇是一樣的，明知道如果執行這道詔書，會有很嚴重的後果，但是仍然依照聖旨而行。

金軍乘吳璘班師之機，趁勢掩殺，不但所得的軍州全部被金國人攻佔，而且宋軍數萬士卒幾乎傷亡殆盡，退回宋境的不到七千人。虞允文看到這個情況非常傷心，進京赴命的時候跟孝宗皇帝講了當時的情況。孝宗這個時候才有所醒悟，大呼史浩誤朕。怎麼能佔的地咱都不要了呢？恢復中原的大計不能耽誤，還要繼續！孝宗開始整軍經武，秣馬厲兵，擺出一副北伐的架勢。

孝宗銳意北伐

宋孝宗整軍備戰，準備出師北伐。出兵之前，主戰派的代表張浚和主和派的代表史浩，在朝廷上進行了一番激烈的爭論，而在這場爭論中，南宋北伐的結果就已經初露端倪。那麼，當時張浚和史浩究竟進行了一番怎樣的爭論，又能顯現出這次北伐會有怎樣的結果呢？

當時張浚跟孝宗皇帝講，這一次北伐，我軍志在必得，金國必亡，所以陛下應該御駕親征，駐蹕建康，指揮六軍，恢弘士氣。史浩立刻站出來表示反對：「帝王之兵，當出萬全，豈可嘗試以圖僥倖？」（《宋史·史浩傳》）如果皇帝御駕親征的話，一定要有百分之百的把握，哪能像你這樣冒昧出兵？

張浚說，有把握！契丹農牧民起義被平定之後，有很多契丹將領逃到我這兒來了，告訴我金兵雖然精於騎射，但南方夏天多雨，一下雨，弓膠被雨泡糟而溶解，箭射不遠。這時候我們出兵，金國的優勢就沒有了，所以我們一定要出兵。且中原久陷，我們如果不出兵的話，中原必然被其他豪傑攻取，到那個時候，中原就不是我們大宋的了。史浩聽完這話微微一笑，就問孝宗皇帝，您聽見張浚的話沒有，中原久陷，如果我們不出兵，豪傑就會如何如何，那些豪傑早幹嘛去了？中原久陷他們都不動手，非得等到咱們出兵他才動手？這樣看來中原根本就沒有豪傑。張浚說，不能這麼說，中原遍地豪傑，只不過因為金國人對鐵器管制甚嚴，刀具管制，所以豪傑手中沒有兵刃，沒法起義，只等我兵一到，這些豪傑必為內應。史浩聽了之後哈哈大笑，當年陳勝、吳廣揭竿為旗，斬木為兵，九百戍卒起義，就推翻了暴秦。現在你認為的這幫豪傑，手裏沒有兵器就在那兒待著，非等我兵到才能起義反金？你說這是真豪傑還是假豪傑？張浚理屈詞窮，只好跟皇帝說，我有事密奏您，咱倆單談，讓姓史的出去。皇帝只好說，既然爭論沒個結果，今天就談到這兒吧。

等史浩、張浚出去之後，張浚又折回來。他跟皇上講，現在北伐正是時機，您千萬別聽這個史浩的，他已經在川陝那兒坑過您一回了。他讓您放棄十三個軍州您就放棄了，造成喪師失地，不要再聽他的。當時史浩是參知政事兼樞密使，掌握調兵權，張浚跟皇上講，咱們以後幹什麼事繞過史浩，您直接下令給我，我去幹這事就完了。孝宗皇帝當時銳意北伐，堅決支持張浚，加張浚少保銜，封魏國公，一天幾次派人去問候張浚的起居。您昨天吃得好嗎？您睡得著嗎？幾點睡的啊？孝宗皇帝不止一次當面講，朕倚魏公如長城，我把你倚若長城，你給我經營北伐。史浩聽說這件事之後非常生氣，皇帝越過樞密院，直接給張浚下旨，那要微臣有什麼用？不合制度！我乾脆辭職得了。皇上說這可是你要辭的，不是我免你，你別說我不認老師，不念舊情。你看這兒一堆人彈劾你，八大罪狀，我都給你扣下了。既然你現在主動辭職，這麼識趣，那回家去吧。孝宗表現出對北伐的極大的支持。

於是，張浚就到了前線，準備經營北伐事業。他到了前線之後，因為畢竟是文官，不可能親自領兵。當時在前線領兵的大將非常有名，此人名叫李顯忠。李顯忠在宋金的戰爭史上，或者講在中國古代的戰爭史上，都算得上是一個奇才。那麼這個人到底有什麼傳奇的故事？在這一次對金戰爭當中，又有什麼過人的表現？這次對金戰爭的結果又如何呢？

十四

隆興和議

宋孝宗起用了堅定的主戰派大臣張浚和軍事奇才李顯忠，
出師北伐，大有一舉收復中原、消滅金國之勢。
而此時的金國，卻因為連年征戰，國勢由盛轉衰，軍隊戰鬥力減弱。
那麼，宋軍的這場北伐，會不會給金國帶來一場滅頂之災？
宋金兩國的關係，又會因此發生怎樣的改變呢？

張浚在孝宗皇帝的支持下銳意北伐，要跟金國人決一死戰，當時他手下的第一名將就是李顯忠。李顯忠家是陝北的豪族，世襲當地的巡檢。他父親是延安府的守將，多年跟西夏作戰。

李顯忠出生的時候，根據史籍的記載：「初，其母當產，數日不能免，有僧過門曰：『所孕乃奇男子，當以劍、矢置母旁，即生。』已而果生顯忠，立於蓐，咸異之。」（《宋史・李顯忠傳》）他媽臨產的時候，好幾天生不下來，痛苦焦急，這個時候有僧人從他們家門前經過，這僧人肯定也是奇僧，一過他家就感覺到裏邊有一個奇男子要降生，就進去問李顯忠的父親，尊夫人是不是待產？是不是生不下來？回答說是，怎麼辦呢？僧人說你把寶劍和弓擱在產婦的身邊，這個孩子就能生下來。果然，把寶劍跟弓擱在他母親的身邊，這個孩子就生出來了。這孩子生出來就在褥子上站著，不得了，戰神投胎。

李顯忠十七歲就跟著父親打仗，在戰場上屢立戰功。當宋金開戰的時候，陝西地方淪陷，金國派人來招降他的父親。李顯忠當時還不叫這個名字，這是後來宋高宗欽賜的。他父親跟兒子說咱們家世代扶保大宋，受恩深重，絕不能投降金人。但是咱們可以假意歸降，趁金軍統帥完顏宗弼來視察的時候，咱把他抓了，然後回歸祖國。但沒想到人算不如天算，戰局的進展太出乎意料了，金國人進軍神速，李氏父子跟祖國的距離越來越遠。而且完顏宗弼不是一般人，按金國人的話講是智勇超群，按宋朝人話講陰險狡詐，他不上當，不去李家軍營中。李氏父子沒辦法了，只得假意歸降，被金國授予知州。

然後，送死的人就來了，金國大將撒里曷來到李家軍中視察，被李顯忠抓了個正著。史籍記載：「元帥撒里曷來同州，顯忠以計執之，馳出城。至洛河，舟船後期不得渡，與追騎屢戰，皆勝。顯忠憩高原，望追騎益多，乃與撒里曷折箭為誓，不得殺同州人，不得害我骨肉，皆許之，遂推之下山崖，追兵爭救得免。」（《宋史．李顯忠傳》）抓住撒里曷之後，李顯忠把他捆巴捆巴，帶著他就準備投奔大宋。走到河邊，沒有船隻，過不去，後邊敵人的追兵越來越多，追兵拼命要救回自己的元帥。李顯忠登上高坡一看，敵人太多了，為了這個撒里曷，大傢伙都死在這兒不值，所以跟撒里曷折箭為誓，不得殺害同州百姓，不得殺害我家人。撒里曷答應了，李顯忠把撒里曷推下山崖。我放了你，走吧，撒里曷滾下山去並沒摔死，金國的騎兵追上來，救出元帥，就退走了。李顯忠擺脫了追兵。

顯忠歸國

擺脫了金軍後，李顯忠本打算回歸祖國。但這時他才發現，他所在的陝西已經完全被金國佔領，金軍戒備森嚴，他根本無法到達宋境。那麼，此時無處可去的李顯忠該怎麼辦？他還能夠回到祖國嗎？

李顯忠萬般無奈之下，就投奔了西夏。我寧可投奔西夏也不能降金，投奔西夏之後借夏兵報仇，跟金國人打仗。李顯忠頗有點伍子胥的感覺。李顯忠到了西夏，求見了夏主。他當然不能跟夏主說，你借給我兵，我拿你的兵打金，打完金我降宋，那人家夏主瘋了，借給你兵。他跟夏主說什麼呢？金宋打仗，正是夏國漁翁得利的機會，你要能借給我二十萬兵，陝西五路我全給你平了，讓陝西歸入夏國版圖。夏主一聽，這不是天上掉一個大餡餅砸著我了？太好了，但是你真有這麼大本事？你窮蹙無路來投奔我，還能幫我收回陝西五路？

夏主想測試一下李顯忠，讓他顯顯本事。夏主就對他說我們國內有一個豪酋，外號叫青面夜叉，我們國家拿他沒轍，你要能幫我平了這個青面夜叉，我就借你二十萬兵。李顯忠一聽，此話當真？沒問題，我來幹。李顯忠率三千騎兵，連夜端了青面夜叉的老營，斬殺了青面夜叉，把首級獻給夏主。夏主一看，李顯忠真有本事，就借給了李顯忠二十萬大軍，當然得有夏國的文臣武將做統帥，跟李顯忠一道，仨人率著二十萬夏兵，進攻當時被金佔領的陝西，果然是連戰連捷，幾乎把陝西全部佔領了。

佔領陝西之後，李顯忠跟夏軍的兩位將領說，對不起，當時沒跟你們說實話，我佔陝西，是準備報效我的祖國，我準備把陝西歸還大宋，謝謝您這二十萬人幫我打了一仗，任務完成了，您二位可以回去了。這倆人就傻了，哪能這麼幹啊？我們出了二十萬軍隊，死傷這麼多弟兄，花這麼多錢，你當初到我們國家來不是這麼說的啊？你是歸降我們大夏，我們才出兵打這個地方，打完了此地要歸我大夏。您這叫什麼事，我出兵佔地，你要把這地方給宋朝？這個我們絕對不能答應，不然我們回去之後跟國主也沒法覆命啊。李顯忠一看這倆人不從，就說那我再考慮考慮，你們二位也考慮考慮。李顯忠當時告辭出來，連夜帶八百騎兵，都是自己的親隨故舊，突襲夏軍老營，把夏軍的兩個統帥俘虜了。你答應不答應把陝西五路給宋朝？不答應你們倆就見不著國主了。這兩個人萬般無奈，只好答應。

李顯忠派人去跟宋朝大將吳玠聯繫，無奈時機不對，宋金第一次和議已經達成了，吳玠告訴李顯忠，你不能把地盤帶給宋朝，這樣會引起兩國的爭端。你既然想回到祖國，你回來就可以了，犯不著再得罪西夏。這樣，李顯忠就率領部眾退入了宋境。史籍記載：「玠撫之曰：『忠義歸朝，惟君第一。』」（《宋史．李顯忠傳》）你忠肝義膽，真是我朝第一人。淪陷敵後那麼久，還能夠不遠千里回歸祖國。高宗皇帝得到李顯忠之後大喜，所以給他賜名叫顯忠，他的原名就無人再叫了。

主將失和

李顯忠回到祖國後，馳騁疆場屢立戰功，成為南宋戰爭史上一員不世出的名將。因此宋孝宗任用他為主將，率師伐金。那麼，有了這樣的名將領兵，宋軍這次是不是就可以大功告成，一舉收復中原了呢？

李顯忠率軍三萬，進攻靈璧，在今天的安徽；另一員大將邵宏淵，出兵進攻虹縣。李顯忠率軍進攻靈璧的時候，金軍數萬迎戰，又擺出拐子馬。李顯忠一看，這東西都是被我們打剩下的，你們有新鮮的沒有？這太容易破了。他告訴自己的士兵，按老規矩玩，藤牌遮體，掄起大刀，二話不說，只砍馬蹄。這一下，金軍拐子馬大敗。金國人也實在是拿不出什麼新鮮招來，一打仗就是鐵浮圖、拐子馬。岳飛、劉琦、李顯忠都大破過拐子馬，基本上宋朝名將都拿拐子馬練過手。金軍大敗，宋軍就攻克了靈璧。李顯忠宣布，進城之後不殺一人，靈璧很順利地就佔領了。

相反，邵宏淵進攻虹縣，師老無功，打了半天也打不下來。在這種情況下，邵宏淵無計可施，只得向上級報告，虹縣打不下來。李顯忠主動派遣靈璧的金國降將到虹縣去勸降，虹縣的金軍就投降了，等於這倆地方全是李顯忠給打下來的。邵宏淵自恥無功，陰懷妒忌。就你能，我沒向你求援，我向張浚大都督求援，誰讓你多這一道手，誰讓你把靈璧的降將派出來勸降的？

當時李顯忠的部將裏邊有一位是金國投降過來的千戶，到李顯忠這兒告狀，說我歸降的時候，隨身帶了一把家傳的寶刀，這把寶刀被邵宏淵的親兵給奪過去了，還望將軍您作主能給我要回來。李顯忠一聽，這還了得？我早就下令不許搜俘虜的腰包，不拿群眾一針一線，你居然敢把俘虜家傳的寶刀搶走？李顯忠下令，把邵宏淵的親兵抓來，作為一個將軍，我完全有權力抓一個小兵。邵宏淵的親兵被抓來一審問，就承認了搶走俘虜的寶刀。李顯忠勒令他還給人家，然後就把這個親兵斬首了。

邵宏淵聽聞此事，勃然大怒，你姓李的欺人太甚，太不給我面子了！跟著我出生入死的親兵，拿降將一把刀，至於把他殺了嗎？你不是逞能嗎？以後你一個人打得了，我絕不在戰場上配合你。以後再打仗，邵宏淵就畏縮不前，遷延貽誤，成心要李顯忠好看，出李顯忠的醜。當兩軍合攻宿州的時候，李顯忠部先行，一馬當先，衝到了宿州城下，部下奮勇登城，一鼓作氣就殺進去了。等李顯忠佔領了宿州城，邵宏淵的兵馬方才趕到。邵宏淵一看，這李顯忠真不見外，我讓他獨當一面，他還真拿自己當個人，還真獨當一面去了，我又沒立功。所以邵宏淵面帶譏諷地跟李顯忠講，將軍真不愧是關西將軍。意思是就你有種，顯你能。

李顯忠佔了宿州城之後，邵宏淵要求打開府庫，犒賞三軍。李顯忠回答說，我們如果要犒賞三軍，得聽朝廷的令旨，不能私自這麼幹。他下令只以府庫中的現錢，發給士兵。三個兵發一千文錢，合一個兵才發三百多文錢。這樣一來，士兵對李顯忠也頗有怨言。我們講中原王朝跟游牧民族打仗，為什麼戰爭意志比較薄弱的道理就在這兒，因為打仗沒有收穫。士兵打仗的目的是什麼？大炮一響，黃金萬兩。尤其這又不是保家衛國的戰爭，我們打到金國統治區，朝廷說收復中原故土，告慰太祖太宗在天之靈。但我不是這兒的人，收復這個故土跟我有什麼關係？你告慰你祖宗在天之靈，幹嘛要我死？我打仗的目的就是想有點收穫，現在好不容易打下一個大城市，一個人才發三百錢？士兵們怨聲載道，邵宏淵就趁機挑撥，你們看看，李顯忠做人不厚道吧，他立功升官，你們可倒好，跟著受累白忙活一場。當時朝廷已經授李顯忠為淮南京東河北招討使，讓邵宏淵做副使，位在李顯忠之下。邵宏淵感到很不滿，兩個人的矛盾大到連朝廷都知道了。但是張浚不知道怎麼調處，當年富平之戰，各路軍馬互相不聽調遣，張浚不會調處；淮西軍變又是張浚的責任，也是將帥不和，他不會調處；這一次李顯忠、邵宏淵二將不和，張浚還是不會調處。

宋軍佔領了宿州之後，金國人見重鎮丟失，志在必奪，因此金國元帥僕散忠義調遣大軍十餘萬人來攻宿州。

符離之潰

一場大戰在即，宋軍卻主帥、副帥失和，士卒又因為沒有得到賞賜而軍心浮動。更可怕的是，這時邵宏淵的兒子竟然率部眾臨陣脫逃，形勢對宋軍非常不利。而此時，邵宏淵卻又做出了一件非常過分的事，最終導致這次北伐徹底失敗。那麼邵宏淵究竟做了什麼？北伐失敗後，宋孝宗又會如何處置他們呢？

金國調遣十餘萬大軍來攻宿州，李顯忠就跟邵宏淵講，我可以打主力，你一定要打掩護，當戰況最激烈的時候，你要派兵增援我。當金軍打過來的時候，李顯忠與邵宏淵分兵迎擊，李顯忠部擋住了金軍，但是情勢十分危急，要求邵宏淵增援。邵宏淵竟然說：「當此盛夏，搖扇於清涼猶不堪，況烈日中被甲苦戰乎？」（《宋史．李顯忠傳》）這盛夏季節，咱們在樹下搖扇子都覺得熱，讓咱披甲苦戰？咱不幹這事。這樣一來，李顯忠知道自己率所部孤軍守宿州城是不可能的，仰天長歎。史籍記載：「顯忠知宏淵無固志，勢不可孤立，歎咤曰：『天未欲平中原耶？何沮撓若此！』」（《宋史·李顯忠傳》）難道老天爺不想讓我收復中原嗎？為什麼這麼阻撓我？讓我軍的士氣這樣低落。這一仗打不下去了。李顯忠率軍離開了宿州，撤往宋境，大軍撤至符離（今安徽宿縣），被金軍主力追上，此前邵宏淵已經率部跑了，邵宏淵逃跑之前還在營中散布消息，說金兵又添二十萬，本來金國就有十萬大軍，他說又添二十萬，再打下去必死無疑。宋軍的撤退就變成了潰退，這就是宋金戰爭史上有名的符離之潰，宋軍慘敗，光被金軍繳獲的戰甲就多達三萬副。李顯忠、邵宏淵二將在亂軍中僥倖逃得了性命，退回到宋境。

李顯忠見到了張浚，交上了自己的招討使大印請罪。張浚說，責任不在你，作為統帥，肯定是我先負責任，於是張浚又向皇帝請罪。皇帝對張浚還是很信任的，把李顯忠貶為果州團練副使，後來問明情況，不賴李顯忠，是邵宏淵擁兵不戰，李顯忠孤掌難鳴，又給李顯忠恢復官爵。李顯忠後來官至太尉，六十多歲的時候去世。他去世之後，皇帝對李家的子孫也十分厚待，李家後人在宋朝一直被照顧得很好。邵宏淵的下場就很慘了。

符離兵敗，使宋朝主和派的勢力又開始抬頭了。怎麼著？我說什麼來著？不能跟金軍打吧？結果怎麼樣？慘敗了！慘敗了怎麼辦？議和吧！當時很多主和派大臣紛紛上表彈劾張浚。張浚確實是志大才疏，書生意氣，殺敵秀才紙上兵，他就會紙上談兵，宋朝幾次啟用他，都打大敗仗。當年宋高宗皇帝講，寧可亡國，不用此人。孝宗起用張浚，倚魏公若長城，沒想到魏公又給他來這麼一手，又是慘敗。大臣紛紛上表彈劾他，說他擁兵跋扈，耗費國帑，欺君誤國。孝宗皇帝有點動搖了，被我倚若長城的人咋這樣，這個人還能不能用？

太上皇宋高宗這時候站出來了。我跟你說什麼來著？我當年說了，寧可亡國，不用此人。你不聽老人言，吃虧在眼前，張浚這個人就不能用。你趕緊把他給我鏟出去，我看見他就煩。孝宗皇帝對太上皇是言聽計從，要不廟號怎麼叫孝宗呢！他不是太上皇的親生兒子，養子得以承繼大統，如果沒有太上皇的賞識，哪能有今天的皇位啊？既然太上皇對張浚很不滿意，只好給了他節度使的虛銜讓他出朝，改為閒差。但是朝中主和派不依不饒要彈劾張浚。張浚非常悲憤，感覺對不起朝廷，對不起黎民百姓，憂憤而死。臨終之時，張浚跟自己的兩個兒子說，我數度為相，兩朝天子拔擢我做宰相，但是喪師辱國，不能恢復中原故土，對不起江山社稷，黎民百姓。我死之後不要把我埋進祖墳，我對不起祖宗，把我葬於南嶽衡山腳下就可以了。南宋最堅定的主戰派大臣張浚就這麼去世了。

使者追使者

北伐失利，對堅決主戰的宋孝宗構成了沉重打擊，也使宋朝主和派勢力開始甚囂塵上。孝宗不得已起用了主和派大臣湯思退為宰相，計畫跟金國議和。湯思退曾經是奸相秦檜的黨羽，他執行的完全是秦檜式的屈己求和路線。那麼這樣的一個人，會怎樣跟金國和談呢？

湯思退完全是攏虜自重，藉著主和的機會來壯大自己，讓自己這一派得勢。他跟皇上講，現在趕緊跟金國人議和，再不議和的話，金國大軍殺過來，咱打不過人家，可就來不及了。於是皇上遣使出使金國。出使之前，皇上跟使臣講，不能割地，特別是當時宋朝佔的金國四州之地——海州、鄧州、唐州、泗州，絕不能割給金國，這是咱談判的底線。宋使臨出門的時候，湯思退拉著他說，皇上跟你說不准割四州之地，但如果和議能夠達成，這四州割了就割了，你便宜從事，別什麼都聽皇上的。當時宋使到不了金國朝廷，只能去見金國的都元帥僕散忠義。

僕散忠義見了宋使之後，說議和可以，我們提四個條件：第一，我們降低要求，以後南北通書只稱叔侄，不稱君臣。宋朝皇帝要管金國皇帝叫叔叔，叔侄是兩個人之間的事，君臣是兩國之間的事。辱身是小，辱國是大。因此稱叔侄不稱君臣，確實是金朝的要求降低了。第二，交還海、泗、唐、鄧四州。第三，原來紹興和議規定的歲幣，一年白銀二十五萬兩，綢緞二十五萬匹，不許減少。第四，要把我們大金軍隊和百姓中叛逃過去的人還給我們。宋朝使臣一聽，這我作不了主啊，我得回去請示，國書送上，麻煩都元帥轉交大金皇帝。使者回朝覆命，金國人提了四個要求，咱們看能不能接受。湯思退堅決主張接受，不等孝宗皇帝同意，他就派秦檜的一個餘黨出使金國，事後奏請孝宗皇帝，說我已經把使臣派出去了，按照金國的要求議和。

這個使臣一派出去，朝中的言官御史們紛紛上表，表示抗議。一開始派去的那個使臣就已經辱國了，現在湯思退又派了個秦檜的餘黨去，這更加有損國體，皇上您趕緊把這個秦檜的餘黨追回來，不能讓他們這麼幹，咱們丟不起這人！孝宗本來就是一個主戰派，因為在戰場上打敗了，萬般無奈才屈己求和。他的求和之心本來就很不堅定，現在一看群臣風向又反過來了，孝宗皇帝有所覺悟，趕緊派人把秦檜的餘黨追了回來。那個人剛走到邊境，新的使臣趕到。停！你不許去了！我們奉新的皇命出使金國。新使臣就來到了金營。

金國都元帥僕散忠義非常生氣，我提的條件你們不答應，還敢派新的使臣帶新國書來，就建議把這個使臣扣下來。金世宗當時急於結束對宋戰爭，就說使者何罪，速速遣還，把宋朝的使臣送回去了。而湯思退在這個時候幹出了一件令人瞠目結舌的事。

荒唐思退

湯思退為了盡快同金議和，甚至不惜割地辱國，遭到了宋朝大臣的一致反對。於是，為了能早日促成和議，湯思退竟然做出了一件令人瞠目結舌的荒唐事。那麼湯思退究竟做了些什麼？他最終又會落得怎樣的下場呢？

身為大宋的宰相，你湯思退就是主張求和，跟主戰派觀點不同，也應該都是為國家利益才對。但是，他為了和議早日達成，居然派人越境，密報金國元帥僕散忠義，這個時候您趕緊起兵打我們一下子，給我們施加一點兒壓力，我好在朝中運作，和談的事就成了。僕散忠義一聽，喜出望外，原來大宋的宰相是我們自己人啊！我怎麼都不知道啊？這回算是接上組織關係了。於是，僕散忠義起兵二十萬，越境進攻楚州。

楚州守將就是當年在海州與金軍大戰的文官魏盛，魏盛一見金軍兵到，奮勇抵抗，率數千人馬就出發迎戰。此時，金軍副帥紇石烈志寧率數萬金兵趕到，魏盛寡不敵眾，且戰且走。在撤退過程當中，魏盛覺得，如果這麼撤下去的話，最後必然全軍覆沒，我沒有必要連累全軍。所以他跟部下講，我身為知州，守土有責，楚州不保，我當在此地為國盡忠，以報效朝廷。你們趁機突圍，把這兒的情況奏明當今天子。魏盛下令，騎兵斷後，掩護步卒撤退。激戰當中，魏盛中箭，壯烈殉國。楚州失守，金國大軍壓境。湯思退見自己的想法實現了，於是奏報天子，趕緊和談，不但應該和談，還應該盡棄淮河之地。原來兩國以淮河大散關為界，現在只要我們保有長江就可以了，淮河之地不要了。

這麼一來，孝宗皇帝斷斷不能容忍了。本來我就是三心二意地起用你，因為你是主和派的領袖，我以為你能有什麼高招，原來你的高招就是讓我把敵人沒佔領的土地都放棄。宰相不要做了，給你個閒衙冷曹做個閒職，孝宗皇帝立即貶湯思退出朝。太學生七十二人伏闕上奏，聯名上疏，要求斬湯思退以謝天下。湯思退走到半途，聽見太學生伏闕上奏的消息傳來，他一害怕就急死了，結束了自己不光彩的一生。

湯思退一死，孝宗皇帝起用虞允文為參知政事兼知樞密院事，把將相大權都交給了虞允文。但這個時候金國人畢竟在武力上佔了上風，跟金國談和是免不了的，而金世宗也急於跟宋朝談和。宋使順利地到了金國，雙方又一次達成了和議。這個和議是在宋孝宗隆興年間達成的，因此被稱為「隆興和議」和議達成之後，宋朝的年號從隆興改為乾道，所以又叫「乾道之盟」。

隆興和議

西元一一六四年，南宋在北伐失利的情況下，同金國達成了隆興和議，再次結束了宋金交戰的局面。那麼，這次和議的內容都有哪些？對於南宋來說，隆興和議究竟利多還是弊多呢？

隆興和議的內容主要有三條：第一條，兩國的疆界依照紹興和議，還是以淮水大散關為界。第二條，宋朝皇帝稱金國皇帝為叔，自稱侄兒，不用稱臣了，國書以後不再寫「臣宋」。第三條，歲貢減少，白銀由二十五萬兩減為二十萬兩，綢緞由二十五萬匹減為二十萬匹。而且原來歲幣叫歲貢，我給你進貢，現在把「貢」字改了叫「納」，輸架不輸嘴罷了。

和議達成之後，雙方要互遞國書，宋朝的使臣到金國遞國書，國書上開頭是這麼寫的：「大宋皇帝致書大金皇帝闕下」。金國這邊負責接待的館伴使不幹了，威脅宋使，要把大宋的「大」字去掉。你怎麼能這麼寫呢？你得寫「侄宋」啊，你是我侄兒啊，你大在哪兒？你叔叔大，你也大？沒大沒小！宋朝使臣堅決不改，你能把我怎麼著？我就是大宋！金國館伴使沒辦法了。宋朝人不講道理，寫了個大宋，怎麼辦？他把前因後果跟金世宗一彙報，金世宗說：「朕亦志在安民，所以諭令息兵，此後當各照新約，固守勿替，朕不再苛求了。」（《宋史演義》第八十回）行了，大宋就大宋吧，只要兩國罷兵友好，保境安民，我不再苛求，宋朝皇帝也不用我冊封了，本來我封不封也就那麼回事，人家的帝位是他爸爸傳給他的。冊封禮、受書禮就全改過來了，宋、金兩國最起碼在國格上是平等了。

金國人在武力佔優勢的情況下，主動讓步，由君主變成叔叔，歲幣減少了十萬，不能不說金世宗是明智的，或者說他是很有才具的。這個和議達成了之後，雙方又維持了三四十年的和平局面，金世宗可以專心治理內政。他治理內政很有成果，被稱為北國小堯舜。世宗皇帝到底有哪些政績，能被史家尊為堯舜呢？

十五

北國堯舜

金國崛起於白山黑水之間，
可是就是這樣一個由馬背上的民族所建立起來的政權，
卻曾經出現過一位像古代堯舜那樣的帝王典範，
那就是被譽為「小堯舜」的仁義之君——金世宗完顏雍。
那麼，金世宗完顏雍是一個怎樣的皇帝？
他為什麼能夠獲此殊榮呢？

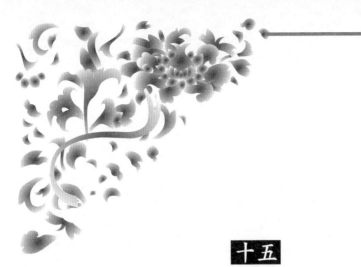

宋金兩國達成了隆興和議，偃武修文、止戈講和，兩國維持了三四十年的和平局面，雙方致力於發展內政，讓老百姓休養生息，恢復國力。金國此時政治清明，國力強盛。世宗皇帝在中國歷史上是一位傑出的少數民族帝王，世宗年號「大定」，史稱其統治時期為「大定之治」，堪比漢朝的文景之治、唐朝的貞觀之治和開元盛世。世宗皇帝被尊為「北國小堯舜」，明達幹練的程度，跟堯舜比肩。可以講，中國歷史上所有明君聖主具備的優秀德行，世宗皇帝都具備，他的行政措施跟中國歷史上所有的明君聖主比起來也毫不遜色。

世宗皇帝並不是生長於深宮之內、婦人之手。他從過軍，擔任過地方官。海陵王在位的時候，他被迫在地方上走馬燈似的換職務，他了解民間疾苦，也熟知為政之道。在中國歷史上，世宗皇帝個人的修養程度也是非常高的。他非常注重節儉，曾經說過：「昔唐、虞之時，未有華飾，漢惟孝文務為純儉。朕於宮室惟恐過度，其或興修，即損宮人歲費以充之，今亦不復營建矣。」（《金史・世宗本紀上》）上古堯舜禹時期的宮殿很儉樸，其實那會兒根本沒有宮殿，大家都在茅草屋裏住著，當然更沒有什麼裝飾。漢朝所有皇帝的皇陵都被刨了，古時候盜墓不比現在，還有研究、考證歷史，發展旅遊業的目的，古代盜墓目的明確單一，就是要錢。而漢文帝的陵就沒被刨，因為漢朝數文帝最儉樸，刨開之後，還不夠本錢呢，裏邊就一堆陶罐子，刨它幹什麼？因此朕要向堯舜禹看齊，向漢文帝看齊，不修宮殿，如果再增修宮殿，就要減損宮女太監的工資。我不能減少大家的俸祿，供我一人享樂。

世宗皇帝還跟周圍大臣講：「朕年來惟以省約為務，常膳止四五味。」（《金史・世宗本紀下》）皇上這一年來，御膳也是能節約就節約，平時一頓飯就四五道菜，大家可能覺得四五道菜也夠多了，但是我們看電視劇裏面清朝皇帝吃飯，幾張桌子都排滿了，百十道菜。實際上這百十道菜，都給皇上吃嗎？那不得把皇上撐死！可能菜價的百分之九十，都被底下人給私分了，皇上真正吃到嘴裏的百不及一。有的菜天天往上端，反正皇上也吃不到嘛，離得三丈遠，所以那些菜，連熱都不待熱的，已經腐爛變質了，還給皇上往上端。這叫看席，就是往那兒擺譜的，不能就幾個菜，皇上不吃可以，但得看著。世宗皇帝說沒必要這麼鋪張，給我撤了，常膳四五味就足矣，甚至有的時候世宗皇帝一頓飯就兩菜一湯。

有一次，公主進宮來看父皇，正趕上世宗皇帝用膳。看到公主來了，皇上非常尷尬，因為御膳只夠皇上一個人吃的。你來了很抱歉，公主回娘家一趟也不容易，但是沒飯招待你，現在通知廚房也來不及了。世宗皇帝召見大臣時，經常跟大臣徹夜長談，皇帝談得興起，主明臣直，大臣也越說越起勁，說著說著，到飯點了。怎麼辦？這麼多大臣在這兒，不管飯把人家轟回去不合適吧？皇上說，咱們一塊兒吃吧，把朕的御膳端來。御膳端進來，大臣們一看，這咋一塊兒吃啊？一個小托盤，裏面兩碟小菜，一個湯，一碗飯，我們一人一筷子也不夠啊。大臣們只好說，臣等不餓，陛下請用膳。皇上說，我也不好意思一個人吃啊，那咱們一塊兒餓著吧，君臣就空著肚子談。等把政務處理完，大臣趕緊飛奔回家，皇上才把這點已經冷了的飯吃下去。

世宗皇帝為了解民間疾苦，經常微服出宮。有一次，他發現街市很蕭條，怎麼買賣人這麼少啊？為什麼商店都關門了？他吩咐去問問。地方官回奏，皇妃剛剛病逝，現在國喪，因此街市蕭條。世宗皇帝很不以為然，哪能因為皇妃病逝，老百姓就不過日子啊？讓他們開市，取消國喪。不能因為皇家個人的事情，耽誤百姓的生計。

早在世宗皇帝剛剛登基進入中都的時候，他就下令，宮殿不能再添設，老百姓在宮禁周圍做買賣，不要干涉，只是立塊警示牌就可以了，宮禁重地，別誤闖進來。皇上不怕在宮殿門口擺攤影響市容，這還能看到商業繁榮嘛。

唯才是舉

金世宗完顏雍，是金國第五代皇帝。他在位二十九年，政治清明，經濟發展，社會安定，老百姓安居樂業。而且金世宗本人德才兼備，為人謙和，注重節儉，是一位享有「小堯舜」美譽的仁義之君。那麼，這樣一位金國歷史上最為賢良的明君聖主，他又是如何治國為政的呢？

世宗皇帝生活儉樸，為政寬仁。他不止一次講：「朕嘗自思，豈能無過，所患過而不改，過而能改，庶幾無咎。省朕之過，頗喜興土木之工，自今不復作矣。」（《金史・世宗本紀下》）我經常反思自己，人非聖賢，怎麼可能沒有過錯呢？如果有過能改，這沒關係，最可怕的就是有過不改。皇上經常讓台諫官員給自己提意見。這是你的職責所在，以後馬屁文章、阿諛奉承的奏摺我不看，你們的職責就是指摘朕的過失，朕給你們工資是為了讓你提意見的，你天天歌頌我，天子聖明，臣罪當誅，那我真誅了你。主明臣直，大臣紛紛上諫，皇帝更加能夠糾正自己的過失。因此在世宗一朝，朝政非常清明。

世宗非常善於用人，不管是原來跟著他在東京遼陽起家的老臣，還是海陵的舊臣，或是被海陵排斥的宗室，唯才是舉，一概任用。尚書令張浩是海陵時期的首相，在世宗朝照樣受重用。世宗跟他講，你在正隆年間做首相，不可能沒有過錯，海陵王倒行逆施，你身為首相不糾正他。其實張浩也糾正不了，海陵剛愎自用，叔叔、大爺、親兄弟，逮誰殺誰，我一個兩姓旁人，糾正他？我腦袋就沒了。皇上說你雖有過錯，但是，「卿在省十餘年，練達政務，故復用卿為相，當自勉，毋負朕意」（《金史．張浩傳》）。你在尚書省十餘年，很會治理國家，能輔佐朕，所以還用你做尚書令，希望你忠於朕，幫助朕把國家治理好。

巧壓權臣

金世宗思賢若渴、任人唯賢，即使是對於先朝舊臣，也能夠做到唯才是舉、人盡其用。在這些先朝舊臣中，有一個叫紇石烈志寧的人，此人驍勇善戰、功勳卓著，是一名不可多得的戰將。可偏偏這個紇石烈志寧，誓死不降，那麼，金世宗會用什麼辦法來勸降他呢？

紇石烈志寧是海陵王時期的舊臣，當時海陵王派他去鎮壓契丹起義，世宗皇帝登基之後，派使者去招降。紇石烈志寧忠於故主，認為世宗是篡位，拒絕投降，九次斬殺世宗派來的使者。但是他部下的官兵想歸降世宗，新主登基，海陵王又被弒殺，不降何待？眼瞅著部下要譁變，萬般無奈，紇石烈志寧才率部歸降。他歸降之後，世宗皇帝也很生氣。他說，我派了九個使者，都被你殺了。你是海陵的舊臣，要真是個忠臣就該自殺為海陵王殉葬。你既不能效忠於海陵，又不歸降朕，識時務者為俊傑，而你不明大義，現在走投無路了，怕部下譁變才來投降我，罪該萬死啊。紇石烈志寧低頭半晌，說：「臣等受正隆厚恩，所以不降，罪當萬死。」（《金史．紇石烈志寧傳》）確實是因為海陵王對我恩重如山，如果不是海陵王把這些完顏們殺光了，也輪不到我紇石烈氏出頭，我受海陵厚恩，因此不降，罪該萬死。那意思就是，陛下你看著辦吧。世宗皇帝聽完他說這幾句話後釋懷了，說：「汝輩初心亦可謂忠於所事，自今事朕，宜勉忠節。」（《金史．紇石烈志寧傳》）你的忠心我理解，當時各為其主，現在你改侍我，如果用忠於海陵王的心忠於我，我照樣信任你。紇石烈志寧一開始做元帥府左副元帥，最後官居宰輔，在安內攘外方面都起到積極的作用。世宗一朝，是金朝名臣輩出的時代。

世宗皇帝在位二十九年，提高皇權、壓制權臣的手段非常巧妙。前面講過，金朝改變了唐宋的三省制度。唐宋時期，中央官制是中書、尚書、門下三省，三省的正副長官都相當於丞相。金朝罷中書、門下，只設尚書省。尚書省最高長官叫尚書令，下設尚書左右丞相、平章政事、左右丞、參知政事等，尚書令成為金朝的最高文臣。世宗在位二十九年，尚書令空缺了二十年，設而不授。擔任尚書令的四個人，或是因為年老，給個虛銜，馬上就要退休了；或是病逝之後，贈尚書令；或者是擔任這個職務幾個月之後，就找個藉口把他罷掉，以避免對皇權構成牽制。尚書令之下左右丞相、平章政事、左右丞，參知政事一大堆，按照現在官制套用，國務院不設總理，常務副總理兩個，副總理若干，國務委員若干，這些人中沒有一號人物，大家都是平級的，無法對皇權構成威脅。以前權相對皇權構成挑戰的隱患，在世宗朝不存在了。

另外，世宗皇帝特別注重進賢退不肖。他說：「進賢退不肖，宰相之職也。有才能高於己者，或懼其分權，往往不肯引置同列，朕甚不取。」（《金史．世宗本紀上》）進賢退不肖，這是宰相的職責所在，你要給朕推薦合格的大臣。你不這麼幹的原因是你怕推薦的人才能高於你，這讓朕很不高興。你們作為宰相，必須要給國家推薦合格的人才。

推崇文治

金世宗雄才大略，深知人才的重要。為了能夠選拔到合格的人才，金世宗進一步完善了選拔機制，給予人更多施展才能的機會。那麼，在當時的金國，如果一個人要想入朝為官，需要具備什麼樣的素質？又會有哪些途徑呢？

在以前，女真人要想當官，途徑是非常多的。首先就是軍功，終金一朝，凡是女真人入朝為相的，大多數都是軍功出身，尤其是原來那些完顏們。

第二是世襲，有的猛安謀克就是世襲的。

第三是恩蔭。在中國古代，有這樣的規定，三品以上官員，子孫可以給一兩個名額入朝做官，不經過任何考核，這叫恩蔭，就是大樹底下好乘涼的意思。比如一品官，蔭一子，七品，你的兒子，不用科舉考試，就可以入朝做七品官；二品官，子孫八品；三品官的孩子九品。

女真人可以通過軍功、世襲、恩蔭，入朝做官，那麼漢人要想入朝做官，就只能通過科舉考試了。世宗皇帝以前，雖然熙宗就已開科舉，但是規模不大，做官的漢人比例很小，官到宰執一級的就更少了。隨著世宗皇帝大開科舉，大量的漢族知識份子進入政權當中。金國就由武功向文治方面發展，最後變成了一個儒化的王朝。這就基本上糾正了前朝帝王人為地排斥某一個集團的做法，做到唯才是舉，人盡其用。世宗一朝，大興文治，起用大量漢族人做官，緩和矛盾、共建和諧，國家一片祥和景象。

科舉制度能夠在中國沿用一千三百年，從隋至清，它本身具有一定的公平性。用考試的方法選拔官員，至少分數面前是人人平等的。有沒有作弊的情況？那肯定有，但是要看主流。畢竟用考試來選拔人才的制度，在各種手段中是比較完善的，英雄不問出身嘛。古代小孩上學，老師會教孩子勸學詩：「朝為田舍郎，暮登天子堂，將相本無種，男兒當自強。」

（元．高明《琵琶記》）早上起來還種地呢，晚上可以到天子的堂前。如果你想入朝為官，參與機務，只要讀書科舉就可以了，不用非得造反啊。在秦朝就不行了，王侯將相寧有種乎？反了吧。讀書是很難，但成本總比造反低得多，最起碼沒有生命危險吧？世宗大興科舉，一下就收拾了北方士人的心，讀書人有入朝為官之望了，就不再感覺是被壓迫、被統治了。這樣，金朝國內社會矛盾就緩和了。

世宗皇帝在位的時候，還特別注重懲治貪污，清明吏治。世宗非常喜歡為他自盡的烏林答氏生的兒子完顏允恭，這是他跟烏林答氏唯一的兒子。世宗登基之後，追尊烏林答氏為昭德皇后，而且終生不再立后，等於烏林答氏是唯一的皇后。烏林答氏生的兒子允恭立為太子，從小培養教導。太子妃的父親貪污，其實也不算貪污，只是多領了點糧食而已。可能那會兒剛打完仗，國家物資短缺，就像過去糧食要憑票供應似的，太子妃的父親覺得我是皇上最寵愛的太子爺的老岳父，跟皇上是親家，多領點糧食算個事嗎？他就多領了點糧食。因為這件事，他本來在朝中官居宰執的，被貶出去做防禦使，才四品官。世宗皇帝的另一個兒子越王永功，因為徇私被撤職了，其實也就是一點小事，包庇犯官。撤了自己的親兒子之後，世宗說：「此雖細微，不可不懲也。凡人小過不治，遂至大咎。有犯必懲，庶幾能改，是亦教也。」（《金史．完顏永功傳》）不教而誅是我不對，現在你犯了錯，我懲治你，對你也是一種教導，省得你小子將來犯大錯。若一點小錯，朕徇私不管，你將來就能幹出謀反這種大事來，古聖賢講「勿以善小而不為，勿以惡小而為之」，我就這樣來教導你。世宗的舅舅李石，在做參知政事的時候，也是因為徇私被罷官。要知道，沒有舅舅給他出主意，他就不可能在遼陽登基。

皇上的舅舅、親家、親兒子，都是至親骨肉，血濃於水，因為徇私，而且還不是什麼大事，多領點糧食、包庇個家人、走個後門，就被撤職、降官、奪爵，別的人誰敢再犯事？皇上六親不認，連自己的舅舅、親家都給治了，你和皇上再近有這些人近嗎？所以，世宗朝吏治清明。

但是世宗皇帝在推崇文治的時候，也發現了一個大問題。

守不住的舊俗

金世宗是一個有著憂患意識的皇帝，他在位期間，雖然吏治清明、百業興旺、太平祥和，但是在推崇文治的過程中，卻出現了一個讓金世宗深感不安的問題。那麼，這是什麼問題呢？

金國在世宗皇帝的鼓勵下，翩翩文治，從馬上下來了，平時拈弓搭箭、掄刀使槍的人，捧起書本來，搖頭晃腦地子曰詩云了。由此而產生的後果就是，某年，世宗皇帝生日，宋使前來道賀，跟金國的衛兵比試射箭，大概射了一百箭，大家就射著玩。平時這種場合，都是噁心宋朝使者的，你們這幫小南蠻，除了會耍兩片嘴，有什麼用？看他射箭，讓他扎自己腳面一下，多好玩啊？沒想到這一次射完之後，宋使射中了五十箭，世宗皇帝的侍從僅中七箭！一百箭射中了七箭，世宗皇帝大為震驚，我的天哪，怎麼搞的？比文弱的宋使都不如，人家回去一宣傳，過兩天宋朝可能又要北伐了。國語、騎射，祖宗得天下之根本，不能放棄，一定要緊守女真的舊俗。所以皇帝帶頭，祭祀完祖廟、山川土地神，出城打獵。

皇上要出城的時候，一位漢族大臣拉住他的馬頭勸諫，遊獵不是好事，玩物喪志。遼朝怎麼滅亡的？末代皇帝天祚帝耶律延禧，業餘皇帝，職業獵手，整天打獵，超級野生動物殺手，咱大金打他，他打獵，所以遼國滅亡。陛下您怎麼又幹這種事呢？不要去打獵。皇帝說，你以為我真的是想出去打獵嗎？非也！祖宗以騎射定天下，當年太祖皇帝出河店之戰，跟遼國的兵力對比是一比四十，太祖皇帝彎弓搭箭，一箭把遼國統帥射死了，我軍才能取勝。所以我這是緬懷祖宗的功業，我要做個表率。大金歷代皇帝都是馬上天子，現在女真文弱得可以。你別攔著我，別的你們說什麼我都聽，打獵我必須幹。不但我打獵，我還要求凡是女真人的猛安謀克，必須打獵，不許下棋。他告訴地方官，只要看到女真人有下棋的，把他們給我抓起來，讓他們習武。你跟桌子上兵啊、將啊，楚河漢界，殺來殺去管什麼用？打起仗來能靠下棋把敵人嚇跑嗎？必須要射獵，恢復女真人的射柳比賽，射中有賞，凡是射箭中得多的，老百姓可以直接授予官職。但是，女真人更多的拿這當一種遊戲了。皇上強調要保持女真民族的尚武風氣，認為金朝如果喪失了尚武的風氣，走向翩翩文治，那麼很有可能跟強大而文弱的宋朝一個下場。

除了保持尚武風氣之外，皇上還強調保持女真舊俗，要說國語，就是女真語。後來清王朝建立，入主中原百餘年後，出現的情況跟當年的金國驚人地類似。高宗乾隆皇帝，也一再下旨強調國語騎射，同樣沒有什麼效果。金朝當年就走了這樣一條路，幾百年後，他的後代子孫走的還是相同的道路。皇上告訴自己身邊的侍衛，平時必須說女真語，說漢語的撤職，不許做官。這些侍衛們雖然是女真人，但自從一出生就沒學過女真語，漢語是母語，女真語是外語。這些女真侍衛為了當官，沒辦法，回到家裏，滿心不樂意地開始學祖宗說過的語言。所以誰要想做官，討皇上歡心，就說女真語。皇上還規定，女真人的姓氏不許改成漢姓，完顏氏不能改姓王，紇石烈不能改姓石，也不許取漢名。當然皇室子弟都有漢名，世宗的兒子們都叫完顏允×，等允恭做了太子之後，因為太子是國家的儲君，將來要做皇帝，其他兒子要避諱，就把「允」改成「永」，按行輩字排下來的。皇室可以起漢名，但一般宗室和女真大臣都不准取漢名，只能起女真名。所以我們看金國大臣的名字，特別有意思，不避俗，不避醜，非常像中國上古時代。比如春秋五霸之一的齊桓公，叫小白，姜小白，今天寵物才叫這名；楚成王叫黑臀，這都不是小名了，外號才叫這個。女真貴族的名字，盡是完顏萬奴，完顏九斤之類的。你叫這種名字，皇上高興，不許取漢名，更不許給自己起字型大小，保持女真的舊俗，避免完全被漢族同化。

世宗皇帝維護女真舊俗的另一個重要舉措，就是恢復當年被海陵王完顏亮毀棄的上京會寧府。當年完顏亮為了把都城遷到中都，把上京會寧府徹底毀棄，世宗皇帝下令修葺。而且在他六十多歲的時候，實現了到上都巡遊一番的理想。從今天的北京，走到遙遠的黑龍江阿城，今天坐飛機還得好幾個小時呢，而那個時候，萬里之遙，六十多歲高齡的皇帝，來回一趟花了兩年的時間。世宗到上京巡遊，招待當地的耆老勳舊，每天走訪軍烈屬家庭，非常高興。

在一次宴會上，皇上說咱們今天君臣不拘舊禮，我能到祖先戰鬥生活過的地方來看一看，心情無比激動，今天沒有尊卑上下，大家開懷暢飲。那天大家放開懷豪飲，通宵達旦，喝得最高興的時候，世宗皇帝把酒杯一放，說我來到上京這麼長時間了，特別想聽祖先唱的歌，但是你們沒有一個人給我用女真語唱過歌，今天我用女真語給大家唱個歌。皇上放開歌喉，帶頭唱起來了，他唱的歌是自己寫的，歌頌太祖太宗創業艱難。唱到動情處，世宗皇帝一開始潸然淚下，繼而號啕痛哭，大家都跟著痛哭，宴會進行不下去了，改追思會了。祖宗創業艱難，但現在咱們民族的傳統面臨斷絕的危險，這太可怕了！世宗回到京師之後下令，一定要讓女真人有自耕自種的實力，勤於勞作，保持驍武憑陵之氣，不能喪失游牧民族的特點。所以，凡是遷入中原的女真人，給他們分配土地，讓他們自己耕種，平時是民，戰時是軍，作為國家有力的保障。朝廷將好的土地優先分配給女真人，想讓他們自耕自種，沒想到他們招個漢人給他種地，然後收租子。這多來勁啊，身不動、膀不搖的。平時上級來檢查，把昨天晚上現學的女真小曲唱一個。你好，再見，吃了嗎？說這麼幾句女真話。讓我射箭，我就瞎比劃幾箭，來視察的上級會不會射箭還難說呢。女真人現在都這樣了，誰查誰啊？我每天在這兒，衣食租稅，白花花的銀子，短不了進帳。皇上想的是養一幫國家棟樑，倚為長城，沒想到給他們一分地，這些猛安謀克、女真百姓，迅速腐化下來了。到了金朝末年，女真兵就跟北宋末年的宋軍水準差不多了。邊境上跟蒙古人打仗的還好一點，中原內地的跟後來清朝八旗子弟差不多，整天提籠架鳥，茶樓酒肆，票戲，聽曲。

實際上，金朝這一點做得很不成功，不如遼朝因俗而治，一國兩制。遼能夠一國兩制，一個重要原因是長期與中原王朝並存。遼建立的時候，中原進入五代，後來又跟北宋並存，所以既學習唐宋的先進制度，又保持自己的舊俗，歷世九主，享國二百一十年，打破胡虜無百年之運的神話。金朝原本是野蠻落後的一個小部落，興兵舉義，很快吞遼滅宋，兩個比它強大、繁華的大帝國，在兩年的時間內相繼滅亡了，一下就佔領了中原漢地。吃得太多，肚子脹，消化不了，遼宋全滅亡了，金很茫然，我跟誰學？學什麼？怎麼學？難道我跟我的手下敗將學嗎？難道我不跟我的手下敗將學嗎？最後，金雖然打敗了宋朝，但在典章文物上完全山寨了宋朝。

世宗朝是金朝的一個轉捩點。世宗皇帝念茲在茲，要保持女真舊俗，千萬不能忘本。這絕不是守舊，而是這個民族、這個國家長治久安的根本之道。但在他去世之後，發生了根本性的逆轉，因為他的接班人是一個完全漢化了的皇帝。那麼他找的接班人是誰？為什麼他的國策發生了根本性的逆轉？

十六
皇孫襲位

金世宗雖然皇子眾多，但是他卻將皇位繼承人鎖定在了他的一個小皇孫身上。
金世宗為什麼沒有把皇位傳給兒子，而是傳給了孫子？
金世宗的這個小皇孫有何過人之處？
他為什麼如此討金世宗的歡心呢？
而這個被金世宗精心培養的皇位繼承人上臺後，
金國的命運又會發生怎樣的改變呢？

金世宗皇帝在位二十九年，雖然妃嬪眾多，子孫繁茂，但是他對完顏允恭始終寵愛有加，請最好的老師教導他。允恭生長在深宮之內，被冊立為太子，由名儒教導，學富五車，文質彬彬。每一次回答世宗的問題，太子俱得體無誤，世宗對他信任有加。同時世宗皇帝一再囑咐他：「汝輩自幼惟習漢人風俗，不知女直純實之風，至於文字語言，或不通曉，是忘本也。」（《金史·世宗本紀中》）他要求完顏允恭，學習祖宗的語言，不要忘記女真的舊俗。但是完顏允恭從小就是在漢化、儒風的薰染下長大的，對於父皇的諄諄教導，也就是一耳朵進、一耳朵出去了，沒當回事。世宗皇帝因為太喜愛這個兒子了，所以對他在這些方面的要求也不是特別嚴格。

世宗皇帝巡幸上京的時候，跟完顏允恭講，朕這一次北巡，大概要一兩年才能回來，監國的重任就交給你了。皇上專門給他刻製了一方寶璽——「守國之寶」。皇帝的印叫璽或者寶，一般官員的印章不能叫這個，你自己刻一個「××之寶」，那得掉腦袋了，您那個就是印，或者章。世宗給允恭刻製「守國之寶」，作為他權力的象徵。世宗皇帝還告訴完顏允恭，六品以下的官員，你可以隨意任命，不用報請朕知道。我特別疼愛你，我走之後，這個國家就交給你了，你要像種田的農民和做買賣的商人一樣，勤於政事，看好咱們這份家業。養兒防老，誰家都一樣，皇家養兒也為防老，希望你把祖宗的基業發揚光大。我把太傅、太保、丞相都留下來輔佐你，希望你治國有道。完顏允恭諾諾稱是，父皇放心，兒臣絕不辜負您的希望。於是皇上就起駕北巡，到了上京。

皇上北巡途中，噩耗傳來，太子爺因病去世，先走了一步，年僅三十九歲。世宗皇帝痛哭失聲，白髮人送了黑髮人。太子爺去世了，皇位誰來繼承？

按道理，太子去世之後，應該讓太子的弟弟承襲皇位，但是世宗皇帝跟昭德皇后烏林答氏感情太深，一心只想讓烏林答氏的血脈繼位。當時最有資格繼位的是鎬王永中，但是皇帝卻立了完顏允恭的兒子完顏璟，女真名叫完顏麻達葛，來承繼大統，放著幾個兒子沒傳，把皇位傳給了孫子。完顏璟是昭德皇后的孫子，世宗皇帝跟昭德皇后情深義重，既然兒子死了，那就傳給孫子吧。這倒是也符合中原的嫡長子繼承制，嫡長子死了傳給嫡長孫。

當時完顏璟在中都大興府，皇帝在遙遠的上京，而最有實力競爭皇位的鎬王永中也在中都。皇上害怕永中謀害完顏璟，萬一兒子想繼承皇位，把孫子殺了怎麼辦？所以他趕緊派另一個兒子南下，讓他去保護侄子，然後把永中調到上京來。其實永中根本沒這想法，皇上趕緊把他調來上京，擺明了對他不放心，覺得他會使壞。永中滿腹淒涼地離開了中都。

小皇孫獻歌

世宗皇帝將自己的這個孫兒鎖定為皇位繼承人，絕不僅僅因為他是自己最心愛的女人留給他的血脈。那麼，這個完顏璟為什麼會那麼招人喜愛呢？

世宗皇帝為什麼這麼喜歡完顏璟呢？因為完顏璟非常會來事。當然，他會來事的主要原因，是他爸爸會來事。他出生的時候，正趕上父親太子允恭跟隨金世宗避暑金蓮川。這個地方在今天的內蒙古。當時世宗打獵，獲得很多獵物，皇上一看自己年過不惑，武功都沒有擱下，非常高興。恰在此時，太子妃生產，對皇上來說是雙喜臨門，更是高興。當時，世宗駐蹕麻達葛山（今河北崇禮縣境內），感慨萬分，我跟昭德皇后感情這麼好，可惜一脈單傳，只有太子一個兒子。現在太子又誕育了皇孫，昭德皇后在天之靈，看到會非常欣慰的。麻達葛山真是福地，不但在此捕獲眾多獵物，更是昭德皇后一脈皇孫得以延續之地，就用麻達葛山為皇孫命名吧。所以，皇孫女真名叫完顏麻達葛。皇上囑咐太子，朕非常喜愛這個皇孫，你一定要好好地教導他，把他教養成人。

皇太子本身就是熟讀儒家經典、學富五車的一個人，現在自己的兒子誕生了，父皇又這麼喜愛，那自然教養這個兒子也是不遺餘力。他花錢請來最好的老師，就是後來官至丞相的完顏匡。此人是宗室，學問非常大，不但通漢語，還精通女真語。太子深知自己浸淫漢學已久，現學女真語，恐怕夠嗆，學不會了，如何討得父皇歡心呢？我對兒子自小進行雙語教學，來討父皇的歡心，小孩可塑性強。所以完顏匡既教皇孫漢語、儒家經典，又教他女真語的歌謠、祖宗的英勇事蹟，還教他騎射，麻達葛很快就成長為一位文武雙全的翩翩少年。

有一次皇宮裏開宴會，太子帶著麻達葛赴宴。大家喝得正高興的時候，太子一努嘴，麻達葛站起來說，皇爺爺，孫子給您唱首歌。麻達葛當時七八歲的年紀，站起來主動獻歌。世宗皇帝本來就喝得很高興，好，你唱吧！沒想到皇孫一張嘴，唱的是歌頌世宗的父親完顏宗輔戰鬥事蹟的歌謠，而且合轍押韻。當然那不是麻達葛寫的，而是完顏匡寫完了教他唱的。世宗皇帝感動得稀里嘩啦的。孩子啊，你這麼小的年紀，怎麼會知道你曾祖父的事蹟啊？沒等麻達葛答話，太子趕緊出來奏道，兒臣昨天看睿宗皇帝實錄（世宗做了皇帝，就把自己的父親追尊為皇帝，廟號睿宗），很受感動，為了讓您孫子不忘本，就把祖父的事蹟寫出來，讓您孫子唱。世宗聽了，高興得要瘋，乖孫子再給爺爺唱幾遍，麻達葛一遍一遍地唱，說實在的，小孩也累壞了。世宗皇帝聽著不過癮，唱了不知道有多少遍，宴會一直開到深夜才散，估計大臣們都聽吐了。有完沒完，一遍又一遍的？以後皇孫只要給世宗請安，必用女真語。史籍記載：「世宗喜，且為之感動，謂宰臣曰：『朕嘗命諸王習本朝語，惟原王語甚習，朕甚嘉之。』」（《金史·章宗本紀一》）朕讓諸王學本朝語，大家都學不會，只有原王說得這麼好，朕非常高興。皇孫十一歲被封為金源郡王，後來年齡稍長，晉封原王。世宗認為原王女真語說得這麼好，是個可造之材。

放心交國

金世宗為了把這個小皇孫培養成合格的皇位繼承人，還給他創造了一些歷練機會。那麼，金世宗會讓他做些什麼事情呢？

完顏麻達葛封原王後，判大興府事，做了首都的市長。皇上苦心教導，說朕知道你年紀還很小，但是你要學會處理政務，言下之意就是將來我屁股底下這把椅子是你的。先給你個京官做，歷練一下。京官其實最難當，你要擺平各方面的關係，你知道誰跟誰勾著嗎？不過有朕在，朕罩著你，你別害怕，放心歷練。皇帝經常派人去考察原王的政績，發現老百姓有口皆碑，也有一種可能是說他壞話的人都被搞掉了，小小年紀，能夠有這樣的官聲，很不錯。

世宗皇帝聽說，皇孫用漢語處理漢人的官司公務，用女真語處理女真人的官司公務，看來雙語教學成果顯著，他能夠用雙語行政，皇上更加高興。原王在大興府的官職幹了沒幾年，皇上就說，朕把原王放在身邊，就是讓他能夠親歷朝政，學習執政之道，他果然沒讓我失望，這個孩子太好了。原王十八歲時被賜名璟，有學名了，不再叫麻達葛了，然後官拜尚書右丞相，因為世宗一朝幾乎不設尚書令，尚書右丞相實際上就成了百官之長。

世宗皇帝每一次見到自己的皇孫，都語重心長地跟他講，你雖然很年輕，但因為你是昭德皇后的嫡孫，而且為政能力很不錯，所以朕要多歷練你，多考察你。你要忠於朕，要盡孝，對百姓要愛護，這樣你才能不辜負朕對你的培養，什麼事你放開了去做，沒有問題。

世宗皇帝雖然如此歷練原王，但他內心卻也很糾結：如果我直接讓原王承繼大統，他那些叔叔們不服怎麼辦？所以有一次皇上召見宰執大臣，問他們對此事的看法。當時宰執們說，如果儲君定不下來，朝政不寧。不立儲君的結果是您每一個兒子都覺得自己有戲，誰都自我感覺不錯，都覺得自己是當皇帝的料。在這種情況下，就難免要去拉幫結夥，朝廷上就會出現黨爭。早定儲君，可以斷絕他人覬覦之心，朝政才能安定下來。皇上一聽，愛卿說得有理，下旨拜原王為皇太孫，正式確定了他的儲君身分。

大定二十九年（一一八九年），世宗皇帝病重的時候，又下旨讓皇太孫監國攝政，世宗覺得自己培養的接班人不錯，既精通漢族的典章文物，又熟知女真舊俗，他會把這個國家帶上我所希望的那條道路，於是就安詳地閉上了雙眼，放心地走了。

世宗皇帝堪稱一代令主，《金史・世宗本紀下》中對他有這樣一番評價：「蓋自太祖以來，海內用兵，寧歲無幾。重以海陵無道，賦役繁興，盜賊滿野，兵甲並起，萬姓盼盼，國內騷然，老無留養之丁，幼無顧復之愛，顛危愁困，待盡朝夕。世宗久典外郡，明禍亂之故，知吏治之得失。即位五載，而南北講好，與民休息。於是躬節儉，崇孝弟，信賞罰，重農桑，慎守令之選，嚴廉察之責，……孳孳為治，夜以繼日，可謂得為君之道矣！當此之時，群臣守職，上下相安，家給人足，倉廩有餘，刑部歲斷死罪，或十七人，或二十人，號稱『小堯舜』，此其效驗也。」世宗皇帝在位時，一年判死刑只有十七到二十人，家給人足，倉廩有餘，路不拾遺，夜不閉戶，社會祥和。

世宗皇帝去世的時候，給自己的繼承人、金國第六代皇帝章宗完顏璟留下了龐大的財產，大米、小米將近四千萬石，一石是一百或一百五十斤，府庫充盈。家裏有糧，心裏不慌，真是太平盛世啊！

背離祖父初衷

金世宗一代明君聖主，享有「小堯舜」的美譽。他執政二十九年，金國上下太平盛世，國泰民安，史稱「大定之治」。那麼，金世宗精心挑選、培養的皇位繼承人金章宗完顏璟上臺後，金國的命運會發生怎樣的改變呢？

章宗皇帝是一個守成之君，他一上臺，就使金國更加毫無懸念地走向了漢化的道路，完全背離了世宗皇帝所設想的以國俗為本。章宗皇帝的父親就是一個漢化很深的文人太子，母親更是工於詩書的才女，所以章宗皇帝本人的文學修養，在金代諸帝中無出其右者。他的書法不看落款，就是宋徽宗的字，一模一樣的瘦金體。在歐洲的拍賣行，曾經出現過把金章宗的題詩誤認為是宋徽宗的事情。一幅畫上有章宗的題詩，沒落款，沒用寶，就被誤認為是宋徽宗的，這幅畫拍出了高價。後來經專家考證，才知道這不是宋徽宗的字，而是金章宗的字。徽宗皇帝的瘦金體，獨步海內，沒人能學得像，金章宗竟然能仿得唯妙唯肖，可見他的書法造詣之深。

章宗皇帝不但精通書法、繪畫，而且文學修養很高。他的詞，學南唐後主李煜，清新俊麗，跟海陵王的豪放派完全兩個味道。其中有一首《蝶戀花》流傳下來，是描寫摺扇的：「幾股湘江龍骨瘦，巧樣翻騰，疊作湘波皺。金縷小鈿花草鬥，翠條更結同心扣。金殿珠簾閒永晝，一握清風，暫喜懷中透。忽聽傳宣頒急奏，輕輕褪入香羅袖。」典型的婉約派風格。

漢化修養這麼高的一位皇帝，自然使女真風俗為之大變，完全背離了祖父的諄諄教誨。他在位的時候，大興科舉，使科舉考試體制完備。

防作弊絕招

金章宗發現通過科舉考試來選拔人才，固然是個好辦法，但是卻很難杜絕考試作弊，於是就想出了一個防止考試作弊的絕招。那麼，金章宗的這個絕招到底有多絕呢？

為了杜絕科舉考試有人作弊，從宋朝開始，實行糊名法，卷子密封，與今天高考無異，考官看不出考生是誰。不但糊名，還要謄卷，考官也看不到考生親筆書寫的卷子。萬一考官看出自己學生的筆跡，打了高分，這可不行。用人來謄寫，謄完卷以後，呈遞給皇帝。

金章宗的時候，為了防止考生作弊，規定每四個考生進考場的時候，必須有一個兵保護，實際上是監視，防止作弊。今天有員警押運試卷，還真沒有押運考生的。萬一考生有夾帶怎麼辦？跟著他的兵可能不認得字，夾帶東西進去，當兵的也沒轍。章宗皇帝讓考生進考場之前換衣服，換考場統一提供的服裝。考生覺得這太有辱斯文了，一進考場跟進浴池的感覺一樣，堅決不幹。章宗覺得確實對讀書人不能這樣，也不能想著每個人都有可能作弊。那這樣吧，考試之前，要拜孔子吧，得給至聖先師行禮，你能滿面塵土、一身灰塵就來行禮嗎？所以行禮之前要沐浴，你在裏面沐浴，外面軍爺搜你衣服，看你夾帶了沒有。等你沐浴完了，穿上自己的衣服，給孔子行禮，這邊的檢查結束。可能什麼時候檢查完了，什麼時候給你關水，要不然不讓你出來。

對於孔子的後人，章宗給加四品銜，然後不斷提升，不斷有賞賜。各地原有的孔廟要修葺，沒有的要新建。全國上上下下掀起尊孔的熱潮。每個城市必須得有一座孔廟，孔廟與學校建在一處。章宗皇帝還不放心，經常督促孔廟的工程，不斷強調：「僧徒修飾宇像甚嚴，道流次之，惟儒者於孔子廟最為滅裂。」（《金史．章宗本紀二》）僧人修飾他們的廟宇，修得特別好，大殿美侖美奐，寶像莊嚴；道觀次之，中國天下名山僧佔多，所以道觀次之；孔子廟最傾頹，這是不行的。宰執見皇帝不滿意孔廟的現狀，趕緊解釋，儒者不能常居學校，非若僧道久處寺觀。學校裏面不是老有人住，沒有人天天打掃、修葺，所以才看著又髒又破；而僧道在廟裏面住，哪兒髒了擦擦，哪兒破了補補，善男信女再給捐點錢，所以就顯好，這不是我們這些官員的問題。皇上聽了非常不高興，下旨必須給學校土地、財產，讓師生能夠衣食無憂。由此可見，在章宗朝，儒者的地位火箭般地上升。章宗下令，三十五歲以下的女真親軍，必須要讀《論語》和《孝經》，大力弘揚儒家的思想文化，以仁孝治天下。

山東有一個孝子，因為家貧，母親去世，不得安葬，孝子一跺腳，把兒子賣了，安葬母親。在今天看來，這是犯罪行為，但在古代卻是大力弘揚的。自古求忠臣必於孝子之門，大孝是忠。章宗皇帝聽說這件事後，對孝子大力旌表，給他們家送糧食、布帛，幫他把兒子贖回來，還讓他做官——讓賣兒子的人做官。地方官請示章宗皇帝，這種行為咱表揚一下，是不是就可以了？他有什麼功勞做官啊？賣兒子是功勞嗎？再說他也不會做官啊，他為人質樸，但凡有點招，也不能把兒子給賣了。章宗說，他不會做官沒關係，白拿俸祿，每天到辦公室晃一下就行了，不用具體幹什麼。朕就要樹立一個孝親的榜樣，讓天下人看到這一點。

章宗皇帝不但鼓勵嘉獎民間慈孝，自己更是以身作則，每到祖父、祖母、父親、母親祭日的時候，拒絕接受群臣的朝見。今天是祖父世宗皇帝的祭日，好，輟朝一天，以示哀悼。大臣找我要辦什麼事，也一律不見，天大的事，等明天再說。

另外，不但要表彰孝子，更要表彰忠臣。章宗時代與宋朝戰爭頻發，與北邊韃靼也經常打仗。在一次對宋戰爭中，一名金國軍官兵敗被俘，宋人唆使金國軍官罵金章宗。因為被俘的軍官是漢人，宋軍許諾只要你罵金國皇帝，虜君、夷虜、犬羊，你隨便罵，罵完了就放了你。沒想到這個軍官雖然是漢人，可是不但拒絕罵金章宗，反而破口大罵宋朝皇帝。宋朝的軍士勃然大怒，一刀把他殺了。消息傳回金國，金章宗追贈此人為將軍，他本來可能就是連排級幹部，皇上下旨贈將軍、贈縣令，厚養他的後人，以示對忠君愛國行為的肯定。

家大業大

金章宗對於忠孝的理解是對還是錯，我們不能用今天的價值標準去衡量和判斷。但是有一點可以肯定的是，金章宗是金朝漢文化水準最高的一位皇帝，他以仁政治國，使得金國上下政治清明，官員清廉。那麼，金章宗是如何來選拔官員的呢？

章宗特別強調官員的節操，注重禮義廉恥。章宗皇帝曾經講過，現在選拔官員，有一個非常不好的現象，就是廉恥缺失，選拔的官員無恥。為什麼廉恥缺失呢？因為「今之所察舉，皆先才而後德。巧猾之徒，雖有髒汙，一旦見用，猶為能吏，此廉恥所以喪也」（《金史．章宗本紀二》）。現在選拔官員先才後德，因為科舉考試確實考的是才，而不是德，所以很多奸猾之徒，雖然缺德，但是有才具，一參加考試就考上了。一旦他做官，又是一個很能幹的官。無德有才的人做了官，大家就覺得，這個德沒什麼用，就會造成官員寡廉鮮恥。你能說和珅是個廢物官嗎？太能幹了，但他就是缺德，所以他是中國歷史上第一大貪污犯。章宗對這一點十分痛恨，下旨以後選拔官員，凡是有才無德的不能用。「察舉官吏，必審慎偽，使有才無行者不能覬覦，非道求進者加之糾劾。」（《金史．章宗本紀二》）有才無德的休想覬覦官位。非道求進者，就是那些不是通過科舉正途當官的人，只要當了官，給我彈劾、檢舉他，讓他哪兒來的哪兒去。

章宗一朝，繼承了祖父時代為政的特點，吏治清明。他在位的時候，遵循祖父治國的一些基本原則，勸課農桑，安撫流民，而且還釋放奴隸，金朝的奴隸制度就是在章宗時代徹底廢除的。原來，金朝的皇室、貴族都可以蓄養奴隸，章宗一繼位就把自己的曾祖（追謚睿宗皇帝的完顏宗輔）、祖父（世宗皇帝）、自己的父親（追謚顯宗的完顏允恭）宮中的奴隸，全部釋放，皇室不再蓄養奴隸了。以後所有的宗室大臣，再蓄養奴隸就是違法。這樣一來，大量的勞動力就被解放了出來，生產自然就得到發展。而且章宗下令取消了猛安謀克的世襲權，原來都是各個家族世襲的，現在改為國家任命，有官品，加強中央對他們的控制。皇上告訴官員：「行宮側及獵所有農者勿禁。」（《金史．章宗本紀二》）以後皇帝外出的行宮周圍，還有皇帝打獵的獵所周圍，有人耕地，不要禁止他，開墾荒地，可以增加國家財政收入。在中國古代，行宮獵所、皇帝的陵寢，一草一木都是神聖的。砍了皇陵裏的樹，都是滅族的大罪，跟刨了皇上的墳一樣。

章宗統治時期，數字顯示，中都大興府有二十二萬戶，一百萬人。一九四九年的時候，北平也是這麼多人，而七百年前，人口就達到了百萬。大興府絲織業、商業的繁榮，冠絕天下。整個金國戶口達到八百萬，人口達到五千萬。再加上南宋的人口六千萬，那個時候中國的人口就超過了一億。人口多，糧食和銀錢的儲備也多。章宗明昌二年（一一九一年）統計，全國黃金庫存量一千二百錠，白銀庫存量五十萬兩千錠。古代官寶一般是五十兩一錠，私人手裏是沒有的，老百姓一般只花銅錢，農民能見到銀子的不多。即便城裏市井上流通的白銀，大概也都是一些散碎銀，十兩以上就要給銀票了。古代的一兩是三十一二克的樣子，十兩銀子三百多克。由此足以說明章宗不但繼承了世宗的家業，而且把它發揚光大。

雖然章宗統治時期，一開始政治清明，經濟繁榮，國力強盛。但是，也就是在章宗朝，金國開始由盛轉衰，不可避免地滑向衰落的深淵。因為他面臨著一重內憂，雙重外患，這個內憂外患是什麼呢？

十七
由盛轉衰

西元1189年，完顏璟以皇孫身分繼皇帝位，史稱金章宗。
金章宗在位十九年，雖然表面看起來金國還是一派盛世的景象，
但是其中的一些隱憂卻也在逐漸顯露出來。
那麼，這些隱憂是什麼？
會對金國的命運產生怎樣的影響？
為什麼要說金國從章宗起就開始轉向衰落了呢？

金章宗傾心於儒學，醉心於漢化，他繼位之後，金帝國由赫赫武功轉向了翩翩文治。章宗在位將近二十年的時間，延續了祖父的大定之治，使得金朝的盛世局面又持續了將近二十年。但是在盛世當中，也包含著一些隱憂，盛極必衰，恆古恆遠，至今不絕。

章宗皇帝是以皇孫身分承繼大統的，他做了皇帝之後，很多叔父還健在，他對這些叔父就很不放心。這些皇叔們在世宗晚年都身居高位，還有執掌兵權的。因此章宗對叔父們嚴加防範，雖然沒有像前朝海陵王那樣濫殺宗室，卻也制定了很多規章制度來約束王叔們。比如他規定王爺們只能在自己的獵場裏打獵，不許離開自己的封地太遠，在外面遊獵的時間不許超過五天。章宗另外還下令王府的長史，有監督諸王、彙報他們一言一行的責任，並且在王府裏設立很多由皇帝派來的屬官，王府的屬官就變成了專門替皇帝看護諸王的角色。世宗皇帝的兒子們，也就是章宗的叔父們，在章宗一朝也都挺老實的，夾著尾巴做人，生活也都很低調，生怕一不留神得罪皇上侄兒。但是，有時候人在家中坐，禍從天上來，是福不是禍，是禍躲不過。章宗雖然對他的叔父們沒有像以前海陵王那樣舉起屠刀，但是畢竟對他們不放心，有兩個王爺不幸就撞到槍口上來了。

第一個撞槍口的是鄭王永蹈。鄭王的封地在河南，這個人非常迷信，特別愛聽江湖騙子的話。有一個術士給他相面，說大王您貴不可及，光當王爺委屈您了，根據面相，您可以當皇上。您的王妃和兩位小王爺，相貌也異於常人，王妃和小王爺也都委屈了。鄭王一聽，我不能在這兒委屈著啊，既然我異於常人，貴不可及，那父皇去世了，應該輪到我當皇帝啊！

我侄子憑什麼當皇帝呀?既然有了這種想法,就想找個人再求證一下,他於是又找了一個妖道。這個騙子跟他說轉過年就是丑年(地支五行屬土),丑年屬兔(地支五行屬木)的人能有大的成就(木剋土)。鄭王一想,我就是屬兔的,看來明年我有大成就。但我怎麼能有大成就呢?舉兵叛亂!被倆騙子一忽悠,鄭王就幹了一件不知死活的事。

鄭王的封地在河南,他手裏並沒有兵權,於是去聯絡坐鎮河南的大將僕散揆,他跟僕散揆說咱倆結成兒女親家,你如果幫我推翻了小皇帝,我做了天子,你大富大貴。僕散揆又不傻,你只不過是一個有名無實的藩王,跟皇帝誰腿粗?這還用想嗎?我絕不可能跟著你叛亂。僕散揆婉言謝絕了鄭王的一番鼓動,但他又不敢得罪鄭王,畢竟人家是皇上的叔叔,所以就沒向皇帝告發。但是鄭王府裏的屬官把主人告發了,因為王府的屬官都是朝廷派來的,任務就是監督王爺,看王爺有沒有對朝廷不忠的舉動。鄭王非常可憐,屬官告發的時機選得特別好,鄭王正好在中都,可能是去覲見。屬官一說他陰謀叛亂,有不臣之心,有司趕緊逮捕審問,證據確鑿,根本就不可能抵賴。章宗皇帝立即下詔,鄭王、王妃和兩個王子全部賜死,鄭王家族被一網打盡。

大刀向大爺頭上砍去

金章宗為了鞏固自己的皇位,向王族宗室,自己的叔叔舉起了屠刀。鄭王永蹈雖然是金章宗的叔叔，但畢竟他也是真的有了反心，我們也可以認為金章宗這麼做也是出於不得已。但是他的皇伯，鎬王永中的死卻是有些冤枉的。那麼這又是怎麼回事呢？

鎬王是世宗的庶長子，要是論歲數，應該是世宗皇帝的長子，比章宗的父親、當年的太子允恭年齡還大，只不過允恭是嫡長子。永中在世宗朝做到了樞密使，執掌兵權，個人才華、抱負都非同常人。當年章宗的父親允恭在世的時候，極力避免跟永中發生衝突。如果兩個人有了衝突，允恭就忍了。永中有幾次犯法，都被允恭把事給壓了下來，沒告訴父皇。永中不但不承情，氣焰反而更加囂張，太子都不敢得罪我，畢竟我是太子的哥哥，就因為我是庶出，所以才沒當上太子。太子病逝的時候，世宗皇帝在上京巡幸，章宗和永中都在中都。世宗皇帝因為疼愛皇孫，害怕永中加害他，立即採取措施，把永中調到上京，章宗後來才得以繼位。

章宗繼位之後，伯侄倆心裏自然有芥蒂。永中覺得皇位無論如何應該是我的，只不過就是因為父皇偏愛允恭，愛屋及烏，連孫子也受偏愛。章宗皇帝始終覺得這個伯父有不臣之心，如果有朝一日他掌握了兵權，定會謀逆生亂。因此，皇上對伯父百般防範，把他調到外地去做官，撤掉他的兵權，而且派人監視，並且告訴地方官，任何人不許跟我伯父來往，把永中給孤立起來了。有位地方官沒報中央批准就去拜望鎬王，辭別永中之後就挨了一百大板。因此鎬王永中非常憤怒，我是皇帝的大爺，卻跟個囚犯沒什麼區別，沒有人上我們家作客，過節都沒有人敢來給我拜年。既然皇帝這麼不信任我，乾脆上表，臣年事已高，要求致仕，乞骸骨，退休算了。皇上說，不行，你不能退休。因為如果他退休，就要回中都待在皇帝身邊，萬一到中都結交朝官，對皇帝壓力太大。皇上說，你還是給我老老實實在地方待著吧。

皇帝不允許永中退休，但又特別不信任他，就要想招把伯父給幹掉。終於，皇上找到了一個藉口。鎬王的舅舅是世宗朝的宰相，已經故去多年了，他舅媽在自己家裏掛著鎬王母親的肖像，經常焚香禱告，希望鎬王有朝一日能得天下。此舉被人告發，一場大獄掀起。鎬王的舅媽，前朝宰相的夫人就被處死了。但是這個事怎麼也連累不到鎬王身上，又不是鎬王讓她掛畫像祈禱的。但是章宗皇帝對這件事不肯作罷，讓鎬王府的屬官調查，鎬王平時有沒有什麼不軌的言論。屬官就說，當然有，鎬王的兩個兒子經常在背後說陛下的壞話，我都記本兒上了，某年某月某日老大說了什麼，某年某月某日老二又說了什麼。皇上一看記錄，眼睛一亮，鎬王說過這麼一句話，將來我得天下，我的兒子們都是大王。這足以證明永中要叛亂！皇上下旨，鎬王賜死，兩個多嘴的兒子斬首。

大臣們都驚了，宰相完顏守貞等人紛紛上表，鎬王罪不至死。第一，他這些話是在什麼語境下說的？要是喝高了說這麼兩句也可以理解，畢竟他憋了一肚子氣嘛。第二，他只是有言論，沒有行動啊。不像鄭王，聽騙子一忽悠，真的到處結交，準備招兵買馬要造反。所以鎬王罪不當死。章宗皇帝說，誰給鎬王求情，誰跟鎬王一塊兒去。為了此事，連宰相完顏守貞（金初名相、創制女真文字的完顏希尹的孫子），都被貶到濟南做地方官去了，這輩子再也沒能返回中央。大家一看就不敢說話了，於是鎬王賜死，倆兒子被殺掉。好在鎬王不像鄭王被滿門抄斬，因為他畢竟沒有行動，只有言論。章宗下旨，鎬王府的人丁一律圈禁，孤男寡女不得婚配。女的甭管長到多大都不許嫁人，男的不許娶親，等你們老死，後代就沒有了，這一支自己就完了。這個禁令一直到金亡前夕才解除。

可見，皇家沒有什麼骨肉親情，皇上感到叔父、伯父威脅到自己帝位了，就都要把他們殺掉。因此，世宗其他的兒子們，就得表現出百分之百的恭順，百分之百的窩囊，百分之百的沒本事，皇帝侄兒才能放心。章宗皇帝死後，把皇位傳給他的一個最窩囊的叔叔，成為後來金國滅亡的一個重要原因。

孤月日邊明

金章宗殺害叔伯、排除異己的做法雖然鞏固了自己的帝位，但也使宗室開始離心離德，削弱了金國的內部實力，為金國的滅亡埋下了伏筆。不僅如此，金章宗還犯了一個很多帝王都會犯的錯誤，寵幸女色。那麼，又是怎樣一個女子，竟然讓這樣一個還算清明的皇帝也開始犯糊塗了呢？

看一個王朝是否走向滅亡，有幾種徵兆，其中一個是女寵，皇帝寵幸女色，不理朝政；

再有，寵幸奸佞；還有宦官當權。章宗朝的時候，這幾點其實都已經具備了，他跟自己的元妃李師兒感情非常好，從而造就了元妃一黨把持朝政的局面。

李師兒是漢族人，出身微賤，因為父親犯罪牽連，所以沒入宮監，做宮監戶。宮監戶相當於皇室的奴隸，但地位比奴隸高點，比平民又低點，在皇宮裏從事一些粗重的勞動。世宗大定末年，因為皇宮裏面人手太少，不夠使了，所以世宗皇帝下令，宮監戶的女子，如果相貌端莊的，入宮學習，當宮女，做宮廷服務員，李師兒就是在這個時候入宮學習的。她特別聰明好學，讀書識字過目不忘。那個時候，老師教導宮女，雙方是不能見面的，男女授受不親。老師教的這些女學生，不知道將來誰就變成娘娘了，所以雙方要隔著一層紗簾，老師朦朦朧朧地能看見下面坐著一堆人，具體啥長相是看不清的。如果學生有不認識的字，也只能是隔著簾子問老師，第二頁第三行第四個字我不認得，老師看一眼教材再給她講。老師感覺到在座的有一個女孩，學什麼會什麼，記性特別好，而且聲音特別清亮，非常好聽，所以對這個女孩留下了深刻的印象。

有一天章宗皇帝來視察，宮女們在底下學習，他不可能一個一個過去握手，就只能問老師這些宮女裏面有沒有特別出眾的。老師說有一個，臣也沒見過，但是知道她才思敏捷，出口成章，過目不忘，而且嗓音特別好聽。章宗一聽很來興趣，一見之下，驚為天人，模樣這麼好看，學問底子這麼厚，嗓音還這麼好聽。皇帝說，你甭幹宮女了，君前陪王伴駕吧，李師兒就做了嬪妃。李師兒這個人不但學問底子深厚，而且社會經驗極其豐富，八面玲瓏。

因為她是從出身微賤的宮監戶裏選拔出來的，她爸爸是個死囚，家庭出身卑微，一步登天變成了皇帝的寵妃，她要不是那種八面玲瓏、各方面都能討好、人脈很廣的一個人，怎麼可能熬到這一步呢？李師兒特別對皇上的脾氣，章宗皇帝文人性情，整天琢磨字畫、詩詞，所以跟李師兒非常投契，感情很好。北京北海公園的瓊華島就是金章宗時代營建的行宮。有一次他跟李師兒在島上賞月，倆人席地而坐，章宗皇帝就隨口吟了一個上聯：二人土上坐。乍一聽這上聯真土，但實際上暗藏玄機，「坐」字不就是二人在土上嗎？所以這上聯是合成一個字的，聽著挺土，實際上是很難對的，下聯也得頭幾個字最後要合成一個字。結果皇上剛說完，李師兒馬上就接：孤月日邊明。一個日一個月不就湊成「明」了嗎？而且這句比「二人土上坐」還有文采，既對仗工整，又很好地拍了皇上的馬屁。您是天子，所以您是紅太陽，妾妃我只不過是月亮，藉著您我才能發光。皇上一聽，我朝開國將近百年，有一個嬪妃這麼有學問嗎？他對李師兒更愛得不得了了。

有一次，皇宮裏開宴會，章宗看到擺出來的酒器都是瑪瑙玉器，金鑲寶石，這些器物珍玩是當年靖康之變後從北宋皇宮裏抄出來的。皇上心裏就有點彆扭，玩物喪志啊，這都是亡國之君用的東西，咱們開宴會用這個，不太好吧？其實章宗很喜歡這些東西，文人嘛，跟宋徽宗一樣，喜歡珍貴的器玩，但他覺得列祖列宗都沒捨得拿出來用，尤其祖父那麼注重節儉，我用這東西不太合適吧？在他沉吟的時候，李師兒在旁邊接話，陛下啊，玩物喪志，責任在人，不在物，這個東西是沒有錯的。你要是明君聖主，就是用這個東西，國家也照樣強大。你要是昏暴之主，用什麼都得亡國。這主要跟國君有關，跟東西沒有關係。陛下聖天子在朝，您就用這個也沒事，這就是北宋皇帝造好了給咱用的。這話一說，章宗樂得每個汗毛孔都張開了，我是聖天子，我可以用這些！我本來就喜歡這東西，現在一點心理負擔都沒有了，敞開了用吧。以後宴會上金器、玉器、瑪瑙就全上了。

經童做相，監婢為妃

李師兒的美麗聰慧和八面玲瓏讓金章宗開心不已，如果僅僅如此，可能也不是什麼大的問題，但是隨著金章宗對李師兒的寵幸逐漸升級，李師兒似乎也不滿足於此了。那麼，他們又做了哪些事情讓事態越發惡化，甚至影響到了一個國家的命運呢？

章宗皇帝把李師兒奉若掌上明珠，章宗還沒繼位時，正妻就死了，皇上繼位後一直沒有冊立皇后，因此就想把李師兒立為皇后。這一下，朝廷裏可就炸了營了。金朝的皇后必須得是女真人，而且只跟烏古論氏、裴滿氏等這幾大部族的人通婚。李師兒不是女真人，出身又那麼微賤，囚犯的女兒，焉能立后？群臣群起抗議，章宗架不住壓力太大，就沒有冊立她為皇后，但是封為元妃，而且章宗不立皇后，元妃的地位實際上就相當於皇后了。

皇上不但對李師兒百般恩愛，對她的家族也大加賞賜。李師兒的父親是一個死囚，被追贈金紫光祿大夫，封隴西郡公。金紫光祿大夫是數一數二的高官階了，而且還封了個郡公，郡公是公爵的第二級。元妃的兩個兄弟，一個叫李喜兒，改名叫李仁惠，封三品宣徽使，安國軍節度使；另一個叫李鐵哥，改名叫李仁願，封少府監，近侍局使。這些官職級別雖然不高，但是屬於天子近臣。中國古代的皇權跟臣權之間的對峙，有一個特別有意思的現象，就是皇帝最擅長用小官管大官，用內朝官管外朝官。皇上派自己的私人助理、祕書去監督朝臣，達到互相牽制的目的。這個原來叫喜兒的李仁惠，經常代表皇帝到前線去勞軍。每一次他出去，皇帝都給他一堆空白的任命狀，告訴他，三品以下官員你有任命的權力。他本來是一個死囚的兒子，連大名都沒有的這麼一個人，一朝權在手，便把令來行。他也就是三品官，但可以任命三品以下的官員。李仁惠拿到皇帝的特權之後，有一次在邊境地區勞軍，他一個人就任命了一萬一千個官員，賞賜給前線白銀二十萬兩、綢緞五萬匹、錢三十二萬貫，回來就讓國庫給開支。誰知道這些東西他是賞賜給前線了，還是裝自己兜兒裏了？

畢竟李氏家族出身寒微，在朝廷裏面沒有什麼根基，所以元妃希望在朝廷裏面找到奧援，一塊兒合作，有財大家發。很快，就找著一個，此人叫胥持國，平章政事，相當於副宰相，經童出身。經童是金代科舉考試最低的一級，只有十三歲以下的人可以考，相當於現在小學畢業。但是章宗皇帝當年在東宮的時候他就跟著章宗，從龍舊臣，一步步升到了平章政事。他也有缺憾，知道自己學歷不高，甭管是進士出身的，還是軍功的大臣都看不上我，文不能提筆，武不能拿槍，就跟元妃李師兒勾結在一起了。物以類聚，人以群分，一個出身寒微，一個學歷不高，當時人稱「經童做相，監婢為妃」。小學畢業的人當宰相，宮監戶出身奴婢的做妃子，他們在一塊兒除了結黨營私、賣官鬻爵，幹不了別的。朝廷上下烏煙瘴氣，朝政日非。

「小人就是你」

李氏家族把持朝政，把金國內政搞得烏煙瘴氣，這樣的行為必然會引起很多大臣的不滿。面對大臣的譴責和憤怒情緒，金章宗又會有什麼反應呢？

大臣們對於李氏一黨專權都很不滿意。有一次章宗皇帝駕臨偏殿，跟大臣們在一起讀史，君臣們討論漢高祖跟漢光武帝誰偉大。在一般人看來，肯定是漢高祖偉大呀，沒有漢高祖就沒有漢朝四百年江山。所以大臣們很快得出結論，高祖劉邦橫刀立馬，血戰沙場，創立漢室，為子孫建千秋基業，是漢代最傑出的皇帝，章宗皇帝也點頭稱是。這時候，宰相徒單鎰站起來說，臣不同意這個看法，漢光武帝比漢高祖偉大。光武帝起兵於危難之中，再造漢室，興滅繼絕，而且勤於朝政，三十多年不近酒色。他不像漢高祖，小人乍富，當了皇帝之後就聲色犬馬，寵信戚夫人，朝政大亂，致使諸呂篡權。宰相說得口沫飛濺，皇上臉上是紅一陣白一陣。你指桑罵槐，當朕聽不出來嗎？你不就說我寵信李妃嗎？當然，皇上畢竟是文人，修養很高，雖然心裏很不痛快，但並不發作。宰相罵完，一看皇上沒反應，很失落，皇上心胸真不錯啊，裝沒聽懂。不久，有個御史給皇上上表，親賢臣，遠小人，陛下一定要疏遠小人，朝政才能清明。皇上看了這封奏疏之後，不知道是真糊塗還是裝糊塗，讓我遠小人？我朝都是君子啊，沒有小人。朕得問問誰是小人。你派誰去問不好？偏派李喜兒（李仁惠）去問，因為喜兒是宣徽使嘛。喜兒，去給朕問問這個御史，他說的小人是誰？李仁惠大大咧咧地就來了，天子近臣嘛，走路都橫著。他見了御史就問，皇上讓我問問你，誰是小人？御史回答，就是你！然後，御史拽著喜兒就到皇帝跟前來了。您不是跟我裝糊塗嗎？我把小人給您揪來了，就是他，你一定要遠離他。皇上臉上又是紅一陣白一陣。喜兒你怎麼搞的？怎麼把能得罪的人全給得罪了？但儘管如此，皇上也沒有處罰喜兒。

本來經過海陵王時代濫殺宗室，宗室們就已經凋零了，活下來的經過鄭王、鎬王兩案，也都夾著尾巴做人，宗室子弟大多變成幾百年後女真人再入關建立清朝後的八旗子弟似的，出色的就不多了。漢族的大臣又大多數是文官，女真帝國的軍事實力迅速滑向衰落。

蒙古崛起

一個王朝的建立從來都不是一天完成的，它的毀滅也不可能是一夕之間的事情，這其中會有很多內部和外部的原因。就在金國的軍事實力開始走向衰落的時候，北方草原的蒙古族開始強大起來並對金國造成了巨大的威脅。

金國軍事實力滑向衰落的時候，北方草原興起一個強大的部族，不斷騷擾金國的邊疆，這個部族就是蒙古。蒙古族原來叫蒙兀室韋，蒙古只是室韋人當中的一部，因為後來蒙古部統一了整個草原，所以就把草原上所有的民族都稱為蒙古族了。

最早室韋人最強大的部落是兩部，一個是塔塔爾部，一個是弘吉剌部，這兩個部落強大起來之後，不斷騷擾金國的邊疆。在金熙宗朝，就曾經派兵討伐過塔塔爾人，當時領兵的大將就是金國第一名將完顏宗弼。據南宋史籍記載，完顏宗弼討伐韃靼人（塔塔爾人），一次就調用八萬神臂弓手，可見戰爭打得很艱苦。但是游牧民族在草原上來無影去無蹤，不像宋軍似的，跟你列好了陣，堂而皇之地打。他可不懂那一套，能打贏就打一陣子，打不贏就跑，跑了你還找不找他。打到最後，完顏宗弼建議朝廷跟韃靼人議和，不但不打了，還把克魯倫河下游的土地都割讓給了韃靼人，作為他們的牧場，並把邊界上七十二個城堡也讓給了韃靼人，你們願意留著就留著，不願意留著就拆了在那兒放馬，金軍的防線就從蒙古高原退到了大興安嶺。蒙古高原根本防不勝防，曾經費了那麼大勁，花了那麼多錢挖成界壕，修上碉堡，一年不到，來場龍捲風填平了。沒辦法，再挖吧，半年不到又填平了。那個地方沒法修築防禦工事，就是修了也沒用，長城哪次擋住北方的騎兵了？萬里長城萬里長，你到處布兵，人家集中兵力，攥成拳頭隨便捅個口子就衝過來了。所以修界壕徒費民力、物力。

到了章宗朝，由於國家承平日久，跟宋朝四十多年都沒打仗了，武功衰落，韃靼不斷地南下騷擾。當時的元老、太傅徒單克寧對此事非常揪心，他跟章宗皇帝講，國家「承平日久，今之猛安謀克其材武已不及前輩，萬一有警，使誰禦之？習辭藝，忘武備，於國弗便」（《金史．徒單克寧傳》）。現在猛安謀克的武藝跟前輩可沒法比了，陛下整天讓他們讀書認字，拜孔子，習詞藝，上不了馬，拉不開弓，現在北方草原興起強大的部族對我們虎視眈眈啊，猛安謀克都不會打仗，國家可怎麼辦啊？章宗皇帝下旨，讓猛安謀克習武。前面講過，世宗朝就習武變成遊戲，演習變成演戲了，女真帝國的武備逐漸荒疏了。再加上這個時候黃河決堤氾濫，四年淹一回，章宗皇帝治理黃河，動用民夫高達六百零八萬人。金朝極盛的時候人口五千萬，全國九分之一的人去治理黃河，財政收入的大部投入到治河、救災當中，無力對付北方。在這種情況下，北方民族就更加強盛。章宗繼位的那一年，西元一一八九年，鐵木真已經當了蒙古部的可汗，因為當時蒙古草原最強大的部落是塔塔爾和弘吉剌，所以鐵木真當可汗，對金並沒有什麼大的觸動。

黃河水患稍輕之後，金軍開始北伐。北伐先後三次，派的都是金朝名將，第一次是左丞相夾谷清臣；第二次是右丞相完顏襄，金朝末年最後的文武雙全的名將；第三次是宗室完顏宗浩。完顏襄在第二次北伐塔塔爾部的時候，鐵木真率軍配合，還得到了金朝的封號。當時完顏襄也沒把這個二十多歲的年輕人放在眼裏，只給了他一個小官。二次北伐勝利，北部邊疆安定下來了，塔塔爾部、弘吉剌部遭到了毀滅性的打擊。但是，在平塔塔爾、弘吉剌的過程中，蒙古部崛起，等於金朝為日後最強大的仇敵統一草原掃清了障礙。這個危害已經有大臣看出來了，當時有遠見的大臣跟金章宗講：「宋主怠於政事，南兵佻弱，兩淮兵後千里蕭條……不足憂也。唯北方當勞聖慮耳。」（《金史・王維翰傳》）宋朝皇帝怠於政事，不理朝政，宋軍戰鬥力弱，不經打，兩淮地區大仗之後千里蕭條，所以南方不用擔心；但是北方聖上就得考慮一下了，北方民族野火燒不盡，春風吹又生，咱雖然把他打跑了，但是殺不絕嘛。中原王朝的北伐不可能徹底擊敗北方民族，因為沒法佔領草原，把他們趕盡殺絕。你一走他就來，去而復來，周而復始，所以此事當勞聖慮。可惜當時的章宗皇帝面臨著更棘手的問題，沒把大臣的話聽進去，因為南方又出事了，南宋主動出兵北伐金國。

南宋為什麼在這個時候要出兵北伐金國呢？說起來因為南宋也出了一位姓李的皇后，很多事都是她惹起來的。

十八

開禧北伐

南宋開禧二年（1206年），宋朝結束了和金國長達四十年的友好協定，
出兵北伐，為什麼宋朝會選擇在這個時期撕毀和平協定和金國開戰呢？
難道宋朝這一次有了什麼必勝的把握了嗎？
而一向驍勇善戰的金國面對宋朝的種種挑釁行為又是什麼樣的態度呢？
這一次北伐，宋朝能夠取勝嗎？

金章宗跟北方韃靼打仗，好不容易把韃靼平定了，沒想到按下葫蘆起了瓢，南邊又出事了。宋朝背盟，北伐金國，宋金兩國停息了四十多年的戰火重新燃起。

宋朝這個時候為什麼要討伐金國呢？宋高宗趙構禪位給兒子孝宗，自己做太上皇，日子過得有滋有味，這太上皇一當就當了好幾十年，終於去世了。孝宗皇帝此時已是年過半百了，好不容易熬到太上皇歸天，按說自己應該施展拳腳大幹一番了。沒想到，他也做太上皇了，我爸爸不幹了，我也不幹了，禪位形成了慣例。這是為什麼呢？

一來是傷心過度。孝宗就是一個普通孩子，閒散宗室，跟一般老百姓沒甚區別，雖說是宋太祖八世孫，但太祖皇帝八世孫有多少，數都數不過來。因為被高宗收為養子，一步登天，得以成為人君，所以孝宗對高宗極盡孝養之能事。他太熱愛自己的父親了，父親八十一歲高齡去世，在中國古代皇帝中絕對是長壽的。孝宗因父親去世，傷心過度，倦怠政事，就想頤養天年了。

再有一個重要原因是金世宗死後，孫子章宗繼位，宋孝宗得管章宗叫叔叔，這讓他受不了。我要管金世宗叫叔叔，可能年齡差距不是太大，我認了。我現在年過半百，將近花甲，管一個二十多歲小夥子叫叔，我又不是石敬瑭，哪能那麼不要臉？所以這皇上我不幹了，我不受這種羞辱。禪位！孝宗把皇位傳給了自己的兒子，也就是南宋第三代皇帝光宗。沒想到，光宗真是傷透了老人家的心，孝宗皇帝死後連廟號都是孝宗，天下至孝之人，可惜有其父未必有其子，老子英雄，兒子未必好漢。孝宗生的這個兒子荒淫好色，不孝到了極點。光宗娶了一位姓李的皇后，叫李鳳娘，她是一個地方節度使的女兒，跋扈軍頭的閨女。這個軍頭跟一個妖道關係甚好，這妖道不知怎的就妖到太上皇宋高宗身邊去了。可能退休的太上皇最希望自己長生不老吧，道士就教他怎麼煉丹長生之類的。太上皇對這個老道言聽計從。老道跟太上皇說，現在太子是不是還沒有選妃啊？我的一個好朋友是咱大宋的節度使，級別很高，門當戶對，他的閨女可好了，我從小看著長大的，應該選入宮做太子妃。高宗和孝宗就面試了一下，通過了，李鳳娘入宮做了太子妃。李鳳娘一入宮，高宗、孝宗父子倆後悔得腸子都青了，怎麼把這麼個東西弄進宮裏來？高宗經常大怒，我上了妖道的當了，被他所誤，致有今日。李鳳娘為人善妒、刻薄，脾氣暴躁，從小是大小姐嘛，軍頭家裏長大的，對下人非打即罵。孝宗皇帝就跟李鳳娘講，你要再這麼跋扈嫉妒，當心我廢了你。當時李鳳娘不說什麼，您是皇上，我老公還沒繼位呢，您說廢了我就能把我廢了，您等著瞧。您總有閉眼的一天吧，我先忍著。沒想到老公公這麼識趣，還沒閉眼呢，皇上就不幹了，提前退休了。

老公公一退休，光宗接班了，李鳳娘可就不把退休的孝宗皇帝放在眼裏了。孝宗皇帝一看自己的兒子不孝，又弄這麼個兒媳婦，得了，已經鑄成大錯，讓他繼了位，兒媳婦又這樣，皇位傳到他這一輩就行了，他們倆就別再往下傳了。孝宗就想立光宗的侄子做太子。光宗跟李鳳娘只有嘉王趙擴一個兒子，他們覺得兩口子就這麼一個孩子，這孩子肯定是太子，將來承繼大統，沒想到太上皇不願意立嘉王，而要立光宗的侄子。李鳳娘闖進太上皇居住的重華宮大吵大鬧，我是你們趙家明媒正娶回來的，是從午朝門抬進來的，我的兒子怎麼了？

有什麼錯？為什麼不能立為太子啊？你都退休了，少干預朝政。她指著公公鼻子劈頭蓋臉一通罵，然後轉身走了。孝宗躺在床上掬氣，抽搐。李鳳娘回來就跟自己的丈夫光宗講，你爸太壞了，他不讓咱兒子接班。光宗肯定也不願意把皇位傳給侄子啊，他當然希望傳給自己的親兒子。一聽這話，父子關係就有了裂痕，以後這個裂縫越來越大。

光宗身體不好，沉迷於酒色，孝宗疼愛兒子，遍訪名醫，配製了名貴的藥丸，派人給他送去。李鳳娘說不能吃，你爸爸要毒死你，她把這藥丸不知道是給狗吃了還是給太監吃了，狗或者太監立刻毒發而死。這肯定是李鳳娘在藥丸上動了手腳，可能抹了一層砒霜。光宗連想都不待想的，我爸真要毒死我？從此父子之間形同水火，再不見面了。孝宗非常傷心，我乃是天下至孝之人，怎麼生了這麼一個兒子？

光宗皇帝身體本來就不好，李鳳娘還老刺激他。皇上有一次洗手，一個宮女端著盆跪在地上舉過頭頂，伺候皇上洗手。皇上看宮女相貌出眾，就問了兩句，哪年生的、進宮多長時間了之類的。因為皇后在旁邊，皇上知道皇后心眼小，也沒法再往下一步發展，就稱讚這個宮女的手長得好看，細白嫩肉，然後皇上就去上朝了。晚膳的時候，太監捧著一個食盒進來，說皇后知道皇上身體虛，給您做一道新菜，請您嘗嘗。皇上還挺高興，一掀食盒就看見一雙手，斷腕之處還有血絲滲出來，皇上「咕咚」就暈過去了。他本來身體就不好，一看這血里呼啦的場面，能不暈過去嗎？你不是稱讚宮女的手好看嗎？皇后給您送來了。

皇后還有一次趁著皇上去行禮的機會，把皇上最寵愛的黃貴妃活活給掐死了。她報告說，黃貴妃得病，突然薨了。皇上一聽說貴妃薨了，趕緊回宮，貴妃已經成殮進棺材了。皇上很悲痛，我就行個禮的工夫，愛妃怎麼就薨了，都沒見上最後一面。皇上下令開棺，看她最後一面，別人不敢攔著。棺蓋一打開，一看愛妃眼珠子往外鼓，舌頭在外邊耷拉著，明顯是被掐死的嘛，皇上又暈過去了。皇上這次一暈過去，出事了，他本來可能就有隱性的精神疾病，受了兩次嚴重刺激，變成了顯性的了。史籍記載：「帝既聞貴妃卒，又值此變，震懼增疾，自是不視朝，政事多決於后。」（《續資治通鑑》卷一百五十二）皇上上不了朝了，精神病了怎麼上朝？南宋第三代皇帝變成了瘋子，朝政就由皇后決定了，跟金國的李師兒一樣。但李師兒干政還得靠著皇帝，李鳳娘直接決定朝政了。李鳳娘把南宋朝廷搞得烏煙瘴氣，她家往上三代都追封為王爵。只有皇帝的兄弟、叔伯、子侄才能封王，異姓不王，她是外戚，卻三代追封王爵，家廟的衛兵比皇上太廟的衛兵都多。李氏子弟入朝為官的二百多人，把持朝政。

千古荒唐

現在宋朝也出了一位李皇后，比起金國的那位元妃李師兒，這位李皇后可謂有過之而無不及，而且在她的影響和控制下，宋光宗竟然幹出了一件前無古人後無來者的荒唐事來……

由於大臣們老看不見皇上，皇后不能告訴大臣皇上瘋了，是被我嚇的，那還了得？她只能說皇上有病，最近身子骨比較弱，一弱就弱了這麼多年。大臣就猜疑，皇上還在不在啊？再怎麼弱總得出來見兩面吧？而且皇上從來不去朝拜太上皇。大宋朝以仁孝治天下，太上皇在重華宮，你永遠都不去朝見他，這個也不合適吧？大臣們就奏請皇上，您出來，讓我們看看，您還好嗎？皇上還真出來了。大臣們一看，皇上氣色還不錯，可能不犯病的時候跟正常人一樣，加之不上朝了，心裏想的事也少了，看不出有毛病來。大臣們又請求皇上去見一見太上皇，尤其是那一年的重陽節，太上皇在宮裏都擺好酒宴了，就等著皇上去呢。皇上也確實想去。

大臣們都排好了隊等著皇上領著去給太上皇行禮，鑾駕都準備好了，正要出發的時候，皇后出現了。她一把就把皇上揪回來，這麼冷的天你在這兒站著幹什麼？走，咱回屋喝酒去。大臣們呼啦全跪在地上痛哭流涕，有的大臣叩頭把腦袋都磕破了，血流滿面。皇上不能走，您一定要帶著我們進宮去見太上皇，不能寒了太上皇的心，不能寒了文武大臣的心。甚至有一個文官，抱著皇上的腿不讓皇上走，因為宋朝不殺士大夫，所以他有這個膽兒。這是什麼地方？你個書呆子不想活了？皇后伸手去推這個大臣，愣是把皇上弄走了。

太上皇在宮裏白等一場，重陽節，兒子也沒來，鬱悶之下就病倒了，而且病情越來越重。太上皇病重，這不是醫生能治得好的，因為他是想兒子想的。大臣們幾次叩請光宗皇帝去探望太上皇，全都被李皇后給攔住了，太上皇在彌留之際仍然沒有見到自己的兒子。最後，大臣們沒有辦法了，就去求光宗的兒子嘉王趙擴，你一定要去，你爸爸去不了，你替你爸爸去看看你爺爺去。嘉王總算在太上皇臨死前進宮見了爺爺一面。孝宗皇帝到死也沒見到自己的兒子，但是總算見到了親孫子。等孫子一走，太上皇就駕崩了，時年六十八歲。

孝宗氣悶歸天，按說此時光宗幹的事已經出格到頂點了，大臣們的憤怒也已經達到頂點了。你這樣的人做皇帝，把大宋朝的臉都丟盡了，祖宗二百年江山社稷沒出過你這樣的皇帝。沒想到還有更出格的事呢，光宗拒絕出席父親的葬禮！太上皇駕崩，應該是國喪大禮，作為孝子光宗得去主持葬禮，但是他不出面。甭說在宋朝，五千年的中華文明史上都沒有過這樣的事。壞人我們見過，這麼壞的沒見過。大臣們只好請皇上的奶奶，也就是高宗皇帝的皇后，這個時候是太皇太后的吳氏出面，主持喪禮。老太太很長壽，因為她比高宗皇帝年輕很多，高宗歸天的時候，她大概五六十歲，此時還健在。皇上最終也沒出面。

逼宮退位

宋光宗竟然拒絕主持和出席自己父親的葬禮，這樣大逆不道的事情在以禮義仁孝為治國理念的國度裏，簡直已經到了無法容忍的地步。現在大臣們認為宋光宗已經不適合做皇帝了，他們開始策劃讓宋光宗禪位，可是他們又有什麼辦法讓根本沒有禪位想法的宋光宗主動禪位呢？

大臣們就開始在底下串聯，串聯完了寫個摺子送上去了，跟光宗皇帝講，您不是身體不太好嗎？最近情緒也不太好，為了您的龍體要緊，不如您退下去頤養天年，讓嘉王來承繼大統。皇上提起筆在奏疏上批了倆字：甚好。他想拖著，你們不是給我出了個主意嗎？我也不能拒絕。因為說得合情合理，皇上身體不好，可以退位。而且在宋朝歷史上，徽宗、高宗、孝宗都是退位的，有祖宗成法，退位也不過分。我沒法把你們臭罵、打板子，只得批了倆字，但是我拖著不辦。大臣不管你辦不辦，你批了「甚好」就證明皇上準備退位了，那麼我們就操作這件事，於情於理於法都說得過去了。大臣們就開始張羅讓光宗退位，嘉王繼統。

這件事得有人出來主持，誰夠份兒讓皇上退位？皇后不行，也不能讓嘉王主持，那成了逼宮了。而太皇太后可以讓自己的孫子退位，讓曾孫繼位，所以大家就想請吳老太太來主持這件事。但老太太久居深宮，輕易不見大臣，誰能把這話給遞上去呢？最後找到了一個人，老太太的外甥韓侂胄，北宋名臣韓琦的後人。大家就拜託韓侂胄，韓大人，您進宮求見你姨，把這事說一下，讓老太太出面主持。韓侂胄進宮之後就跟姨媽說了這事，大臣們覺得當今聖上龍體欠安，如果能退處閒宮，頤養天年，讓嘉王繼統，對朝政有好處。老太太說這事我可管不著，我是后妃，不干預朝政，這事你別跟我說，請回吧。韓侂胄只好退下，大臣們圍著他問，韓大人，太皇太后怎麼示下？韓大人很羞慚，說我姨把我給轟出來了。這不行，您還得回去說。韓侂胄沒轍，又回來了。這回他姨不見他了。如此幾次，太皇太后都不見他，韓侂胄急得頭髮都白了。這邊大臣們催得緊，那邊我姨又不見我。

又有一次，韓侂胄去找他姨，被拒絕了之後，他在相當於後宮的傳達室裏長吁短歎。這時候，有一個宦官跟他寒暄，韓大人，您什麼事這麼發愁啊？韓侂胄一肚子委屈，看到宦官，可算見著親人了，就把這事一五一十跟他說了。沒想到這宦官責任感很強，韓爺您放心，這事包我身上了。宦官進宮，見到老太后之後，跪下就哭。他跟太后講，現在宰相已經辭官不做了，樞密使也準備辭官，咱朝中沒人了。老太太一聽就傻了，怎麼回事，為什麼宰執都不幹了？這個宦官就說：「今定大計而不獲命，勢不得不去！將如天下何？」（**《續資治通鑑》卷一百五十三**）現在大臣都在醞釀，讓皇上禪位，嘉王繼統，可是太皇太后您不出來主持大局，所以這些大臣嚇得不敢當差了，不得不走。如果現在樞密院的趙汝愚趙知院再走了的話，朝中無人，天下事就不可為了。老太太一聽，為了祖宗江山社稷考慮，不能讓大權旁落。她就吩咐那個宦官，你出去告訴韓侂胄，明天早朝的時候我出面主持禪讓的事。這個宦官就趕緊飛奔出來告訴韓侂胄，老太太答應了，明天早朝的時候她主持內禪。韓侂胄立刻遍告朝臣，朝臣們非常滿意。韓爺您還是有本事，幸虧老太太是您姨，多虧了您，沒有您的話，遊說不動老太太。韓侂胄也不會說這事不是我辦的，是宦官辦的。他說，沒錯！多虧了在下，我是內禪首功！要不是因為我說動了我姨，這事就成不了。

第二天早朝，老太太出來了，在深宮好幾十年沒見人了。光宗皇帝壓根不知道自己已經禪位了，因為他不像高宗、孝宗主動禪位，他是被迫的，實際上是太皇太后跟群臣聯合起來逼宮。知院趙汝愚，還有韓侂胄帶著一幫大臣就擁到了嘉王趙擴的府第。龍袍都已經提前做好了，到那兒不由分說，大家就給趙擴穿上了。你父皇已經退位，你趕緊繼位當皇帝吧。嘉王一看，這不行啊，他明白，這是你們霸王硬上弓，我爹沒有退位的意思，你們非要讓我做皇帝，我要背上不孝之名了。大臣們心說，你再不孝有你爸爸不孝嗎？怕什麼呢？趙汝愚就勸說：「天子當以安社稷、定國家為孝，今中外人人憂亂，萬一變生，置太上皇何地？」（《宋史．趙汝愚傳》）天子安社稷、定國家，這就是孝。現在天下人人憂亂，萬一有變故，置太上皇於何地啊？這時候已經把光宗說成是太上皇了，國家亂了，罪過就是太上皇的，你更不孝，所以你必須要當皇帝，你沒有選擇了，這是你的義務。大臣們也不管嘉王趙擴同不同意，皇袍已經穿上了，簇擁到大殿登基，禮成。嘉王趙擴承繼宋朝大統，這就是南宋的第四代皇帝宋寧宗。光宗成了太上皇，瘋叫了幾年就去世了。李皇后很鬱悶，皇后變成了太后了，不能干政了，整天老公在邊兒上瘋叫喚著，所以很快也去世了。宋朝的朝政安定了下來。

南宋挑釁

隨著宋光宗成為太上皇，李鳳娘也成了太后，不能干預朝政了，似乎一切又回到了正常的軌道，可是又一個意想不到的事情發生了，韓侂胄竟然提出要和金國開戰。那麼韓侂胄為什麼會提出這樣的建議呢？他的提議會得到宋寧宗的支持嗎？

擁立寧宗，韓侂胄厥功至偉，官拜相位，尊為太師。這時候有的大臣不服了，說他以外戚的身分居宰相、拜太師，此非江山社稷之福。外戚干政是一大忌諱。親貴、外戚、宦官，這三類人不能干預朝政。怎麼辦？韓侂胄要讓大家看看，我內能安邦，外能定國。他認為我最好跟金國打一仗，把他打敗了，收復失地，就體現出我能安邦定國之能了。這個時候他為什麼敢跟金國打仗呢？因為宋使每年都要出使金國，回來之後跟韓侂胄講，金國可慘了，黃河幾年一氾濫，淹得北方都沒模樣了，到處是災民，流離失所。金國的錢除了用來治黃河，就是用來跟北邊韃靼打仗，國力衰弱。而且這些宋使碰到的金國漢人也說：「時金北鄙韃靼等部所擾，無歲不興師討伐，兵連禍結，士卒塗炭，府庫空匱，國勢日弱，群盜峰起，民不堪命。」（《宋史紀事本末》卷八十三）韓侂胄覺得，機會來了，是自己大顯身手的時候了。柿子揀軟的捏，金國強大，完顏宗弼當元帥的時候不能打，現在他慘到這份兒上了，可以打了。南宋的主戰派大臣們也紛紛上疏，比如大文豪辛棄疾，入朝來勸韓侂胄：「夷狄必亂必亡，願付之元老大臣，務為倉猝可以應變之計。」（《建炎以來朝野雜記》）金國肯定要完蛋，咱趕緊整軍經武，把金國消滅了。韓侂胄被大家這麼一忽悠，氣勢就上來了，不但他的氣勢上來了，連宋朝出使金國的使臣腰桿都硬了。

宋使出使金國的時候，回來一路上要有金國的館伴使相送。到了兩國邊界，宋使跟金國的館伴使爭下車處，吵起來了。這時候的宋使可就不像原來那樣忍氣吞聲了，調門高八度，跟金國使臣講，你國為北國韃靼所困，竟然還敢跟我爭下車處，惹惱我們大宋，我們兩面夾擊滅了你，你信不信？金國使臣回去跟章宗皇帝講，現在宋朝調門越來越高，其意不善，咱們要做準備。章宗不願意開邊釁，給了使臣幾棍子，不許胡說，多嘴。金國的使臣到了宋朝，也看出來了，宋朝到處整軍經武，打造戰船，購買戰馬，積攢糧餉，爐火熊熊，刀槍盔甲叮叮噹噹。所以金使回去之後跟章宗皇帝講，宋朝真的不懷好意，臣所到之處屢見他們擴軍備戰。章宗皇帝說，你挑釁，影響兩國友好大局，敲了這個使臣五十板子，以後不許入朝為官了，貶到地方做官去吧。此時的章宗皇帝還真是希望兩國和好，因為北邊在跟韃靼打仗，中原內地黃河氾濫，不願意再招惹南方的鄰居。南宋的膽兒就更壯了，調門就更高了。我這麼挑釁，他都不敢把我怎麼著，這是多好的現象啊！看來你真的是弱了，你也有今天啊？

向宋示好

金國此時因為國內形勢和北方蒙古的戰爭而不想和宋朝開戰，因此對宋朝的挑釁一再退讓，這樣一來韓侂胄的底氣反而更足了。但打仗是需要各方面準備的，包括軍隊、糧草等，那麼這一次宋朝真的準備好和金國開戰了嗎？

宋朝的備戰在幾方面做了工作，輿論上準備得很充分：削奪秦檜的爵位，把他的墓碑推倒，謚號改為謬丑。追封岳飛為鄂王，史籍記載：「飛先已賜謚武穆，至是，韓侂胄欲風勵諸將，故追封之。」（《宋史紀事本末》卷八十三）本來岳飛就已經謚武穆了，韓侂胄為了激勵諸將，追封岳飛為鄂王。輿論上的準備做了，財政上的準備也做了，宋朝很有錢，就是沒做軍事上的準備。滿朝都是文官，你指著誰打仗？宋朝四十多年沒打仗了，文恬武嬉，陸游當年就寫詩：「和戎詔下十五年，將軍不戰空臨邊。朱門沉沉按歌舞，廄馬肥死弓斷弦。」（《關山月》）意思是十五年都沒打仗了，馬廄裏養的馬整天也不遛，都肥死了，弓弦都斷了。在這種情況下想訓練出一支生力軍來，太難了，難於上青天。金軍再怎麼弱，也老跟北方韃靼打仗，與強敵經常打仗，能鍛鍊出強悍的隊伍，更不得了的是造就一批名將，比如僕散揆、完顏襄、完顏宗浩。找遍宋朝，也找不著這樣的名將。

韓侂胄也知道，我朝沒有名將怎麼跟金國幹仗呢？我得翻翻武將的花名冊，找找名將，別說，還真找著一個人——吳曦，吳璘的孫子。當年在川陝戰場上大敗金軍的就是吳玠、吳璘兄弟倆。吳璘打敗了金國之後一直鎮守蜀地，吳璘死後，兒子吳挺接班，鎮守蜀地。朝廷一看，這成了一股割據勢力了，吳家子孫世守蜀地，這哪成啊？群臣建議朝廷，吳挺死後，切不可再讓他的後人入蜀為將。所以吳曦在父親去世之後就被調到了中央，擔任殿前副都指揮使，相當於禁軍的副司令，但是有名無實，不在基層帶兵了。吳曦覺得京城很鬱悶，不如他在家鄉蜀地要風得風、要雨得雨，是一方諸侯。但是吳曦腦子活，花重金賄賂韓侂胄左右的親信。這些親信就跟韓侂胄建言，吳曦可用，兩代將門之後，是我朝現在唯一能用的大將。韓侂胄一聽，就放虎歸山，讓吳曦回蜀地練兵，封他為都統制。吳曦一回去，就在南宋最困難的時候倒戈了。所以，南宋什麼措施都準備好了，輿論的、財政的，只忽視了一點，就是軍事的，恰恰最重要的一點。但南宋興兵北伐的風聲已經傳出去了。

金章宗召集文武大臣問計，南宋要北伐，大家議議，怎麼對付？大臣們就跟章宗皇帝講，不可能，南宋久弱，跟咱們打了那麼多仗，哪次他佔著便宜了？陛下放心，他不會真的出兵北伐。只有宗室完顏匡，也是一員名將，表示：「彼置忠義保捷軍，取先世開寶、天禧紀元，豈忘中國者哉！」（《續資治通鑒》卷一百五十七）宋朝人建立了一支部隊，叫忠義保捷軍，年號取先世開寶天禧的紀元，用太祖太宗時候的年號，證明他不忘中國，這個中國指的是中原，想恢復中原。金章宗也感到不得不備兵了，派平章僕散揆在汴京建立行省，駐兵以備萬一。章宗皇帝一再約束金國的部隊，不許越境。當時南宋的部隊頻繁越境挑釁，但是章宗皇帝講，南宋的部隊越境挑釁，咱們打不還手，罵不還口，跟他講理，一定不要背盟生事，「南北和好四十餘年，民不知兵，不可」（《續資治通鑒》卷一百五十七）。他還告訴金國的使臣，以後你們再去宋朝，對於住什麼地方、在哪兒下船、在哪兒下車、接待規格怎麼樣，咱都不挑了，只要別把宋朝惹毛了就行。但是宋軍頻繁越境抄掠，也不是大部隊，幾百上千人，有的時候萬把來人，深入金境，搶一通就撤。這種事一而再，再而三，連強烈抗議都抗議不過來。章宗皇帝覺得，要跟宋朝皇帝說幾句掏心窩子的話。南北和好四十多年了，民不知兵，咱別幹這事了，這有什麼勁啊？你衝過來搶點東西走了，我不理你，你蹬著鼻子上臉，又過來了。《金史・章宗本紀》記載，當宋使來金國賀正旦的時候，等宋使要回國時，金章宗特意賜宴，跟宋朝的使臣講：「大定初，世宗許宋世為侄國，朕遵守至今。」

我爺爺允許你們國家當我侄兒，我一直遵守。「豈意爾國屢有盜賊犯我邊境，以此遣大臣宣撫河南。」沒想到你們國家老侵犯我國邊境，朕不得已，派僕散揆宣撫河南，就是為了防備你們的。「及得爾國公移。……朕即罷司。」你們國家來了公文，告訴我，說那是強盜越境，我一看是強盜，不是你們官軍所為，我就罷了大兵了。「未幾，盜賊甚於前日。……朕惟和好歲久，委曲涵容，恐侄宋皇帝或未詳知。……卿等歸國，當以朕意具言之汝主。」沒想到你們國家沒完沒了，我覺得兩國和好這麼多年不容易，所以我忍受委屈，牙掉了我往肚裏吞，沒跟你們一般見識。但是我這番苦心不知道我侄子知道不知道，你回國之後跟我侄兒說一聲，他叔跟他說幾句掏心窩子的話，讓他別來勁了。

回國之後，這位使臣把這些話一五一十跟韓侂胄、宋寧宗說了，宋朝君臣一聽，金國皇帝這是軟到家了，太好了。韓侂胄一想，這麼一個軟柿子讓我捏巴捏巴，大勝之後，我的太師地位鞏固，加官晉爵。他就把金章宗的一番好意拋到腦後去了。

宋軍北伐

金章宗的示好並沒有讓宋寧宗和韓侂胄打消開戰的念頭，相反宋朝君臣卻以為金國因為害怕宋朝才如此示好，因此北伐之心更甚。那麼，接下來又發生了什麼事情讓兩國的關係徹底破裂了呢？

這個時候金國使臣來給宋朝皇帝遞國書。按照原來雙方和議，受書禮的規定，金使站著遞交國書，宋朝皇帝要站起來接，表示兩個人的地位平等。當金國使臣捧著國書，進了宋朝大殿，站在那兒等著宋寧宗起立接國書的時候，宋朝的大臣衝上來一把把國書搶走了，遞給太監，由太監遞給了宋寧宗，宋寧宗坐著把國書接了過來。這一下金國使臣眼冒金星了，因為他沒防備，他要有防備，可以死攥著不給。這一下國書被搶走了，宋朝皇帝在那兒坐著接，金國的使臣有辱使命。他正在眼冒金星，恨得跟什麼似的時候，宋朝大臣又喊：「躬身立。」這一喊更把金國的使臣給惹惱了，為什麼呢？章宗的父親叫完顏允恭，當然是恭敬的恭，你雖然喊的是鞠躬的躬，可是兩個字同音啊，犯了金國的避諱，所以金使憤然回國。兩國的友好關係就破裂了。

兩國友好關係破裂之後，宋朝正式出兵北伐金國。消息傳來，舉國鼓舞歡蹈，年近八十的陸游老爺子，興奮得賦詩一首：「中原蝗旱胡運衰，王師北伐方傳詔。一聞戰鼓意氣生，猶能為國平燕趙。」（《老馬行》）別看我八十歲了，如果國家用我，我照樣能收復中原。宋軍一開始進兵很順利，搶過來好幾個州縣，所以老爺子也很高興。老爺子興奮勁兒還沒過去，消息傳來，宋軍大敗，金兵九路反攻，宋朝的君臣一下就傻了眼了。而金國也不希望這個仗打得太大了，因為北邊有韃靼，中原有黃河，府庫空虛。所以打了一段時間之後雙方都希望議和，但是雙方議和的條件相差太遠，談不攏，和議遲遲未能達成。最後到底因為什麼達成了和議呢？

十九

人頭交易

南宋宰相韓侂胄伐金失利後，
金國提出要取韓侂胄的項上人頭，作為與宋議和的條件。
那麼，韓侂胄聽到這個消息後，會作何反應？
他要怎樣做才能保住自己的腦袋？
而當時的南宋朝廷，會把當朝首輔的腦袋交給金國嗎？

南宋宰相韓侂胄為了樹個人權威，趁著金國衰弱，興師北伐，沒想到宋軍一出兵就領略到刀是鐵打的了，很快敗下陣來。

實際上，金章宗並不願意跟南宋大打出手，金朝並不具備滅亡南宋的實力，不過是以戰迫和罷了。所以金軍猛攻一陣子，就稍微消停一下，看看宋朝的反應，宋朝沒什麼反應，就再給他一下子。宋朝在接二連三沉重的軍事打擊下，很快做出了反應，遣使去跟金國疏通，對不起，我們錯了，我們不懂事，這事有沒有挽回的餘地？

這個時候金國的調門可就高了，早幹嘛來著？開戰之前我求你，現在可就是你求我了，金國自信滿滿，我打不過關張，還打不過劉備嗎？我跟北國打仗費勁，打你跟玩兒似的。

恰在此時，被韓侂胄寄予厚望的守蜀大將吳曦，幹了一件讓宋朝傷心絕望到頂點的事——他要降金了。吳曦覺得宋朝猜忌他，不讓他鎮守蜀地，所以暗中聯絡金國，準備割據蜀地做土皇帝。金章宗大喜過望，這個地方本來也不是我的，大金打了多少年都沒打進去，現在居然唾手而得。金廷冊封吳曦為蜀王，讓他世守蜀地。南宋出兵北伐後，吳曦一直在蜀地按兵不動，並且公開召集屬下的官員宣布獨立。大金已經答應冊封我為蜀王，我以蜀地歸降大金，各位跟著我，將來都不失公侯之位。他的死黨一聽，一致同意，跟誰幹不是幹啊？哪兒發工資跟哪兒幹唄，咱們跟著「王爺」，吃香的喝辣的。

吳曦手下也有人不願意歸降，特別是文臣。有人厲聲指責吳曦，如此行事，相公您八十餘年忠孝門戶，掃蕩殆盡。你們家祖孫三代是宋臣，朝廷對你們家不薄啊，你的祖父、伯祖父，開府建節，世受國恩，你這麼幹，對得起你的父祖嗎？吳曦說你如果不願意跟著幹，有兩條路可以選擇，第一條路，自殺，第二條路，跑跑。勸他的宋朝官員想，我還是跑吧，活著總比死了強吧。當時吳曦只是蜀地的副統帥，統帥是個文臣，叫程松。程松的為人跟他的名字一樣，很鬆，大草包一個，一聽說吳曦反了，上馬就跑，然後下馬換船。程松跑到半道被吳曦截住了，嚇得魂飛魄散。吳曦的使者來了之後，對他挺客氣，我們大帥聽說您要回家，送了點東西，請您收下。大草包程松把箱子掀開一看，全是金元寶。吳曦還挺念舊，你跑了，沒給我搗亂，給你點好處。程松逃入了宋境，一抹冷汗，摸摸腦袋還在，可算是逃出生天了。

吳曦命令自己的部下剃髮左衽，歸降金國。頭髮剃了，梳上金國的辮子，漢族的衣服是右衽，現在要歸降金國，所以按少數民族的習俗改為左衽。蜀地不保，韓侂胄愁得鬚髮皆白，整天唉聲歎氣。誰跟我說金國好打來著？沒想到這一打真不是那麼回事，他一介文官，不懂兵事，上不了戰場，不知道怎麼辦。韓侂胄把原來攛掇他出兵的那幾個親信貶到外地，做給金人看，我也是被奸人蒙蔽的。他們這幾個人，整天告訴我，要出兵，你看我把他們貶了，您就高抬貴手，別計較了。但是金國人揪住不放，要談和可以，答應我三個條件，語氣很強硬：

第一個條件，割地。

第二個條件，稱臣。

第三個條件，獻首禍之人。

我可以跟你談判，但是第一你得割地，原來兩國以淮水為界，現在要以長江為界。第二你要稱臣，因為紹興和議時你就是臣嘛，後來你不稱臣稱侄，現在你還要稱臣。另外，把韓侂胄的腦袋給我們，我們要審判戰犯，追究戰爭責任。韓侂胄犯有發動戰爭罪、反人類罪，我要抓首禍。

人頭籌碼

南宋宰相韓侂胄，伐金失利後，繼而轉向與金議和，可沒想到金國卻提出三項苛刻要求，其中還要以韓侂胄的項上人頭作為議和條件。那麼，韓侂胄會如何回應金國人提出的這些條件呢？

韓侂胄肯定不能答應，哪個條件他也作不了主，要他腦袋他倒是能作主，但他不幹啊！所以他就派人去跟金國一而再，再而三地談：我們出兵是因為太師被奸人蒙蔽，我們本來沒想打你們，現在太師已經把那幾個奸人流放了。您得饒人處且饒人，這事到這兒就完了，打下去對雙方都沒有好處。

金國元帥僕散揆聞言大怒，你們宋朝誰作主啊？是被流放的那幾個人作主，還是韓侂胄作主？他堂堂的太師、平章政事，有沒有腦子，幾個人一忽悠，他就跟我們開戰？必須得把他給我送來，這個事沒得談。有一個宋朝大臣就向朝廷建議，既然金國這麼恨韓侂冑，不如咱們假裝把韓侂冑給撤了，以後朝廷發布的所有文告，不要出現韓侂冑的官銜和名字。這樣，也許金國人就忍了。金國人忍沒忍不知道，韓侂冑不能忍，老夫一心為國，憑什麼不寫我的官銜和名字，憑什麼把我撤了？韓侂冑把出主意的人給撤職了。你不是說不寫我名字嗎？我先不寫你名字。

宋使跟金國人幾番往還，要求先就地停戰，慢慢談根本解決之道。我們答應交納今年的歲幣，另外從金國逃到我們這兒的人，我們給你送回去。僕散揆見宋朝有點行動了，當然這只是一個開始，就把戰線穩定下來了，金軍不再進一步進軍了。實際上金國人也已經是強弩之末了，這時候雙方實力基本相當，就看誰的談判技巧更高超，誰就能在談判桌上爭取到更多的利益。

七十四義士舉事

金國人一定要取韓侂冑首級，否則議和免談。就在宋金雙方談判僵持不下的時候，已經投降金國的吳曦又給了南宋致命一擊。那麼，吳曦做了一件什麼事呢？

在蜀地稱王的吳曦表示，為了效忠我的新祖國大金，我準備率十萬大軍，沿江而下，夾擊宋朝。金國人不習水戰，如果吳曦的部隊出川配合金軍，後果不堪設想。吳曦在自己的駐地興州修宮殿，置百官，辟僚屬，關起門來當皇上，並且準備在成都建新宮，以後遷都過去。金章宗已經派人帶著詔書、璽印去冊封吳曦了。

吳曦做偽蜀王，覺得手下都是老粗不行，得有文士，如果那些讀書明理有氣節的人為我所用，我更有面子。於是吳曦派人遍訪川中名士，川中名士不甘心從賊附逆，又不敢反抗，能跑的跑了，剩下就是裝死裝瘋和裝病的。

吳曦的手下出去轉了一圈，回來報告說名士有跑了的，有死了的，有瘋了的，還有病了的，您看怎麼辦？吳曦說，跑了和死了的咱沒轍，瘋了的好像也沒轍，也不知道他啥時候能好。至於病了的，你上他們家，守在他病床前，他總得有病好的一天。他只要不病死，一定讓他出來為我所用。吳曦特別看重的一個人叫安丙，原來是程松屬下，大安軍的知軍。宋朝地方行政分路、州、縣三級，跟州平級的單位，還有軍和監。大安軍知軍，相當於知州級別。安丙沒來得及逃跑，被吳曦看上了，吳曦就讓他做丞相長史，就是偽蜀的丞相。安丙既不敢拒絕，又不肯附逆，整天在家裝病，躲過一天是一天。但是裝病也不是個法子，吳曦派人在他們家門口一天二十四小時候著，有種您別出來。甚至三天兩頭，花籃果籃拿過來探望。安丙惶然無計，這躲到哪天是個頭啊？

危急時刻，一位扭轉乾坤的大英雄出現了，此人叫楊巨源，在宋朝只是一個八九品的小官，但是滄海橫流方顯英雄本色。大官全跑了，大草包程松拿著叛徒給的金元寶跑了，二號人物投降準備輔佐偽蜀王，名士們跑的跑、藏的藏，只有楊巨源這個時候去聯絡吳曦手下的將領，準備光復大宋山河。但蛇無頭不行，鳥無頭不飛，他們就也找到了安丙。安丙畢竟原來是知軍，吳曦又任命他為偽蜀的丞相，是偽蜀政府的二號人物，如果他振臂一呼，蜀地雲集回應，大事可成。楊巨源不辭冒昧，來找安丙，跟安丙講，咱們生是宋臣死是宋鬼，你應該起來行動，恢復宋室江山。安丙是文人，只會痛哭，現在兵將不聽我的，我沒辦法，若滅此賊，非得有豪傑相助不可。楊巨源捋著鬍子哈哈大笑，豪傑來了，就在您面前，不是豪傑我不來找你。楊巨源又跟安丙講，您就掛一個名，當個顧問。反正一般顧問也沒人顧沒人問，我們就借您這個名，您只需要振臂一呼，衝鋒陷陣的事，巨源我來。楊巨源又去聯絡吳曦手下的大將李好義，光聽這名字，就不是個一般人，急公好義。楊巨源對他說，我有寧宗皇帝密詔，誅殺此賊，恢復宋室江山，你我都是社稷中興的大功臣。李好義本來也不甘心從賊附逆，一聽楊巨源有皇帝密詔，也不管是真的假的，行，我跟你一塊兒幹。楊巨源、李好義聯絡義士，湊了七十四個人，就舉事了。

七十四個義士進攻吳曦的住地，偽蜀王宮。吳曦做夢也沒想到變生肘腋，禍起蕭牆。他覺得宋朝軍隊一敗塗地，我的新祖國大金節節勝利，我在這兒太平極了，我這一畝三分地上能有什麼事啊？所以偽王宮宮門洞開，也沒什麼警衛。七十四個義士就衝進來了，其實不是衝進來，是大搖大擺走進來的。但是畢竟偽王宮裏邊有千餘護兵，義士只有七十多個人，眾寡懸殊。李好義大喊：「奉朝廷密詔，安長史為宣撫。今我誅反賊，敢抗者，夷其族！」（《宋史．李好義傳》）我有皇帝密詔，奉安長史做四川的宣撫使，來誅殺反賊，誰要敢抵抗我，滅你三族。其實他就是虛張聲勢，嚷嚷一下。他只有七十多人，人家一千多人，如果這些護兵真動起手來，結果很難預料。但是偽王宮裏面的護衛軍，好多也不願意投降金國。他們想，我們都是蜀地人，這是我的家鄉，我不能保衛家鄉，不能保全父老，朝廷養兵千日，現在一開戰主帥就帶著我們投降，死了都沒臉見祖宗。護兵聽李好義這麼講，再看楊巨源手裏拿著一紙詔書，也不知道是不是真的詔書，總不能對抗朝廷做反賊啊。所以李好義這麼一嚷，偽宮的守兵扔下槍全跑了。在沒有任何抵抗的情況下，七十四位義士就殺到了吳曦的寢宮。吳曦在寢宮裏聽見外面的響動了，左右說有人殺進來了，吳曦趕緊跳起來，但滿屋找不著一把刀。因為他沒想到會這種事發生，練武的時候，佩刀放在講武堂，沒事把刀帶進臥室裏幹什麼？吳曦只好開門衝出去。他一露面，一位義士衝上前來，迎面一刀奔吳曦就砍過來了。吳曦畢竟是將門虎子，身手了得，把這一刀躲過，撲上去把砍他的軍士壓在身下，兩人在地上翻滾。李好義命令自己的手下剁吳曦一斧子。手下手持長斧，衝過去照準吳曦，「咣」就一斧子，吳曦負痛，就鬆開了手，被李好義一刀斬落首級。吳曦做了四十一天偽蜀王，死的時候四十多歲。義士們拿著吳曦的人頭示眾，然後貼出安民告示，讓大家不要驚慌。「軍民拜舞，歡聲動天地。持曦首，撫定城中，市不改肆。」（《宋史．李好義傳》）這樣一來，蜀地就安定下來。老百姓興高采烈，又做宋朝的子民了。

蜀地安定之後，朝廷以安丙為四川的宣撫副使，主持政務，讓李好義、楊巨源領兵。李、楊二人跟安丙講，此時應該反攻，收復當初吳曦喪失的土地。四川的宋軍遂開始反攻，原來吳曦故意讓給金國的很多地方，就被收了回來。

為腦袋而戰

平息了吳曦的叛亂，南宋朝廷算是長吁一口氣，終於剷除了隱患。接下來南宋在對金態度上，還是採取以和為貴的做法，並且派出使臣前去議和。那麼，金國會對此持有什麼樣的態度呢？

金國一看宋朝使臣來了，為了嚇唬他，派士兵手持利刃把宋使圍在中間，讓他答應五件事，「反俘，歸幣，縛送首謀，稱藩，割地」（《宋史・方信孺傳》）。宋朝要稱臣，割地，送首禍之人，賠償金國的軍費，送還金軍俘虜和從金國逃過去的人，答應這五件事方能談和。宋使方信孺不屈，金國將領只好把他關起來。章宗皇帝跟金國將領講，兩國談和為目的，你扣住人家使臣沒有意義。談判總得進行，你扣住使臣怎麼談？趕緊把宋使放回，讓他跟宋朝朝廷轉告咱們的條件。於是方信孺被放回國，韓侂胄問他金國人都提什麼條件了，方信孺言：「敵所欲者五事：割兩淮一，增歲幣二，犒軍三，索歸正等人四，其五不敢言。」

（《宋史．方信孺傳》）第五件事我不敢說。韓侂胄都急瘋了，連催你快說啊！方信孺緩緩說，金國人想要您腦袋。韓侂胄立時大怒，「奪三秩，臨江軍居住」（《宋史．方信孺傳》），把方信孺貶出朝廷。

韓侂胄行事大為乖張。你想，是金國人要你腦袋，又不是方信孺要你腦袋，他從金朝歷盡千辛萬苦，九死一生地回來，卻落得這麼個下場，以後誰還敢為朝廷出力啊？韓侂胄就憑「要您腦袋」這一條件，堅決不答應和金國議和，要跟金國打到底。這時候，他不是為面子而戰，而是為腦袋而戰了。韓侂胄一股邪火，收拾殘兵敗將，指示四川備戰，在兩淮地區招募新兵。他起用辛棄疾為樞密院都承旨，你不是最愛打仗嗎？整天告訴我要北伐，好，既然你如此知兵，讓你顯顯本事。辛老先生接到詔令，激動不已，一闋《破陣子》一揮而就：「醉裏挑燈看劍，夢回吹角連營。八百里分麾下炙，五十弦翻塞外聲，沙場秋點兵。馬作的盧飛快，弓如霹靂弦驚。了卻君王天下事，贏得生前身後名，可憐白髮生。」我都這歲數了，剛當上翰林院都承旨，可憐白髮生。其實對於辛棄疾來講，幸虧白髮生，為什麼呢？他沒等到任就死了，如果不死的話，戰事一起，辛棄疾百分之百是個替罪羊。

韓侂胄很懊喪，我好不容易起用一員名將，沒等赴任就去世了。這怎麼辦呢？

楊皇后假旨殺韓

韓侂冑為了保住自己的腦袋，決定再次伐金，可是手中卻無一員戰將可用，而此時金國人的態度非常強硬，如果不把韓侂冑的腦袋送來，堅決不議和。那麼韓侂冑要想保住自己的腦袋，他該怎麼做呢？

韓侂冑為了保住自己的腦袋，一方面跟金討價還價，另一方面祕密整軍經武，準備抗金。宋朝其他大臣們一看這個形勢，心想金國要的是韓侂冑的腦袋，又沒要咱的腦袋，犯得著咱這一票人跟他一塊玩完嗎？禮部侍郎史彌遠覬覦相位已久，就進宮啟奏宋寧宗，乾脆把老韓的腦袋給金國得了。沒了誰，咱大宋不都照樣是大宋嘛！寧宗皇帝當然不答應了，長久以來，他一直把韓侂冑視若臂膀，而且寧宗能夠登基繼統，韓侂冑厥功至偉，恩將仇報的事不能幹。

見皇帝不答應，史彌遠就去找楊皇后，跟他講要除掉韓侂冑。正好楊皇后也想除掉韓侂冑。因為韓侂冑是宋高宗吳皇后的外甥，是高宗那輩的外戚，現在已經是寧宗朝了，楊皇后想起用自己人執掌朝政。老外戚不去，新外戚怎麼掌朝啊？所以在楊皇后眼裏，韓侂冑就是眼中釘、肉中刺，必欲除之而後快。楊皇后先讓寧宗的兒子去遊說寧宗，沒能成功。楊皇后一看，得了，甭跟皇上費這勁兒了，我自己寫道聖旨吧，「殺韓侂冑」這四個字我也會寫。

於是皇后草擬御札，要除掉韓侂胄，交給了一位大臣。這個大臣原先一直巴結韓侂胄，因為一點事不和，倆人翻臉了，從此痛恨韓侂胄。一看有皇帝要殺韓侂胄的御札，大臣非常高興，也不管御札是真是假，反正天塌了有個兒高的頂著。他拿著御札，就來找禁軍的大將，說天子有命，殺韓侂胄。大將一聽，既然有君命，敢不效死？大將也不管御札是真是假，只要有皇命殺韓侂胄，那咱就殺，管他這命令是誰下的呢。

第二天，韓侂胄要上朝，他的一個親信跑來跟他講，太師，今天有人要害你。韓侂胄哈哈大笑，想害我的人還沒生出來，誰敢？然後，他就乘轎入宮了。到了宮門口，韓侂胄就被擋住了。禁軍將領厲聲大喝，皇上有旨，罷韓太師平章事，立刻出城。韓侂胄一聽就急了，一掀轎簾衝出來了，皇上有旨，我怎麼不知道？皇上要有聖旨，得跟我商量。前面講過，聖旨不是皇上自己寫的，由翰林學士承旨，韓侂胄作為太師、平章政事，不可能不知道。禁軍將領一看，韓侂胄不奉詔（當然這個詔是偽詔），向左右將士使個眼色，將士們衝上來，鐵鞭齊下，就把韓侂胄活活給打死了。

韓侂胄被打死之後，首級砍下。金國人不是要他的腦袋嗎？趕緊趁熱乎給金國人送去。韓侂胄被殺三天以後，寧宗皇帝才知道這件事。怎麼韓太師老不上朝啊？大臣們回答說韓太師已經兩半了，腦袋被快遞到金國了。寧宗皇帝大吃一驚，這是宮廷政變啊。楊皇后主導，史彌遠脅從，皇后跟禮部侍郎勾結把宰相給害死了。但是既然宰相已經死了，總不能為此再把皇后廢了吧？寧宗只好默認，他說，這個權奸，朕早就想殺他了。

嘉定和議

南宋朝廷為了與金交好，不惜將本朝首輔大臣的腦袋奉送給金國，那麼韓侂胄的腦袋送到金國之後，宋金之間真的會捐棄前嫌、和諧共處嗎？一顆腦袋真的就能讓雙方息事寧人嗎？

韓侂胄的腦袋送往金國。金國沒想到宋朝居然真把太師的腦袋給送來了，本以為這個條件，宋朝絕不會答應。這個條件你不答應的話，我在別的地方找補點。比如我要求把韓侂胄腦袋送過來，賠款一千萬，你說韓侂胄腦袋不能給，賠款加五百萬，這就是一個討價還價的砝碼。誰想到宋朝這麼實在，真把韓侂胄的腦袋送來了，我要他一個腦袋有什麼用，這顆腦袋值多少錢啊？金國人被弄得不好意思了。

而且宋朝的降疏，言辭卑下：「本朝與大國通好以來，譬如一家叔侄，本自協和，不幸奴婢交鬥其間，遂成嫌間。」（《金史．完顏匡傳》）咱們本來挺好，是我們家奴才太壞，挑撥我跟我叔叔的關係。「一旦猶子幡然改悟，斥逐奴隸，引咎謝過，則前日之嫌便可銷釋，奚必較錙銖毫末，反傷骨肉之恩乎？」（《金史．完顏匡傳》）現在我把奴才弄死了，咱這事就過去了吧，前日之嫌就瓦解冰消了，叔叔您何必仨瓜倆棗的跟侄兒算呢，咱還跟以前一樣好吧？

金章宗確實也很大度，我侄兒既然把太師的腦袋都給我送來了，這事咱甭跟他一般見識了。地不用割了，雙方維持以淮水大散關為界；原來我要一千萬兩白銀的賠款，現在打三折，三百萬就夠了；逃到你那兒去的大金國民和我軍戰俘，你給我送回來就行了；最後一點，我由你叔叔晉升為你大爺了。這次和議，就是宋金歷史上有名的「嘉定和議」，宋金變成了伯侄之國。

韓侂冑的腦袋被送到金國，宋朝人覺得這件事屈辱到了極點，把本國首相的腦袋給敵人送過去，一個國家連大臣都不能保護，何況一般百姓？當時有太學生寫詩嘲諷這件事：「自古和戎有大權，未聞函首可安邊。生靈肝腦空塗地，祖父冤仇共戴天。晁錯已誅終叛漢，於期未遣尚存燕。廟堂自謂萬全策，卻恐防邊未必然。」（《宋稗類鈔・誅讁》）這裏用了兩個典故，一個是漢景帝誅晁錯，七國照樣叛亂；另外一個是荊軻刺秦王時，要拿著逃到燕國的秦國大將樊於期的腦袋去，樊於期自殺，把腦袋給他了。自古以來，沒聽說過把本國大臣腦袋送過去，邊境就安寧的事。祖父冤仇應該是不共戴天，但是我們皇帝心胸比較寬闊，你覺得這麼做是萬全之策，只恐未必吧。

韓侂冑的腦袋到了金國之後，史籍記載：「彼中台諫交章言，侂冑之忠於本國，乃詔謚為忠繆侯，以禮祔葬其祖魏公塋側。」（《建炎以來朝野雜記》卷七）金國大臣跟金章宗講，韓侂冑是我國的敵人，但是他很忠於祖國，他現在被祖國親人害了，我們應該禮葬韓侂冑。金章宗下旨，封韓侂冑為忠繆侯，把他的首級安葬在他的祖先魏公韓琦的墓側。因為中原地區已經是金佔區了，所以韓琦的墳墓在金國境內。金國人以隆重的禮節安葬了韓侂冑這位頭號戰犯。章宗也挺壞的，以後每次宋使來到金國，章宗皇帝都下令，讓宋使去看看韓太師的墓，憑弔一番，每一個宋使都慚愧而回。金國多了一個旅遊景點。

雖然這場戰爭最後仍然是金佔了上風，雙方簽訂了和議，但章宗皇帝在位這些年，內憂外患，朝政動盪，所以皇上的身體就一天不如一天了。嘉定和議後不久，章宗皇帝就去世了。章宗去世之後，誰繼承了他的皇位呢？

二十

兵臨城下

完顏永濟當上了金國的第七代皇帝，
他在位期間，金國國力日漸衰退、朝政動盪。
此時，金國遭遇歷史上從未經歷的巨大危難，
那就是成吉思汗率領蒙古大軍，大舉進攻金國，金國都城危在旦夕。
那麼，金國將如何抵擋這場災難性的進攻呢？

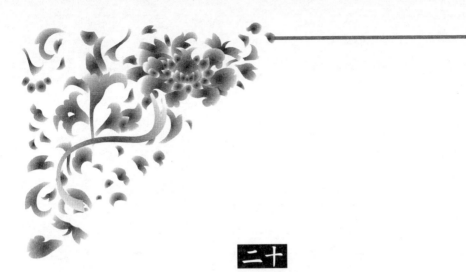

金章宗跟南宋簽訂了和議不久，身染重病，可能是肺部感染，咳嗽不止。章宗皇帝自知不久於人世，遂立下遺詔。他在位將近二十年，妃嬪甚多，但是沒有孩子。原來雖有妃嬪生育皇子，不幸都夭折了。章宗四十五歲那一年，他最寵愛的李元妃生了個兒子，章宗非常激動，孩子剛滿月，就封為王爵，大宴文武，準備將來讓這個孩子承繼大統。可惜，俗話說「偏疼不上色，好花不結果」，這孩子兩歲就夭折了。章宗皇帝臨終之前，一直沒有子嗣，皇位應該傳給誰呢？

此時李元妃也看出皇上要不行了，藉助皇上的寵愛，李氏一門才有今天的地位，她很擔心皇帝歸天，新主登基之後，對她還能不能像以前那樣。所以她就跟皇上講，宮裏現在兩位嬪妃已經有身孕了，有可能是男孩，您可能看不見了。她是想甭管這兩位嬪妃有身孕是真還是假，將來她用一個李氏的孩子來代替，以保證李氏一門的榮華富貴。章宗皇帝一聽這話，既悲且喜，悲的是自己撐不到倆孩子出生的那天了，喜的是自己有龍種留下來。

章宗皇帝起草了遺詔，讓李妃和丞相完顏匡兩個人執行，把皇位傳給他的叔叔衛王完顏永濟。這挺有意思，皇上沒有子嗣，皇位可以傳給兄弟，或者傳給侄子，都是往下傳的，兄終弟及，父死子繼，這可倒好，侄死叔繼。章宗為什麼要把皇位傳給叔叔呢？

道理很簡單。第一是叔叔比他歲數大，章宗覺得，我四十多歲歸天了，我叔叔比我歲數還大，人活七十古來稀，可能我叔叔在位沒幾年，也步我的後塵就去了，這樣能保證我的孩子繼位。如果傳給我的兄弟或者侄子輩，以後我這沒出生的孩子再繼位就難了。

第二是在章宗所有的叔叔裏邊，他認為衛王最窩囊、最無能。這樣，衛王就不會有那麼大的野心，能夠保證將來我沒出生的兩個孩子承繼大統。所以，章宗皇帝歸天之際，就把皇位傳給了他的叔叔衛王永濟。但等永濟一當上皇上，事情就不像章宗所想像的那樣發展了。

永濟當上皇上之後沒多久，就下詔處死了李妃。現在他是皇帝了，遺詔多少錢一斤啊？沒人拿它當回事了。有身孕的那兩位宮人，一個出家削髮為尼，一個被賜死。因為完顏匡祕密上奏衛王，說這倆人懷孕，有一個已經流產了，所以流產的宮人出家；另一個是詐稱懷孕，欺君之罪，大逆不道，所以賜死。可憐章宗皇帝一心想著自己的後代將來能夠承繼大統，希望落空了。衛王處理完李氏之後，把自己的兒子立為皇太子。李元妃的兩個兄弟又恢復了本名，喜兒、鐵哥，宣徽使、少府監也都甭幹了，恢復了宮監戶的身分，本來就是幹粗活兒的料，李氏一門算是被徹底掃蕩了。

章宗皇帝覺得衛王無能，才把皇位傳給了他。但據史籍記載，衛王「為人勤儉，慎惜名器，較其行事，中材不及者多矣」（《金史．賈益謙傳》）。他為人勤儉，很愛惜自己的名聲，看他的為人處世，不如他的人多了去了，起碼在天下人裏，得算個中上。只不過他有點背，在位的時候，遇到了非常大的麻煩事——蒙古人來了。

恩怨由來已久

完顏永濟從自己的侄子金章宗手中接過了金國的大權，成為了金國第七代皇帝，但是他繼位沒多久，成吉思汗就率領蒙古大軍攻金。那麼，成吉思汗為什麼會選擇這個時機進攻金國？要想找到這個問題的答案，還得讓我們先了解一下在歷史上，女真人和蒙古人之間都發生過哪些故事。

前面講過，蒙古人是蒙兀室韋諸部中的一部。蒙古人的崛起，大概在遼朝初年，成吉思汗十七世祖的時候。到成吉思汗曾祖時，金熙宗在位，蒙古部落已經很強大了。當時蒙古貌似恭順，給金進貢方物，牛羊肉、馬匹之類的，實際經常騷擾金的邊境，金對他們很不信任。金國絕對不允許蒙古使者進入金的國境，「於塞外受其禮幣而遣之，亦不令入境」（《蒙韃備錄》）。金國怕他們看到中原漢地的繁華富庶，產生覬覦上國的野心。我就在邊境上接受你的禮品，然後回賜你點禮物，你給我點牛肉乾、給我兩匹馬，我給你點瓶子、銀子、綢子，你們走吧，不許再來。蒙古人對中原漢地很好奇，你藏著什麼呢？裏面有什麼這麼好，還不讓我們看？

成吉思汗的曾祖合不勒汗的時候，蒙古勢力強大，不斷騷擾邊境，金熙宗派人征討，無功而返。金熙宗就想，乾脆把合不勒汗騙來幹掉吧。於是他派使者去見合不勒汗，邀請他在方便的時候訪問金國，合不勒汗愉快地接受了邀請。一般人覺得這蒙古大漢，傻呼呼沒心眼，其實不是那麼回事。他們雖然沒有文字，但是在狩獵過程中，摸索出來的兵法戰術超乎人的想像。合不勒汗來到上京之後，出席金熙宗主持的宴會，蒙古女真都是豪飲的民族，大罎大罎地喝酒。女真君臣們發現合不勒汗的酒量沒邊，跟喝水似的，一罎子酒接著一罎子酒，這怎麼回事啊？再能喝的人，也得有喝躺下的時候，你躺下我們好動手啊！怎麼老不躺下啊？實際上合不勒汗每一次飲下酒、吃完食物之後，都在嗓子眼裏攢著，不知道這功夫怎麼練的，然後他藉口去衛生間，全吐出來，回來接著跟你喝，喝完了出去吐。女真人以為他傻呼呼沒心眼，其實他多聰明，他怕酒肉中有毒，怕金國君臣毒殺他。而且他藉著酒勁，估計也是裝的，拽金熙宗的鬍子，金國大臣很生氣，要殺掉合不勒汗，揪皇上鬍子還了得啊？當時金熙宗可能心情不錯，覺得他挺好玩兒的，算了，別跟他一般見識，讓他走吧。合不勒汗酒醒了之後，嚇出一身冷汗來，我怎麼扯皇上鬍子呢，死罪死罪。皇上說，朕不跟你一般見識，你回草原吧。

合不勒汗返回蒙古草原途中，金熙宗後悔了，放虎歸山縛虎難啊，就派使者去追合不勒汗。使者說，皇上還有話跟你說，你再回來一趟。你當合不勒汗傻啊？他明白再回去就回不來了。使者苦苦相逼，合不勒汗就把金國的使者殺掉了。金熙宗遂大兵進討蒙古，蒙古人誘敵深入，用的都是打獵的那套法子。當金國大軍進入蒙古草原後，蒙古人沒影了，等金軍師老兵疲之際，蒙古騎兵四面出擊，幾仗下來都是金國軍隊大敗。當時正是金國國力鼎盛的時候，打南宋戰必勝，攻必取，但跟蒙古人打仗，多是無功而返。金國從此對蒙古草原採取守勢。

後來，成吉思汗的爺爺俺巴孩汗被塔塔爾部出賣，交給了金國，這也是金熙宗在位的時候。俺巴孩汗被金國人釘死在木驢上。在被處死之前，俺巴孩要自己的部眾發下誓言，你們即使五指磨光，十指磨傷，也要為我報仇。這樣，蒙古部跟金有了不共戴天的大仇。但是因為出賣俺巴孩汗的是塔塔爾人，所以蒙古部一開始是跟塔塔爾人過不去。塔塔爾人那時候也跟金國打仗，金軍三次北伐，徹底把塔塔爾人的勢力打敗了。金國打敗了塔塔爾人，實際上為鐵木真統一蒙古草原掃清了障礙。表面上看，當時對金國北方的威脅消除了，但實際上金國為自己樹立了一個更強大的對手。

一二〇六年，鐵木真在蒙古斡難河畔被蒙古貴族推舉為大汗，稱為成吉思汗。成吉思，有的說是大海的意思，有的說是擁有四海。他建立了大蒙古國，頒布法令，設立左右萬戶，蒙古已經由一個部落變成了一個國家，政權的規模雛形初具。這時候的成吉思汗對金國就有了一些新的想法，不再像以前那麼恭順了。

鐵木真稱汗之後，跟金國也有使者往還。有一個金國使者叫耶律阿海，是契丹人，父祖都在金朝做官，他奉旨出使蒙古部見到了成吉思汗，兩人一見如故，談得非常投契。耶律阿海跟成吉思汗講，金國現在驕奢淫逸，文恬武嬉，早晚必亡，如果大汗有高人一等的想法，現在是實現的最好機會。成吉思汗聽完一愣，一個金國使臣，跟我說這話是什麼意思？耶律阿海是契丹人，一百多年亡國喪家之痛，在這些契丹人的心裏熊熊燃燒著一股復仇的烈火。

現在蒙古草原上崛起這麼一個強大的部落，有可能滅掉金國為我報仇，所以很多契丹人投奔到成吉思汗的帳下。當時成吉思汗覺得耶律阿海是不是在試探自己，就沒接耶律阿海的話茬。他跟耶律阿海說，你要真有心輔佐我，就拿出行動來，別光在這兒空說。耶律阿海辭別成吉思汗回到金國。因為他精通蒙古事務，每一次去蒙古宣詔出使，金國都派他去。第二年再出使，耶律阿海把自己的弟弟帶來，留在成吉思汗那兒做人質，這樣成吉思汗對耶律阿海無比信任。耶律阿海把了解到的金國虛實都報告給了成吉思汗，後來自己也留在成吉思汗帳下不歸了。他使得成吉思汗對於金國內情瞭若指掌。成吉思汗就想親眼去看一看耶律阿海說的一切，耳聽為虛，眼見為實。他就以進貢為名，要求進入金的國境，去朝見天子。

當時的金國皇帝還是金章宗，章宗當然不能允許成吉思汗入境了，但既然你蒙古部落現在已經稱汗了，你的地位那麼高，我也得派一位高階的官員在邊境上迎接你。那麼他當時又是派誰去的呢？

成吉思汗伐金

成吉思汗為了探明金國的虛實，就以進貢為名，要求朝見金章宗。金章宗怕其中有詐，就派當時還是衛王的完顏永濟到邊境接受進貢。這也是完顏永濟和成吉思汗的第一次會面，雙方見面之後會發生什麼事情呢？

衛王永濟為人比較懦弱，成吉思汗對他也有所耳聞。但是衛王還要擺出一副天朝上國的架勢來，成吉思汗對永濟這種作派很看不上。當成吉思汗進大帳的時候，永濟因為歲數也不小了，精力不濟，正在閉目養神。成吉思汗一進來，先自報家門。他把手放胸前，微微一彎腰，說大蒙古成吉思汗，見過金國衛王。永濟閉著眼睛，連看都不看，就說平身、賜坐。周圍的官員捂著嘴偷偷樂，人都沒給你下跪，平什麼身、賜什麼座？永濟聽見笑聲才睜眼，你怎麼不下跪啊？成吉思汗哈哈大笑，我現在已經是蒙古草原之主，擁有四十萬戶，為什麼要給你下跪？他說完揚長而去，把永濟氣得鬍子亂翹。永濟回朝之後奏報金章宗，成吉思汗狼子野心，昭然若揭，乾脆，咱把他騙進關來殺掉。成吉思汗精明過人，到邊境看了一眼，就明白金國人想幹什麼了。你想讓我入境，我才不去呢，我要去了，就跟我的祖先俺巴孩汗一個下場了。

金章宗那個時候已經病重，根本沒有心情去理會成吉思汗的事，他的心思都在自己那兩個沒出生的孩子將來能不能繼位這件事上。章宗駕崩，衛王繼位，使臣到蒙古去傳詔，你的宗主國換主子了。使臣宣詔，要求成吉思汗跪接。成吉思汗當時正在打獵，就在河邊漫不經心地接待了金國的來使。金使捧出詔書要宣讀的時候，成吉思汗說，你先別讀了，新皇上是誰啊？說來我聽聽。金國使臣說皇帝駕崩了，讓他的叔王衛王永濟繼位。成吉思汗聽完，輕蔑地一笑說，我以為中原的皇帝是天上人才配做的，就永濟那樣的品相，也配做皇帝？他說完之後上馬揚長而去，把金使扔在當場，詔書也不接了。你們金國沒人了？挑這種人做皇帝？使臣回去覆命，說成吉思汗拒接詔書，衛王大怒，反了他了！果然，成吉思汗真反了。西元一二一一年，也就是衛王繼位後的第三年，成吉思汗率領大軍由草原上的汪古部做先導，越過陰山，開始向金國發動了猛烈的進攻。

汪古部游牧於陰山，受中原文明的影響，比草原其他部落都大。遼金兩朝都把汪古部看作是邊疆的防備力量，倚為長城，以夷治夷。金朝對汪古部非常放心，陰山一帶的防務就交給了汪古。金軍防備蒙古，主要駐守遼東，從原來遼的上京臨潢府，到遼寧、吉林一線設防。而正北方向，基本上沒有什麼防守，交給汪古部就放心了，沒想到汪古部跟成吉思汗聯繫在一起。成吉思汗大軍越過沙漠，來到汪古部的時候，汪古部根本就不抵抗，允許成吉思汗在此放牧駐馬。而且汪古部給蒙古人做先導，引導成吉思汗的大軍殺入了金國國境，很快就突破了金國邊境上的防線。金國邊境的防線一被突破，衛王就著急了，怎麼搞的？連草原上這些未開化的野蠻人，咱都打不過嗎？金國調集了四十萬大軍，在野狐嶺跟成吉思汗的部隊決戰，蒙古人遊騎四出，個個擊破。金國打了敗仗，幾十萬大軍稀里嘩啦地撤了下來。今天的宣化、張北地區，相繼被蒙古軍攻克，蒙軍離中都只有一百八十里了。金國西京留守胡沙虎，也可以算一員驍勇善戰的大將，聽說蒙古軍打來，把西京留給自己的副將，領著七千騎兵就跑了，這七千騎兵是要給他護衛保鏢的。他一口氣跑到中都附近，向衛王奏報，我軍打不過蒙古人，西京已經丟了。

衛王大吃一驚，剛一開仗，西京就丟了。衛王急忙下令，調集重兵反攻。

死守紫荊關

成吉思汗聽說金國的新任皇帝居然是那個無能的完顏永濟，認為伐金的時機已到，於是他就率軍大舉進攻金國，一口氣就打到了金國的都城附近。金國都城危在旦夕，完顏永濟倉皇調集部隊準備反攻，但是成吉思汗卻突然撤軍了，這又是為什麼呢？

蒙古人撤軍的原因主要是：第一，我只想試探一下金國的虛實，我試探出來了，很虛，不實。幾十萬大軍都不是我的對手。第二，我想搶點東西、弄點戰利品，弄夠了，我要把這些戰利品帶回蒙古老家，現在士卒、戰馬都很疲憊，也需要時間休整。所以蒙古軍退回去了。

蒙古軍一退，金國君臣長出了一口氣，這幫天殺的，可走了。沒等氣喘勻，蒙古人又來了。因為我試探了你的虛實，你很虛，不打你沒有天理；我雖然拿走了一些東西，但是回到蒙古老營一分配，有缺口，不夠分，於是蒙古大軍再度南下。

蒙古人順著上次的來路，進軍神速，很快就打到了紫荊關。紫荊關跟中都近在咫尺，紫荊關一丟，中都不保。金軍把鐵水化開，澆鑄城門，百里之內地上遍布「鐵蒺藜」，讓蒙古軍隊的馬蹄踩不了地，用這種方式死守紫荊關。

成吉思汗一看，紫荊關無法攻破，那就不攻了。我本來也沒打算佔領中都城，我們蒙古騎兵擅長野戰，不擅攻城，中都城給你留著吧。蒙古軍兵分三路，繞開中都，在黃河以北的金國領土上，縱橫馳騁，大肆搶掠。黃河以北的金國城市，只有十一座沒被蒙古軍攻陷，金軍在黃河以北的防禦體系徹底崩潰。

蒙古人越打越來勁，二次進攻中都的時候，完顏永濟很著急，命令從西京逃回來的胡沙虎率兵五千，在中都北部駐守，準備抵抗蒙古人。

胡沙虎叛亂

蒙古大軍兵臨城下，完顏永濟心急如焚，結果病急亂投醫，他居然起用從前線逃回來的胡沙虎抵抗蒙古大軍。那麼，完顏永濟為什麼要重用一個逃跑的將領？而這個胡沙虎又能否擔此重任呢？

胡沙虎跟南宋打仗的時候，確實是一員名將，遇弱則強，當然是名將，他跟宋朝打仗總佔上風，朝廷對他很倚重。但胡沙虎十分跋扈，脾氣暴躁。金章宗時，他就幾次抗命。章宗給他個官，他嫌小，拒不奉旨。章宗一生氣，把他一擼到底。嫌官小是吧？當大兵去吧。但是因為跟南宋打仗，金國不得已又起用了他，他又打贏了，累遷升任西京留守。

蒙古軍入境，胡沙虎讓副將抹撚盡忠防守西京，自己率七千人跑了。沿途經過一個縣城，他讓縣令出資犒賞，說我們打了勝仗回來，你得犒賞啊。縣令說鄙縣剛遭到蒙古人的劫掠，沒有錢犒賞，再說你打了勝仗，蒙古人為什麼要劫掠我呢？你從哪兒來的，你心裏清楚啊。胡沙虎勃然大怒，居然不顧朝廷體制，把這個縣令活活打死，衝進府庫，搶走了官銀五千兩。他逃到中都附近，就給衛王上疏，說蒙古軍勢大，我好不容易才逃出來，帶回七千士兵，這是咱們大金的種子，我要不跑出來，這幾千人就全完了，賞賜我吧。衛王非常生氣，他當然明白胡沙虎臨陣脫逃，但是國家用人之際，胡沙虎手下好歹還有幾千人，如果把他治罪，這傢伙弄不好就反了。所以，衛王還只好對胡沙虎好言相勸，但是並不信任他。胡沙虎要兩萬人去防守某地，衛王只給他三千人，胡沙虎一氣之下撂挑子不幹了。衛王心說你不幹更好，本來沒打算讓你幹。這樣，胡沙虎二度去職。

但是蒙古兵日益逼近，衛王遍檢朝中大將，好歹胡沙虎跟南宋打過仗，上過戰場，宗室完顏們，這時候大多數都是畫畫的，還得用胡沙虎。衛王派給胡沙虎五千人，讓他駐守中都城北。胡沙虎說，你給我這點人不夠，蒙古人來了，肯定是擋不住的。衛王說，愛卿勉為其難吧。胡沙虎心想，你這是要置我於死地啊，我先造反弄死你。

胡沙虎聯絡手下軍將，他說，主上昏庸，不能抵抗蒙古人的進攻，你們願意不願意跟著我另立明君？這幫軍將當然願意了。正好此時蒙古人來攻，胡沙虎不思抵抗，整天玩鷹。衛王急了，派使者來催促胡沙虎趕緊出兵，抵抗蒙古人。胡沙虎大怒，用手裏玩的鷹把使者活活打死了，然後率軍進攻中都。

胡沙虎先把中都大興府尹徒單南平父子騙出城來。徒單南平不知道怎麼回事，騎著馬行至廣陽門。胡沙虎衝上去把徒單南平刺死了，亂軍趁機衝進中都城，包圍了皇宮。胡沙虎向宮裏喊話，敵人已經進來了，讓我們入宮保衛皇上。守宮衛士知道他叛亂，緊閉宮門。胡沙虎命令士兵架起雲梯，攻打宮城。宮裏的禁軍按現在的話講，大部分都是柏油馬路士兵，只會踢正步，沒什麼戰鬥經驗，一看胡沙虎率領野戰軍來了，架起雲梯要進攻宮城，只好開門投降。胡沙虎衝進宮城後，先把衛王抓起來，讓他回到藩邸居住。左丞相完顏綱被殺死，接著胡沙虎又派太監到衛王府把衛王弒殺了。金國的第七代皇帝做了五年，就被叛臣殺掉了。

胡沙虎殺了衛王之後，就想自己做皇帝，大臣們都不服。你又不是完顏氏，怎麼能做皇帝呢？胡沙虎姓紇石烈，漢名叫紇石烈執中，女真名叫胡沙虎。紇石烈氏不能做皇帝，只有完顏氏才可以。

胡沙虎聽政

大臣們堅決反對胡沙虎做皇帝，胡沙虎自己也感覺眾怒難犯，但是他也想不出更好的解決辦法。就在胡沙虎萬分苦惱的時候，有人給他出了一個兩全其美的主意。那麼，這個人是誰呢？

胡沙虎這個時候自稱監國都元帥，沒人讓他監國，他自封的，掌握兵權。元老、丞相徒單鎰跟胡沙虎講，翼王完顏珣，年已五十，為人仁厚，老成練達，是章宗皇帝從兄，如果能讓他承繼大統，則元帥萬世之功。胡沙虎覺得可以，老頭五十了，不定哪天就掛了呢；仁厚老實，說明他窩囊，窩囊就好控制。所以胡沙虎答應立完顏珣為帝，這就是金朝第八代皇帝金宣宗。宣宗皇帝繼位之後，按說胡沙虎這樣的亂臣賊子，應該把他處理掉，但是宣宗不但沒處置胡沙虎，還加封他為太師、尚書令、都元帥、澤王，執掌軍政大權。因為宣宗自己沒有什麼勢力，天上掉下一個大餡餅，被他接著了，他能做皇帝，胡沙虎有擁立之功。在金朝，除了完顏宗弼之外，還沒有人當過這麼大的官。胡沙虎在朝廷上更加跋扈。

有一次，宣宗皇帝聽尚書左右丞報告，蒙古騎兵打到了中都附近，遊騎四出，宣宗就找胡沙虎詢問。蒙古兵都打來了，為什麼不奏報給朕？胡沙虎兩眼一瞪，這事不勞陛下操心，微臣早已經處理好了。然後，他就轉過頭來，當著皇帝的面，怒視尚書省的官員，我是尚書令，你們向皇帝彙報什麼，為什麼不通過我？尚書省的官員被嚇得跪地叩頭不止，我們錯了，太師見諒，下回絕對不敢了。皇帝心中十分悲哀，胡沙虎想讓我知道什麼，我才能知道什麼，如此巨賊，誰能為朕除之？皇上覺得胡沙虎太壞了，誰能幫我把這個巨賊給除掉呢？還甭說，真有一個人，挺身而出，滿足了皇上的心願，除掉了胡沙虎。問題是，前門驅虎，後門進狼，胡沙虎如果是猛虎的話，除掉胡沙虎的這個人就是惡狼。這個人是誰呢？

二十一

宣宗南遷

貞祐二年（1214年），金宣宗將金朝的都城從中都南遷到汴京，
金宣宗遷都是金朝晚期歷史上的一件大事，
是非功過，歷代史家多有評論。
那麼金宣宗遷都究竟是錯誤的選擇還是必然的結果呢？
在金國遷都汴京後，中都幾成孤城一座，金中都最終又會落在什麼人手裏？

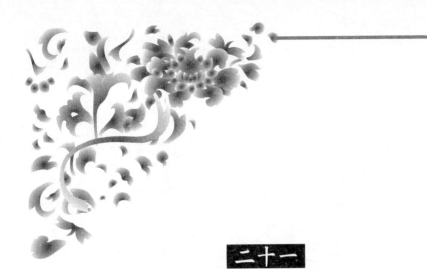

金國大將胡沙虎弒殺了皇帝完顏永濟，立完顏珣為帝，就是金國第八代皇帝金宣宗。胡沙虎在宣宗繼位之後，官拜太師、尚書令、都元帥，執掌軍政大權，跋扈不臣，宣宗很想除掉胡沙虎，可惜有心無力。

這時，有一個人為主分憂，除掉了胡沙虎。此人是胡沙虎帳下大將，元帥監軍朮虎高琪。蒙古軍來攻，胡沙虎位極人臣，不可能親自領兵上陣，就讓朮虎高琪領兵。朮虎高琪屢戰屢敗，胡沙虎感覺很沒有面子。當有一次蒙古人又來進攻的時候，朮虎高琪領兵出戰。胡沙虎警告朮虎高琪，如果再打敗仗，回來就殺了他。朮虎高琪果然又打敗了，他一想，如果就這麼回中都城，胡沙虎心狠手黑，連皇上都敢殺，殺我不是玩似的嗎？乾脆，先下手為強，後下手遭殃，把胡沙虎殺了得了。於是朮虎高琪率領士兵直衝胡沙虎的府邸。胡沙虎做夢也沒想到，一輩子都是自己殺人，現在居然有人來殺自己。當朮虎高琪的部隊包圍胡沙虎的府邸之後，他的親兵都不在身邊，只好翻牆而出，被朮虎高琪的士兵亂箭射死。朮虎高琪提著胡沙虎的人頭來見金宣宗，我為陛下除此大害。宣宗很高興，卿真乃國之棟樑，封朮虎高琪為平章政事、左副元帥，沒有給他像胡沙虎那麼高的官位。但是朮虎高琪絕對不是什麼好人，他殺胡沙虎，按老百姓的話講就是狗咬狗一嘴毛。他並非出於公義為國家除此大奸，而是爭權奪利，或者是為了保命，才殺掉了胡沙虎。

這時候，黃河以北的金國城市，除中都等十一座外，全部被蒙古軍隊攪了個一塌糊塗。蒙古人搶也搶夠了、擄也擄夠了，每個人腰裏都裹著沉甸甸的黃白之物，手中提，腋下夾，胸前還掛，就打算撤軍了。因為中都、西京城廣池闊，不是一時半會兒能攻得下來的，所以成吉思汗就派人給金國的君臣放話，你們的城市我想佔哪座就佔哪座，你們是擋不住我的，只不過我現在不想打了，你們趕緊把好東西拿出來孝敬我，我要走了。金國喜出望外，這幫挨千刀的可算要走了。不就要點東西嗎？給他！史籍記載，成吉思汗向金國索取「公主及護駕將軍十人，細軍（禁衛精兵）百人，從公主童男女各五百，彩繡衣三千件，御馬三千匹，金銀珠玉等甚眾」（《建炎以來朝野雜記》）。一位公主，十個護駕將軍，一百個禁衛軍士兵，跟著宮女來的童男童女各要五百，三千件以上蟒袍、繡衣，三千匹馱滿了金銀珠寶的御馬。這時候成吉思汗也沒見過什麼大世面，要點這個就行了。宣宗皇帝一口答應，把被胡沙虎殺掉的衛王的女兒歧國公主送給了成吉思汗。因為衛王被弒殺，死後也就沒有廟號，他的謚號是紹，依據謚法，疏遠繼位曰紹，史籍記載就稱他衛紹王完顏永濟。宣宗答應了蒙古人的要求，成吉思汗退軍。

蒙古兵退軍之前，「取所掠山東、兩河少壯男女數十萬皆殺之」（《建炎以來朝野雜記》），把山東兩河地區數十萬男女通通殺掉。原因很簡單，帶著這些人浪費糧食，現在不打仗了，用不著他們當炮灰、填戰壕了。蒙古人攻城的時候經常拿被俘的男女老幼在前面當炮灰，蒙古兵藏在後面，你忍心向你的父老兄弟射箭嗎？你要忍心就射死他，你不忍心我就衝上去。蒙古兵一共就十來萬人，不可能填戰壕、修工事，都是讓被俘的中原人幹。

蒙古兵一撤，朮虎高琪主張趁勢進攻。他說，《孫子兵法》上講避其鋒芒，擊其惰歸，蒙古兵撤軍的時候，志得意滿，每個人腰裹沉甸甸地圍著財物，馬都馱不動了。如果我們發動反攻，是有可能把敵人打敗的。而右丞相兼都元帥完顏承暉，書生意氣，反對這麼做。他說既然跟蒙古人已經議和，再去打他，就是我們大金不講信用了，所以禮送蒙古軍出境。完顏承暉一直跟著，說您慢走。蒙古軍出境的時候，長城以北很多金國地方豪強招募了抗蒙武裝，準備報此國仇家恨，都被完顏承暉給攔住了，蒙古軍從容退去。

但是，河北、山東的很多地方，群雄紛起。官軍既然不能保護我們，我們就得練兵自保。這些武裝不受朝廷節制，蒙古人來了打蒙古人，官兵來了打官兵，打不過蒙古人就投降蒙古人，形成了軍閥割據的局面。

遷都汴梁

蒙古人雖然撤退了，可是他們卻把金國搞得亂七八糟，他們真的會遵守雙方的和議約定就此罷手嗎？已經被蒙古人打怕了的金宣宗此時又在想什麼呢？而就在這個時候，朮虎高琪給金宣宗出了一個主意，讓本來就處於風雨飄搖中的金國更加雪上加霜了。

金國在黃河以北號令南行，宣宗皇帝召集群臣商議對策，朮虎高琪力主遷都南京，金朝的南京就是北宋故都汴梁。既然現在中都隨時面臨敵人進攻的危險，咱們遷到北宋的故都去，憑藉黃河天險抵抗蒙古兵。宣宗一聽，耳根子就軟了，他本來也就是一介庸主，不是有抱負、有大略的人，一聽汴京安全，立刻下旨遷都。左丞相徒單鎰馬上進諫，當年胡沙虎殺掉衛王，正是徒單鎰力主才立了金宣宗。徒單鎰說：「鑾輿一動，北路皆不守矣！今已講和，積兵聚粟，固守京師，策之上也。南京四面受兵，遼東根本之地，依山負海，其險足恃，備禦一面，以為後圖，策之次也。」（《續資治通鑑》卷一百六十）如果您要遷都，北方可就都守不住了。現在既然已經跟蒙古人講和，我們應該趁此良機，招募兵馬，積攢糧草，固守京師，中都從海陵王開始，歷經世宗、章宗、衛王幾代人不斷經營，一時半會兒難以攻破，這是上策。如果都城南遷，遼東地區乃祖宗發祥之地，勢必難保。那個地方依山負海，是抵抗蒙古人最好的基地，如果丟了，大勢去矣。宣宗不聽，堅持南遷，動用三千多頭駱駝，三萬多輛大車，拉著宮中的財寶典籍就跑了。南遷當時其狀甚慘，風雨催人辭故國，一路上苦不堪言，離開了中都城。

宣宗南遷的時候，留下太子完顏守忠鎮守中都，表示將來還會回來的，權臣朮虎高琪跟著遷走了，留下右丞相兼都元帥完顏承暉守城，抹撚盡忠負責軍事防務。宣宗行至良鄉，還沒走出多遠，就下令護送他的乣軍把旌甲和馬匹交出來。乣軍原來是遼朝的護衛精兵，都是契丹人，遼滅亡以後這些人歸降了金國，金國仍然讓他們擔負防守邊境、保衛京師的重任。乣軍驍勇善戰，一開始也忠於金國朝廷，所以護送宣宗南下汴京。但是宣宗對他們不放心，成吉思汗對金國的虛實這麼了解，好多情報都是契丹人給提供的，他覺得這幫人跟著自己很危險，就下令讓他們把旌甲和馬匹交出來。乣軍一聽，都沒有第二個念頭，馬上就發動叛亂了。坐鎮中都的丞相完顏承暉趕緊派出部隊平叛，雙方打了個白熱化。乣軍不敵，轉身投奔成吉思汗了。乣軍對金國境內兵要地志瞭若指掌，以後蒙古軍再入境，打頭的都是乣軍。金把我們的祖國滅了一百多年了，現在草原上出了聖人，為我們報仇。宣宗使了這麼一個昏招，白白給敵人增添了一支生力軍。

到了汴京之後，朮虎高琪就建議宣宗把黃河以北的部隊全部撤到黃河以南，重兵固守汴京。宣宗皇帝雖然庸懦，但也知道僅守汴京，沿途州郡通通放棄，那蒙古兵不是輕而易舉就能打到汴京城下嗎？所以宣宗很猶豫。朮虎高琪跟宣宗說，陛下放心，蒙古兵不來則已，如果他們敢來，臣一定出兵，把他們打敗在汴京城下。宣宗聽完就諷刺朮虎高琪，愛卿真是忠勇，你要有那本事，最好讓蒙古兵別來，別等他來了你再打敗他。他來了你要打不過怎麼辦？就你那兩下子我還不知道？當年要能打敗蒙古兵你至於殺胡沙虎嗎？但是朮虎高琪跋扈，大家不敢反對他，金國的重兵就逐漸往汴京附近靠近，河北、山東、山西基本上都放棄了。

宣宗南遷，金國大勢已去。首先是遼東契丹人耶律留哥起兵，擁兵十餘萬，自稱遼王，意欲恢復遼國天下。遼東白山黑水是女真祖宗發祥之地，如今遷都到汴京，也就顧不上祖宗發祥之地了。耶律留哥起兵之後，金朝派軍隊去征剿，耶律留哥主動聯絡成吉思汗，與成吉思汗的部隊在大興安嶺會師，雙方折箭為盟，共同對付金兵。耶律留哥的部隊有蒙古兵做後盾，就在遼東地區建立了國家，遼東地區的州縣紛紛被耶律留哥攻破。金國的遼東宣撫使蒲鮮萬奴因為跟耶律留哥打仗失敗，索性也反了，不打耶律留哥了，而是攻佔金國的州縣，自己建國了。這樣，在遼東就出現了一個契丹政權和一個女真政權。蒲鮮萬奴覺得朝廷遠在汴京，鞭長莫及，我乾脆也自立一國得了，皇帝輪流做，今年就到我家了。我也是女真人，這地方又是女真祖宗發祥之地，我憑啥不能建國？後來耶律留哥歸降蒙古，被金兵和蒲鮮萬奴夾攻打敗，一度退入高麗。蒲鮮萬奴在東北地區建立大真國，登基改元，女真人東北老家就喪失掉了，丞相徒單鎰最擔心的事情很快就應驗了。

中都獨孤

現在金國可以說是內憂外患，金宣宗的遷都意味著徹底放棄了自己的中都，此時的中都城既沒有多少兵又沒有多少將領鎮守，真的是岌岌可危了。那麼成吉思汗看到這個好機會，他會遵守和議的約定，放著中都這個唾手可得的肥肉不理嗎？

金朝東北老家喪失之後，成吉思汗在西元一二一五年再次率領大軍翻過陰山，越過長城，向金中都發動猛攻。這一次成吉思汗是想一舉攻克金中都，所以蒙古兵對於金中都採取了圍而不攻的策略，先蠶食中都周圍的州縣，連中都的門戶通州都失守了。通州失守，意味著從南方往中都運糧食的可能性不存在了。中都變成一座孤城，內無糧草，外無救兵，隨時有陷落的可能。

在中都城被蒙古兵包圍之前，宣宗皇帝知道中都可能守不住，急召太子南下。本來他讓太子防守中都，也就是做出一個姿態，我雖然跑了，太子還在這兒，我還有可能回來。現在他知道中都守不住了，太子是我兒子，我兒子不能死在這兒，別人死沒關係，所以召太子南下。什麼爹養什麼兒子，太子也沒有與城池共存亡的決心，一聽父皇宣詔，謝天謝地，抬腿就跑。「太子既行，中都益懼。」（《宋史紀事本末》卷八十五）太子一跑，中都軍民兵無鬥志，老百姓的心也就散了。本來有大臣跟宣宗講，太子不能跟您在一塊兒，這就跟當年北宋靖康之變一樣。當年宋徽宗想到外地招兵，宋欽宗老怕他老爹復辟，不讓宋徽宗去。如果真的讓宋徽宗出去了的話，也不至於爺兒倆被一鍋端。所以大臣跟金宣宗說，如果您把太子召到汴京，萬一有變，你們爺兒倆可一鍋端了，那麼大金就要重演北宋靖康之變的故事，應該讓太子留守外地。當年安史之亂，明皇幸蜀，太子李亨在靈武繼皇帝位，他就是唐肅宗，然後指揮平叛，八年安史之亂平定，再造唐室江山。現在應該效仿唐肅宗在靈武故事，讓太子留守中都，不要把他召來。這位大臣說完之後，朮虎高琪拍案大怒，皇上，趕緊把他殺了，這個人想逼宮，讓太子繼位。朮虎高琪害怕太子當了皇上，他想宣宗成太上皇了，我在太上皇身邊做紅人管什麼用啊？而且中都離我那麼老遠，我就是想遙控太子，也控制不了，一定要把這爺兒倆都攥我手心裏，我才能夠把持朝政。可見這個權臣到此時想的都不是江山社稷的安危，還是怎麼弄權、怎麼對我合適。這樣，太子南下了。

當時中都城由兩個人負責防守，一個是右丞相兼都元帥完顏承暉，一個是平章政事抹撚盡忠。完顏承暉是金國宗室，從小飽讀詩書，文才出眾，如果在太平年間，說不定能成為一位文壇領袖，不幸生於亂世。完顏承暉雖然是當年馬背民族的後代，但是已經不知兵事了。平時家裏掛著北宋的名臣司馬光和蘇東坡的畫像，完顏承暉最佩服這兩個人，以司馬先生為師，蘇公為友。因為他不懂兵事，中都的防衛基本上就全交給大將抹撚盡忠。當時蒙古軍四處抄掠，中都孤城一座，西京朝不保夕，東京已經被攻佔了。蒙古兵就去進攻金的北京（大定府，今內蒙寧城），當時金國二十萬大軍防守北京，剛一開戰，部下想投降，把主將給殺了，繼任的主將連像樣的仗都沒打一場，就開城投降了。這與當年金軍南下，宋軍的表現一模一樣。

因為北京曾經抵抗過，按照蒙古人的遊戲規則，進城之後應該是屠城，雞犬不留。當時蒙古軍的統帥是成吉思汗帳下第一大將木華黎，一位契丹族蒙軍將領就勸他，說北京是遼西重鎮，如果他們投降了你還把他們全部殺掉，以後誰還敢投降啊？留著北京，這是一個榜樣，起一個示範作用。趕上那天木華黎心情不錯，下令放北京城一馬，蒙古人就沒在北京城實行屠城。不屠城真有示範作用，以後蒙古軍再南下，金國的很多城市一看，蒙古人也不是見人就殺，也有木華黎大帥高興不屠城的時候，就紛紛開城投降。因此西京、東京相繼淪陷，中都成了孤城一座。

盡忠不忠

國家危難關頭，太子置國家安危於不顧，只顧著自己逃命了，看來金國真的是氣數將盡了，那麼留守在中都的就只剩下左丞相完顏承暉和平章政事抹撚盡忠了。這兩個人面對如此不利局面又會有怎樣的表現呢？僅憑他們的力量能守住中都嗎？

成吉思汗此時已經回到蒙古老營，謀劃西征去了，留下木華黎經略中原，封他為太師國王。成吉思汗囑咐木華黎，沙漠以南的事，就全都委託給你了。木華黎遂率軍圍攻中都。完顏承暉把城防交給了抹撚盡忠，眼看城池不守，完顏承暉就來找抹撚盡忠。他說，平章名為盡忠，國難當頭，願意為國盡忠嗎？抹撚盡忠跟完顏承暉一通胡扯，今天天氣不錯，吃了嗎，咱喝一杯之類的，就是不提戰事。完顏承暉大怒，我說什麼你說什麼呢？你願意不願意為國盡忠？抹撚盡忠說，我還有事，先走一步，不陪了。完顏承暉見此情景，知道完了。這個人的名字算是白起了，看來抹撚盡忠不願意為國盡忠。我不能跟這個敗類一樣，我準備殉國。

完顏承暉憤怒之下，回到官署，把抹撚盡忠的元帥府經歷官，相當於祕書長叫來。完顏承暉對他說，我以為平章盡忠是個頂天立地的漢子，能為國死事，現在看來，我看走眼了。他是不是收拾行李準備跑啊？你們行期定在哪一天啊？這個人不敢隱瞞丞相，只好回答，就在今晚。完顏承暉又問，你的行李是不是也收拾好了？這個人也是宗室完顏，他回答說，我的行李也收拾好了。完顏承暉拍案大怒，你們都準備跑，江山社稷怎麼辦？這個人諾諾不敢言。完顏承暉很生氣，說不想再看到你了，滾出去吧，就把他轟走了。

完顏承暉回到家中，先到家廟，向列祖列宗行了禮，然後讓家人把自己的幕僚請來，一起喝酒。這可是斷頭酒，最後一回了。幕僚還沒來的時候，完顏承暉下令檢點家中財物。檢點好之後，他把家中的僕人全部叫來，按照年齡和入府時間的長短進行分配。然後，他跟僕人說，多多保重，你們找新主子服務去吧，這份工作算是幹到頭了。他給所有奴隸身分的人開具了證明，說你們從今天開始，都是自由民了。實際上蒙古人一來大家全都是奴隸。有的人陸陸續續離開了，有些多年在府中的老僕人不忍離開，伏地痛哭。這時候，完顏承暉的幕僚來了。承暉執酒，兩個人喝到半夜，推心置腹，聊了很多事。

完顏承暉起草遺摺，在奏摺當中，不提自己身後之事，一再向宣宗皇帝謝罪，我沒能守住中都，有負陛下厚望，請陛下原諒。他告訴皇帝，大金重振朝綱的希望在於親賢臣，遠小人。他說，您身邊那位就是最壞的小人，請陛下無論如何要想辦法除去朮虎高琪。他把這封遺摺交給幕僚，說如果你能夠有機會突圍離開中都的話，把這份奏摺交給陛下，我願足矣。咱倆多年好友，你又做了我這麼多年幕僚，臨別之際無以相贈。我飽讀詩書多年，今天死於王事，死得其所，走得毫無遺憾。給你留點東西做紀念吧，寫個條幅。完顏承暉拿起筆來，展開宣紙，筆走龍蛇寫了一個條幅，寫完之後發現最後倆字寫顛倒了。完顏承暉扔筆哀歎，我現在寫字居然都能寫錯，想必心智已經迷亂了，你快走吧。幕僚含淚拜別丞相，把條幅捲起來，轉身沒出府門呢，就聽到府內傳來痛哭之聲。完顏承暉跟他飲酒的時候已經在自己的酒中下了毒，喝的都是毒酒。為什麼最後倆字寫錯了？可能是毒性已經發作了。完顏承暉壯烈殉國而死。

完顏承暉一死，抹撚盡忠就更準備跑了，在國家危難之際，高尚和卑鄙各有表現，而且看得都最明顯。完顏承暉一介文人，因為飽讀詩書，熟知禮義，死於王事。抹撚盡忠身為統軍大帥，名叫盡忠，撒丫子就跑。

燃盡繁華金中都

完顏承暉殉國而死，此時抹撚盡忠要逃跑了。做一個貪生怕死的人也就罷了，抹撚盡忠竟然還幹了一件極其無恥的事情，為自己的千古罵名又增添了一筆……

抹撚盡忠要跑的風聲很快就走漏了，軍士們都扛著行李呢。當時宮中還有數百來不及逃跑的前朝妃嬪宮女。宣宗皇帝南遷的時候，連太子都留下了，所以很多前朝的嬪妃宮女還在宮中。她們請求抹撚大帥帶她們一塊兒跑，以免城破之後被蒙古兵侮辱。抹撚盡忠說，沒問題，我軍為你們在前面開道，你們等著，咱約個時間集合，然後等我發令，你們跟我走。妃嬪宮女們收拾了簡單的行李，在凜冽的寒風中站著，等著抹撚大帥發令，一直等到城破蒙古兵攻進來，也沒見著抹撚大帥。大帥哪兒去了？史籍記載：「盡忠乃與愛妾及所親者先出城，不復顧矣。」（《金史．抹撚盡忠傳》）要說這些妃嬪們也是抹撚盡忠的主子，他跟人家約好了幾點出城，結果他領著愛妾和親信先出城，腳底抹油，溜了。這些人傻等了一晚上，直到蒙古兵攻進城來，不堪受辱的就自殺殉國了，不願意死的就到蒙古草原上受盡凌辱。這一幕跟當年的靖康之變一般無二。

蒙古兵一進中都，史籍記載：「然韃人貪婪，……赤地千里，人煙斷絕。燕京宮室……為亂兵所焚，火月餘不滅。」（《建炎以來朝野雜記》）金中都被蒙古兵燒成了一片白地。今天你想找金中都在哪兒都找不著了，燒得那叫一個乾淨徹底。後來蒙古人入主中原之後，忽必烈聽了手下漢族謀士的建議，在北京定都，營建元大都，元大都不是建在金中都的故址上，而是在金中都東偏北方向。金中都只有一個地方保留下來了，就是今天的北海公園瓊華島。忽必烈營建元大都實際上就是以這個地方為中心，跟金中都完全不重合了，不像明清北京城是在元大都的格局上往南移了五里營建起來的。繁華富庶的金中都，「楚人一炬，可憐焦土」。

抹撚盡忠跑到今天河北正定，喘了一口氣，對隨從的親信說，瞧我多英明，誆那些妃子，告訴她們要帶她們一起跑，但是我沒帶她們，如果要帶上她們，蒙古人肯定窮追不捨，咱們就全跑不了了。幸虧沒帶她們，讓她們給咱打掩護了。金國的妃嬪不一定都是女真人，不像清朝，清朝入關之後可能也是吸取金國漢化太快的教訓，妃嬪多是蒙古人和滿洲人。金國的妃嬪很多都是漢人，騎不了馬，想坐轎子我上哪兒給你找去？坐車得多慢啊！可見抹撚盡忠天良喪盡到令人髮指的程度！身為大將，守土有責，竟然讓女人們掩護撤退，甭說不是一個武將，都不是一個男人！

抹撚盡忠跑回汴京之後，面見金宣宗。宣宗皇帝對這麼一個敗類竟然不給他任何處罰，仍然讓他做平章政事。抹撚盡忠就不知道自己吃幾碗乾飯了，開始「盡忠」了。他跟皇上講，陛下不應該重用身邊的人，應該聽朝中大臣的話。前面講過，從章宗開始，皇上身邊的近侍局備受皇上重用。這次抹撚盡忠跟皇上講這種話，皇上前仇舊恨全勾起來了。讓我聽大臣的話，我聽你的話中都沒了，前朝幾百嬪妃陷於敵手，我有何面目見祖宗於地下？所以皇上恨聲不語。抹撚盡忠毫不知趣，皇上怎麼不理我啊？您聽見我說什麼沒有？您應該聽大臣的話，不應該聽近侍局的話。皇上說，大臣大多沒有心肝，然後瞪著抹撚盡忠，真實情況都不告訴我，我不聽近侍局的話還能聽誰的？抹撚盡忠鬧個大紅臉，很沒趣，臣告罪，轉身下去了。

抹撚盡忠回府之後就琢磨，為什麼朮虎高琪說什麼皇上都聽，還吆五喝六的？為什麼我的話皇上就不聽呢？還不是因為朮虎高琪殺了胡沙虎，保駕有功，所以皇上對他言聽計從。我跟朮虎高琪比起來，不就差這麼一點嗎？所以我要想讓皇上聽我的話，我就得另立新君。抹撚盡忠這時候是豬油蒙了心了，不知道他怎麼想的，你喪師失地，兵敗辱國，皇上都沒處理你，昏庸歸昏庸，別人罵皇上可以，至少你應該對皇上感恩戴德吧？但是這傢伙居然想把皇上殺了，立一個新皇上，也過一把朮虎高琪的癮，也想要風得風、要雨得雨，吆五喝六一番。一個王朝的滅亡，有的時候外敵入侵只是外因，更多的是亡於內鬥。兩宋亡國為什麼讓人同情？因為它不是亡於內鬥，沒有權臣僭逆這種事，而是因為武力的差距。但是軍民表現出來的英勇抗爭、不屈的氣節很讓人欽佩。金國一共九個皇帝，熙宗完顏亶、海陵王完顏亮、衛紹王完顏永濟，仨皇上被大臣殺死了，有悠久的內鬥傳統。一直鬥到蒙古大軍壓境，這些權臣還不想怎麼救國，而是想著自己怎麼掌權。抹撚盡忠這時候居然還想弒君，結果事情敗露，被金宣宗下詔處死。

金宣宗處死了抹撚盡忠，總算除了個敗類，但是更大的權奸朮虎高琪還在掌握政權。這時，成吉思汗派人來給金宣宗傳諭，原來都是金朝給成吉思汗傳諭，現在倒過來了。成吉思汗說，你一都三京都丟了，你也別叫大金皇帝了，你臣服於我吧，我封你為河南王。金宣宗大怒，朕堂堂大金天子，雖然只剩河南了，但是怎麼能只稱王呢？此時的大金帝國就像一個孤島，風雨飄搖，宋、蒙、西夏，還有一些地方武裝把它團團圍住，只剩河南一隅之地。金宣宗說我大金還有中興之機，怎麼能向蒙古稱臣呢？朮虎高琪一想，我們大金的地盤是稍微小了一點，但是雖然打不過蒙古，卻打得過南宋啊！於是在朮虎高琪的慫恿下，金國居然出兵去攻打南宋，那麼，戰爭結果如何呢？

二十二

錯上加錯

金章宗遷都汴京，中都失守，
此時的金國已經是風雨飄搖危機重重了，
可是就在成吉思汗還在虎視眈眈地盯著金國的時候，
金宣宗竟然主動發動了一場和南宋的戰爭。
那麼這又是怎麼回事呢？
這一次戰爭的結果又是如何呢？

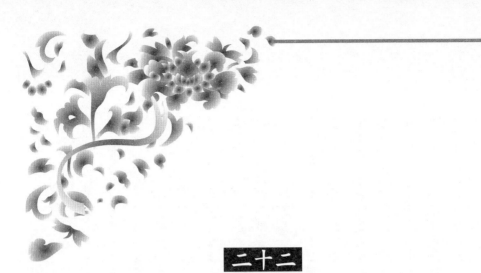

宣宗南遷，中都失守，金國朝廷到了汴京，跟著宣宗南下的軍民百姓多達數百萬人。金國的疆土越來越小，成吉思汗都把金國皇帝降封為河南王了，現在幾百萬人進入河南，軍隊、官員及其眷屬全得國家掏錢養著，還有大量的移民，河南一地根本就無法提供這麼多的土地和糧食。當時的金國，財政虧空，甭說抵抗蒙古人了，活下去都很難。僧多粥少，朝廷大肆搜刮百姓的糧食，增加百姓的賦稅負擔，只要兵能活著就行了，百姓怎麼活不管了。如此一來，百姓必然要起來反抗。本來我們跟著皇上走，是怕蒙古人殺，結果跟著皇上要餓死了，那你搶我糧食我就跟你玩命。這個時候我不是保衛糧食，而是保命，我不管什麼民族大義不民族大義，我得活下去，你不能搶我糧食。這樣各地反抗官軍的割據武裝風起雲湧，契丹族不用說了，早就投降蒙古了，漢人就準備投降南宋。

在君臣商議怎麼辦的時候，權臣朮虎高琪極力主張去進攻南宋。他說，咱們制北兵不足，制南兵有餘，能打得過誰我們打誰不就完了嗎？江南富庶廣大，物產豐饒，咱們如果佔領江南，塞翁失馬，焉知非福啊？漠北窮荒苦寒之地，不足以跟江南對抗，所以我們打南宋。而且朮虎高琪跟皇帝一再強調，咱們大金對於南宋，有一種心理上的優勢，最起碼跟南宋打仗我們不犯怵。想當年遼兵見了金兵就跑，童貫十萬大軍北伐燕京，被耶律大石兩三萬遼兵打得落花流水，也是一種心理的優勢。我打不過誰也打得過你啊，你敢來送死？朮虎高琪主張，堤外損失堤內補，南下伐宋。

宣宗皇帝一介庸主，耳根子軟，架不住朮虎高琪遊說。誰說我們大金武士不行？得分打誰！金國將領們也很想跟南宋在戰場上找回當年的感覺，所以他們也都慫恿皇帝出兵。

這時候的南宋是什麼狀態呢？宋寧宗當初跟金章宗議和，金章宗由宋寧宗的叔叔晉升為宋寧宗的大爺，歲幣增加了銀絹各十萬，原來是四十萬，現在變成六十萬了，還賠了三百萬兩白銀的軍費，宋朝上上下下窩著一股火。連著三次北伐全失敗了，現在好不容易金國倒楣了，北邊有人打他了，宋朝君臣自然是非常高興。

宋寧宗嘉定七年（一二一四年），那時候金中都還沒被攻陷，成吉思汗就曾經派來幾個使者，渡淮水進入了南宋，給南宋送去了文書地圖，約南宋一起夾攻金國。南宋當時對蒙古還不太了解，只聽說成吉思汗很厲害，金國老打敗仗，但是因為中都還沒有攻陷，所以宋朝就宣布中立，把幾個蒙古使者驅逐出境。宋廷告誡地方官員，以後再有蒙古使者來，一概驅逐，不許他們入境，不要破壞宋金之間的盟好。宋朝刑部尚書真德秀出使金國，還沒等進入國境，就聽說中都失守，宣宗南遷，他立馬就回來了。我找不著你們皇上了，怎麼出使啊？宋朝就以戰亂阻隔為名，拒絕支付給金朝歲幣。三十萬兩白銀可不是小數目，何況還有三十萬匹綢緞。宋朝人說，不是我不想給您歲幣，我往哪兒運啊？再讓蒙古人搶了，蒙古人搶了你又不認帳，你告訴我沒收著，再跟我要咋辦？所以索性我不給了。

拒付歲幣

此時金國正處於內外交困的局面，南宋的歲幣對金國來說自然很重要也很急需，南宋如果不給金國歲幣，兩國之間勢必將會有一場戰爭，這個後果南宋能承擔得起嗎？因此就是否支付歲幣的問題南宋君臣展開了一場激烈的爭論，最終他們的決定是什麼呢？

金國這個時候經濟十分困難，兵疲將弱，南宋每年給的歲幣可能是金國政府最大一筆收入，金國非常想要。宋朝居然拒絕支付歲幣，金國幾次遣使來跟宋朝催要。金國使者來的時候，仍然以上邦使者自居，到了宋朝吆五喝六，宋朝非常生氣。你都慘成這模樣了，要是低三下四來求我，沒準兒還能考慮考慮，你還有臉在我這兒充大！宋朝的大臣們就分成了兩派，爭論歲幣到底該不該給。一派以真德秀為首，他知道金國虛弱，堅決主張不給歲幣。他說金國已經處在分崩離析的邊緣，隨時可能滅亡，歲幣給了，也就是打水漂了。現在有上中下三策，上策，趁金國疲弱之機，出兵滅金，報仇雪恨；中策是停止支付歲幣，讓他跟蒙古鬥得你死我活，宋朝作壁上觀；下策是給他歲幣，解金的災難。

有一個叫喬行簡的大臣站出來跟真德秀唱反調，他在南宋朝廷絕對屬於少數派。他說咱們跟金國的關係就是唇亡齒寒，戶破堂危。歲幣必須要給，咱們必須保證金國的存在。蒙古兵鋒凌厲，佔領金國的首都，迫使金室南遷，如果金國滅亡，咱們在不久的將來要面對這麼強大的一股勢力，這是非常危險的。雖然金是我朝的世仇，但是他入主中原幾十年，已經完全漢化了，信奉孔子，讀六經，衣冠文物，有類中華。這樣的國家我們跟他打交道，自然是有理可講。蒙古人連文字都沒有，所到之處雞犬不留，城池夷為平地，太可怕了。所以我們應該給金歲幣，幫助金國共抗蒙古，如果出兵伐金是為虎作倀，這個事絕對不能幹。應該說喬行簡的主張是非常明智的，就跟當年北宋要伐遼的時候，有的大臣反對一樣。可惜，在當時南宋憤青遍全國的情況下，喬行簡自然是被看作賣國賊，自然這個主張是不能通過的。

宋寧宗採取了折中之策。喬行簡給歲幣的主張不能通過，真德秀主張出兵滅金也不行，因為宋朝不知道蒙古到底有多強的實力，金國畢竟如百足之蟲，死而不僵，宋朝跟金國打仗基本上從來沒佔過便宜。那麼折中一下，採取中策，拒付歲幣。宋寧宗先派人到金國去商量商量，能不能減少歲幣。沒想到金宣宗非常堅持原則，主要是因為太缺錢了，跟南宋朝廷說，一分都不能少，趕緊給我送來。宋使回來報說金國不答應減少歲幣，宋寧宗十分惱怒，推說運河河道乾涸，錢運不過去，停付了歲幣。這麼一來，給了金國藉口，嘉定和議規定，你每年要給我六十萬銀絹，現在你不給就是背盟。其實南宋這麼幹，真的是意氣用事，你大可以答應給金國歲幣，然後拖著，別明確說不給啊。我肯定給，今天河乾了，等下雨的時候我再給，然後你就等著吧，下雨了，下雨我們船漏了，有的是藉口嘛。你甚至可以把金國的使臣叫來，說碼頭上這三十萬兩白銀、三十萬匹絹都給您堆好了，就等合適的時候起航了，要不勞駕您自己運回去？現在南宋這一拒付，金國君臣找到了藉口，也找到了感覺。

一二一七年的一天，在汴京的宮殿裏，朮虎高琪扯開大嗓門發表演說，宋人無恥背盟，我們絕不能向宋朝低三下四地求情，應該給的歲幣不給，我們應該出兵攻打宋朝，讓他交出歲幣來。大權奸在演說，其他人噤若寒蟬，不敢反駁，只有一個文官說了一句，宋朝不給歲幣也許有他們的苦衷，派使者催問一下也就是了，咱們現在跟蒙古打仗，如果再跟南宋開戰，兩線作戰，於我國不利。話音剛落，朮虎高琪就怒斥這個文官，軍國大事，你書呆子知道什麼？然後，他就跟金宣宗說，陛下趕緊出兵，攻打南宋。於是金國出兵，越境進攻南宋。

宋金大戰

南宋拒付歲幣，給了金國一個攻打南宋的藉口。南宋知道此時金國的實力已經遠不如從前了，君臣也不怎麼怕金國了，雙方似乎都胸有成竹。俗話說二虎相鬥，必有一傷，那麼這一次到底誰能取勝呢？

南宋對於金國出兵是在預料之中的，因為南宋知道，拒付歲幣，金國人肯定翻臉。於是雙方維持了沒有幾年的友好關係破裂，正式開打。

金軍以前跟南宋打仗連戰連捷，金國的將帥此刻心裏又憋著一股火，我在蒙古那兒現了眼了，要跟南宋把場子找回來，加上這個時候又急於想要南宋的錢以解危難，所以，金軍在大戰之初便對宋軍展開了猛烈的進攻，開局良好。等金軍深入宋境之後不久，形勢就發生了變化。戰爭一開始，金軍突然發動進攻，宋軍被打了個措手不及，節節後退。等宋軍的戰線一穩定住，雙方就進入到了相持階段，而戰事的進程就不像金軍預料的那樣順利了。這一相持，金宣宗就有點後悔了：沒想到朮虎高琪說話沒譜，他說打宋朝容易，現在雙方在前線相持住了。北邊蒙古大軍壓境，虎視眈眈，現在我軍主力卻在打南宋，打南宋幹什麼？宣宗就有了談和之意。

正在此時，山東的漢人李全率眾起義，起義軍身穿紅襖，人稱紅襖軍。李全主動跟南宋接洽，說我反金了，想歸順朝廷。南宋朝廷喜出望外，沒想到山東地區淪陷百年，還有這樣的忠義之士，加封李全為安撫副使。李全的紅襖軍就在金軍戰線的背後頻繁發動襲擾，截斷金軍的糧道，打得金軍疲於應付。金宣宗沒辦法，派人去招降李全。南宋給你什麼官？安撫副使是不是？我給你個安撫大使，你歸降我吧，別打了。不料想李全很有氣節，表示自己寧做江淮之鬼，不做金國之臣，打的就是你。這一下，金國上下傻了眼了，蒙古壓境，內地反金武裝風起雲湧，與南宋的戰事又形成相持局面。

此時，宣宗只好說，跟南宋議和吧，派使者準備進入宋境談判。朕為奸臣所誤，一念之差，跟你們開戰，不好意思，我知錯了，咱別打了。宋朝這時候得理不讓人，早幹什麼去了？現在想起來跟我議和。寧宗皇帝指示邊將，不許放金使入境，哪兒來的回哪兒去。你想跟人家議和，人家不讓你入境。宣宗惱羞成怒，為了以戰迫和，又一次命大軍繼續南下，兵分三路，西起陝西，東至江淮，千里戰線，發動猛烈進攻。金軍挾勇而來，一開始還是很順利，但只要戰事稍一停歇，宋軍就能穩定住戰線，戰爭就進入相持。如此反覆，一開始都是金國佔上風，但結果是金不可能最終解決戰事。宋朝畢竟國力無損，不像金國河山殘破，很多名將在跟蒙古作戰的過程中或者戰死，或者投降，或者被撤職了。幾輪較量下來，金軍已如強弩之末，沒有能力對宋朝再發動大規模的進攻了。於是宋軍開始反攻，襄陽一戰，金軍被殺三萬多人，統帥僅以單騎突圍而走，宋軍取得了響噹噹的大捷。這次大捷之後，宋人一掃對金國的畏戰怯戰的心理，變成了求戰敢戰，原來金國人不是不能戰勝的，當年岳飛岳武穆也沒取得過這樣的大捷，把金軍打得全軍覆沒啊。宋朝看到形勢一片大好，既然金國人不是不能打的，那此時不打，更待何時？金宣宗此戰，使金國對南宋的優勢都喪失了，本來金國跟蒙古打仗不行，對宋還是有優勢的，這一下優勢成了過去式了。金國跟蒙古那邊的事還沒了，又招惹了這麼一個不共戴天的敵國，宋朝此時的心理天平已經開始倒向蒙古，想跟蒙古一塊兒對付金國了。

南宋和金國這個時候在外交上昏招迭出，一對糊塗蟲，打了十幾年，等最後被蒙古一口吞掉的時候，兩國才明白誰是真正的敵國。宋金這個時候應該聯合起來，同仇敵愾，共禦外侮，結果兩敗俱傷。金國打南宋失敗，歲幣也要不來了，南宋也不承認你是他大爺了，在邊境上秣馬厲兵，隨時準備配合蒙古進攻金國。蒙古找到了滅金的同盟，形勢對金越來越不利。

龍種變跳蚤

金宣宗進攻南宋，不但沒有討到一點便宜，反而讓金國內外交困的局面雪上加霜，蒙古這個強敵還在家門口虎視眈眈，現在又多了南宋這個強敵。就在此時，金章宗又聽取大臣的建議，做了一件錯上加錯的事情，那是一件什麼事情呢？

金國這個時候偏居河南一隅，河北、山東、山西大部分土地淪陷，一都三京全部陷於敵手。各地武裝蜂起，既有漢人，也有女真人，金國朝廷對地方的控制力已經完全減弱了。這些割據武裝，有抗擊蒙古的，有見誰打誰的，也有暗通南宋的。金宣宗見河北、山東鞭長莫及，就根據大臣的建議，把這些地方的軍閥揀了九個大頭目，一律封為公爵，作為朝廷的藩鎮，由他們來管理地方。這件事在金朝歷史上稱為九公封建。金朝回到了春秋戰國時代，天子只控制河南一地，其他地方分封諸侯。先秦的時候，一開始分封諸侯確實能起到保衛中央政權的作用。金國這時候封建九公，什麼作用也起不了，這些藩鎮根本就不聽朝廷的號令，九個公爵裏邊真正抗蒙的只有五個，起到的作用也是微乎其微。恆山公武仙剛被封為公爵就投降蒙古了，他拿這個爵位作為晉身之階。封爵前我就是一個土豪，即便投降蒙古，蒙古可能也不拿我當盤菜，現在我是大金的公爵了，歸降蒙古之後怎麼著也得是個公爵吧？蒙古人也很欣慰，金國的公爵都投降了，說明它大勢已去了。所以九公封建根本就不能起到保衛地方的作用，屬於宣宗的又一個昏招。

宣宗皇帝繼位以來，三大失誤：遷都汴京，一誤也；進攻南宋，二誤也；封建九公，三誤也。如果金國這個時候有中興之主，名將輔佐，國事還大有可為。但是，暗主佞臣，大勢去也。這個時候的金國，已經沒有資格或者沒有條件犯任何錯誤了，不幸的是，能犯的錯誤都犯了，能得罪的人全得罪了。金國不但與南宋開戰，跟西夏又打起來了。金與西夏自一一二四年金太宗冊封西夏國主以來，八十多年就沒開過戰，到這個時候居然打起來了。真不知道宣宗皇帝和朮虎高琪是怎麼想的，金國南線跟宋朝作戰，西線跟西夏作戰，東線豪強並起，北線對抗蒙古，本來應該集中主力對付強敵，結果卻四面出擊。朝廷裏執政的大臣就更沒法說了，當時有一個金國文人，對宣宗一朝這麼評價：「宣宗喜刑法，政尚威嚴，故南渡之在位者，多苛刻。」（《歸潛志》）跟他一塊兒跑到汴京來的這些高官，多苛刻，愛殺人。其中有一個做宰執的大臣，喜歡拿麻椎（麻槌，用麻絞紮成的鞭槌）抽人，外號叫麻椎相公。還有一個姓雷的大臣，在地方平定土豪，說是土豪，實際上有可能就是老百姓的自發武裝。這位雷大臣一天在當地殺五百人，外號叫雷半千。這樣的事太多了，舉不勝舉。宣宗最寵愛的三個妃子，都出身微賤，跟李師兒一樣，但她們的兄弟、叔伯、子侄入朝為官，就跟前面講的喜兒和鐵哥似的，弄得朝政烏煙瘴氣。我可有今天了，貪贓枉法、賣官鬻爵，以此為能事，根本不管江山社稷的安危。宣宗南渡的執政班子裏「為宰執者往往無恢復之謀，上下同風，止以苟安目前為樂，凡有人言當改革，則必以生事抑之」（《歸潛志》）。苟安目前為樂，只要有人說咱應該變革了，多事！不許說這種話。「每北兵壓境，則君臣相對泣下，或殿上發歎吁。已而敵退解嚴，則又張具會飲黃閣中矣。」（《歸潛志》）蒙古兵來了怎麼辦？君臣相對泣下，哭吧，大家一起哭。蒙古兵不是每次都抱著滅金的目的來的，有時就是搶劫一番。蒙古人一來，大家抱頭痛哭，蒙古兵搶完了一走，大家就在殿中飲酒慶祝。「每相與議時事，至其危處，輒罷散曰：『俟再議。』已而復然，因循苟且，竟至亡國。」（《歸潛志》）只要跟他們討論時事，一討論到他們為難的地方，這些宰執大臣們就說明天再說吧，以後再說吧。這樣，因循苟且，竟至亡國。

很難想像這些人的祖先一百多年前在馬背上驍武憑陵，叱吒風雲，子孫變成這樣了。播下的是龍種，收穫的是跳蚤。乍一看上述文字，大家可能會想，這八成是北宋末年，要不是明朝末年，沒想到是金朝末年。當年的馬上民族，變成這麼一幫窩囊廢。太監更是阿諛成風，皇帝在宮中想了解外邊的事，太監誰都不說，別拿這些煩心事打擾聖上，聖上就夠不容易的了。皇上問什麼，都是形勢一派大好，蒙古兵已經退去了，過兩三年就滅亡了，陛下您放心。這麼一幫人，發昏當不了死，上上下下毫無恢復之志，文恬武嬉，就仨飽倆倒地過日子。宣宗皇帝繼位的時候就已經五十歲了，此時年近花甲，也確實是力不從心。權臣朮虎高琪把持朝政，跟宰相勾結，誰要是不服從朮虎高琪，就會遭到打擊迫害。朮虎高琪手段毒辣，誰不服從他，他就跟皇上講，這個人巨有才。他不是說你壞話，而是誇你特別有才，知兵善戰，讓你到前線去抵抗蒙古。皇上病急亂投醫，朮虎高琪是軍人啊，他說這個人知兵善戰，料來不差，皇上太想打敗蒙古了，好，愛卿速去前線，抵抗蒙古。可這個人是文官啊，你讓他上前線抵抗蒙古，那就是做炮灰嘛，有氣節的就殉國了，沒氣節的就投降了。朮虎高琪一夥為所欲為，朝中的忠義之士越來越少。

痛殺大奸

金國此時的當務之急應該是上下齊心，共同抵禦外敵，可是朮虎高琪把持朝政，排除異己，陷害大臣，把金國的內政搞得烏煙瘴氣。那麼朮虎高琪把持朝政的局面會一直持續嗎？金宣宗會任由事態如此惡化下去嗎？

大臣們實在是看不過眼了，有一個叫完顏素蘭的文官，就跟宣宗皇帝講，朮虎高琪當年是因為怕死才殺胡沙虎的，絕不是有恢復之志，陛下帶著這號人是沒法收復失地、中興大金的。朮虎高琪黨同伐異，把持朝政，狼子野心，誰不服他，他就說這個人有才，把這個人送到前線去做炮灰。有一個書生議論朮虎高琪，說他對待士兵很苛刻，他竟然把這個人挖眼割舌。陛下知道嗎？這麼殘暴的人怎麼可能凝聚軍心民心呢？這樣的大奸巨惡望陛下早定計除之。宣宗這個時候對朮虎高琪也很不滿了，已經八年了，這傢伙在宮廷上指手畫腳，而且給我出的招沒一個是合適的。他讓我把軍隊都調到汴京來，造成河北、山西、山東、遼東全部失守，我由大金皇帝變成河南王；他告訴我打南宋，堤內損失堤外補，結果，本來這歲幣還好商量，現在沒得商量，一分都沒有了。朝廷當中凡是跟他不和的人全都被他排擠。宣宗也知道，不能他說什麼我聽什麼啊，咱倆誰是皇上啊？所以宣宗就跟完顏素蘭說，待朕思之，我也想除掉這廝。他囑咐完顏素蘭，事關機密，千萬不要洩露，完顏素蘭領命出去了。

皇上這個時候就對朮虎高琪動了殺心，但是他一時拿不定主意，因為朮虎高琪畢竟支撐朝政這麼多年，勢力很大，如果要殺他的話，有沒有可能自己先完？皇上在琢磨這件事的時候，朮虎高琪又捅一個簍子，不殺他不行了。太子完顏守忠從中都回來之後不久就病死了，死在宣宗皇帝前面了，又是白髮人送的黑髮人。宣宗皇帝一共有三個兒子，這樣一來，宣宗就剩下倆兒子了，荊王守純和遂王守緒。當時荊王守純擔任南京的地方長官，要揭發朮虎高琪的罪行。朮虎高琪打聽到荊王要揭露他，吃了熊心豹子膽了，居然派人謀殺了荊王的王妃來警告荊王。荊王怒髮衝冠，殺妻之恨，不共戴天。荊王到宣宗駕前告御狀，有他沒我，有我沒他，您看著辦。要是留著此賊，那這個兒子您就甭認了。荊王是當今皇上的親兒子，在這種情況下，宣宗痛下決心，下旨誅殺朮虎高琪一黨，終於清除了把持朝政八年的大奸。

但是現在已然是朝政日非，江河日下了，南遷以來，四面烽火，到處狼煙。宣宗心力交瘁，一病不起，駕崩歸天。宣宗歸天之後，三子遂王守緒承繼了大統，他就是金國歷史上最後一個皇帝——金哀宗。哀宗是金國的亡國之君，但是哀宗亡國非常可憐，絕不同於一般的亡國之君。那麼，他跟一般的亡國之君到底有什麼不同呢？

二十三
回天無力

他很幸運，坐上了原本不屬於他的皇帝寶座；
他很不幸，歷時百年的大金江山在他的手中覆滅。
這就是金國第九代皇帝金哀宗，
一個亡國之君無法逃避的無奈的悲劇人生。
那麼，金哀宗是怎麼當上皇帝的？
他在位期間，金國都經歷了哪些變化？

金宣宗在位十年，歷經國難，終於撒手人寰。他去世之後，三子完顏守緒承繼大統，就是金哀宗。

完顏守緒按道理是不太可能繼位的。宣宗本來立長子完顏守忠為太子，南遷之後，召太子南下。太子不顧中都軍民的挽留南下了，途中舟車勞頓，風霜勞苦，再加上驚懼過度，到了南京沒多久，就一病不起，掛掉了。太子死後，宣宗立太子的兒子做皇太孫，準備將來承繼大統，沒想到太孫也很快病死了。這樣，長子長孫都去世了，宣宗就要在活著的兩個兒子裏邊挑一個繼統。完顏守緒是第三子，二哥荊王守純比他年長，但完顏守緒的母親是宣宗的愛妃，他姨是皇后，也就是宣宗娶了姐倆，完顏守緒的媽和姨。子以母貴，完顏守緒得以立為太子。另外守純不得立的一個重要原因是他經常喝酒誤事。這傢伙是個酒膩子，動不動就喝高，朝政怎麼能交給這樣的人呢？守緒做了皇帝之後，他的姨當然是皇太后了，母親也被尊為皇太后，姐倆相安無事，本來就親姐倆嘛。他姨是正宮娘娘，一直也把完顏守緒視若己出。完顏守緒的母親慈聖皇太后，在《金史》裏有傳，是一位非常賢明的后妃。

完顏守緒繼位的時候，也不是一點波折都沒有。宣宗病重時，感覺到自己要不行了，就跟身邊伺候的宮人說快召皇子入宮，但他沒明確說叫哪個皇子來。奉旨的宮人跟守純的母親龐氏關係很好，她趕緊找到龐貴妃，說皇上馬上要不行了，現在讓叫皇子，沒說叫哪個，你趕緊把你兒子叫進來，先到先得。於是守純就進宮了。守緒知道守純進宮的消息之後，大吃一驚。他知道荊王要奪位，趕緊調集東宮的侍衛保衛皇宮，然後命令守宮城的人打開大門。

守城的人一看是皇子，自然不敢攔著，就打開門讓他進去了。宣宗皇帝最後這口氣可能比較長，且嚥不下去呢，守緒就領著自己的侍衛衝進了皇宮。進皇宮之後第一件事，他先把自己二哥守純軟禁起來。這個時候父親也終於把最後一口氣嚥了下去，守緒在父親的靈前繼位，成了金哀宗。

哀宗繼位之後，一想二哥居然要謀朝篡位，絕不能饒了他，一定要把他殺掉，遂安排有司給二哥定罪。消息傳出去，慈聖皇太后就把哀宗叫進宮來。太后問，聽說你要殺你二哥，是嗎？哀宗說，國家大事，您就別問了，他陰謀篡位，兒臣差點兒這皇位就不保，一定要殺他。這時候老太太把頭上的首飾摘下來，跪在地上。我媽怎麼給我下跪啊？哀宗一看嚇壞了，也趕緊跪下了。太后跟皇上講，當年海陵王濫殺宗室，搞得咱們完顏一族人丁凋零，所以咱大金國才到今天這步田地。如果咱們完顏氏族人丁興旺，良將輩出，至於受蒙古這樣的欺負嗎？你現在就這麼一個二哥，你還要殺掉他，這不又要上演海陵王骨肉相殘的一幕嗎？如果你不放了你二哥，我就不起來。哀宗一看太后求情，好吧，您起來吧，我不殺二哥了。荊王雖然沒被殺，但是一直幽禁，直到蒙古人攻破了南京後，被蒙古人殺了。

慈聖太后

由於金哀宗的母親慈聖皇太后的極力勸說，金哀宗才打消了殺死二哥荊王的念頭，而只是將他幽禁起來，這一下荊王也總算是撿回條命來。那麼，對於荊王的母親龐太妃，金哀宗又會如何對待她呢？

有一次宮裏開宴會，太后、皇上、皇后，還有荊王的母親龐太妃，大家一起家宴。荊王雖然被幽禁了，但是荊王的母親沒有罪。家宴的時候，慈聖太后發現自己、皇上和皇后用的是玉碗，而龐太妃用的是瑪瑙碗。當時太后的臉就擱下來了，立刻把負責膳食的官員叫來責問，為什麼給太妃用次一等的碗？難道荊王的母親比我的兒媳婦地位低下嗎？荊王是當今皇上的兄長，皇上兄長的母親，用的碗為什麼比我的兒媳婦差一等？如果以後你們再這麼勢利眼的話，這活兒就別幹了，集體下崗。老太太對於皇族內部的穩定、團結，非常看重。

當時，金國跟蒙古打仗，屢戰屢敗，鮮有勝仗。偶爾打一兩場勝仗，金國上下就要大慶一番。百官上賀表，要給太后、皇上加尊號，太后明確拒絕。國家現在已經到了這步田地，堂堂的大金，疆域就限於河南一隅，打了這麼一場微不足道的小勝仗，還值得這麼大張旗鼓地慶賀？你們這些做宰相、大將的，有沒有廉恥啊？大臣們一看馬屁拍馬蹄上了，此議作罷。由於有這麼好的一位母親教養，哀宗皇帝雖然是個亡國之君，但他確實跟中國歷史上所有的亡國之君都不一樣。非亡國之君而當亡國之運，祖宗作孽報應在子孫身上。

借道攻金

金哀宗完顏守緒是金國第九代皇帝，他從父輩的手中接過的是一個滿目瘡痍、腐敗不堪的破落江山，即使金哀宗再有雄才大略，也不可能扭轉金國走向衰亡的命運。這一點似乎在他繼位的那一天就有所預示……

哀宗皇帝繼位的那一天，寶座還沒坐穩，外面颳大風了，風大到把宮殿的瓦都掀下來了。大臣們一看，真是不祥之兆，莫非要亡國？我主乃真龍天子，怎麼可能出現這種事？大家的驚愕還沒過去呢，守衛宮殿的侍衛來報告，有一個男人站在皇宮的正門——承天門前，披麻戴孝，一會兒哭一會兒樂。侍衛問他為什麼，他說我笑朝中將相都所用非人，我哭金國要滅亡了。大臣們一聽，剛才那檔噁心事還沒完呢，又來這麼一個烏鴉嘴，他竟然說咱大金要滅亡了。於是，大臣奏明皇上，此人應該當街處斬，讓老百姓看看，誹謗當今聖上，是什麼下場。哀宗說，國勢都已經到了這地步，應該允許百姓直言政事，朝廷要聽得進尖銳的批評，即便是話語裏面含著譏諷，也不要去管他。老百姓心裏不痛快，說兩句還不允許嗎？要是鉗制言論，弄不好百姓就起義了。大臣們一看，皇上這麼好心胸，那這事作罷了。但是這個人也不能不管，以後所有人都披麻戴孝跑皇宮門口哭，皇宮成殯儀館了。金國有司官員經過討論，最後說，你可以哭、可以樂，可以披麻戴孝，但不許在這地界做這種事，給了他幾棍，轟走了事。至於他說金國要完了、將相乏人之類的話，就沒受處罰。哀宗皇帝登基之後很有一番作為，處罰奸黨，為抗蒙戰爭中捐軀的將領設立旌忠廟祭祀，表彰抗蒙戰爭有功的人員，凡是歸降蒙古的金國將領，只要能夠棄暗投明，反正歸來，既往不咎，一律提升官爵。

哀宗專門成立一支著名的武裝力量，叫忠孝軍，人數雖然不多，但都是游牧民族出身，精於騎射，戰鬥力很強。這支忠孝軍在金朝後期的抗蒙戰爭當中，充當滅火隊的角色，哪兒有危難，忠孝軍衝到哪兒去，人人能跟蒙古人拼命死戰。但畢竟此時金國國力已經很弱了，哀宗皇帝繼位之後，也只能自保，無力恢復疆土，不但不能恢復，還要收縮。史籍記載，此時金國「盡棄河北、山東關隘，惟並力守河南，保潼關」（《讀史方輿紀要》卷八）。河北、山東、山西全部，陝西大部都放棄了，守也守不住，只要守住潼關，不讓蒙古人殺進河南就可以了。這時的金國方圓不到兩千里，設置四個行省，徵募二十萬軍隊，死保河南。

西元一二二七年，蒙古人滅掉了西夏，金國的一個抗蒙盟友不存在了。在西夏滅亡前夕，成吉思汗病逝，臨終前留下遺囑，交代日後滅金方略：「金精兵在潼關，南據連山，北限大河，難以遽破。若假道於宋，宋金世仇，必能許我。則下兵唐、鄧，直搗大樑。金急，必徵兵潼關，然以數萬之眾，千里赴援，人馬疲弊，雖至弗能戰，破之必矣！」（《元史・太祖本紀》）成吉思汗告訴自己的接班人窩闊台，向宋朝借道滅金，金國的精兵在潼關，我們如果死攻潼關，事倍功半，不如繞過潼關，由陝西、湖北入宋境，從宋境北上，兜擊河南，直搗大梁（開封）。金國一定會從潼關調兵來救，數萬人馬，千里赴援，必是人馬俱疲，到時候我軍一鼓殲之。成吉思汗的遺囑體現出高超的兵法素養，無師自通，臻於化境。

窩闊台繼位之後，牢記住成吉思汗的囑咐，向宋朝借道。宋雖然跟金是世仇，但是也不相信蒙古。宋朝現在不再給金歲幣，也不稱臣，但是還防著蒙古一手，堅持說此時不能跟蒙古訂約。蒙古一看軟的不行，就來硬的，這下宋朝就扛不住了，連金都扛不住蒙古，更何況是宋了。蒙古人攻入宋境，借道進攻金國的疆土。

蒙古軍一路借宋境，攻入河南；另一路仍然是從甘肅、陝西撲過來，猛攻潼關。一路北上，一路東進，夾擊河南。當蒙古軍進攻今天的甘肅、陝西的時候，遭遇一場大敗。

英雄挽狂瀾

蒙古大軍勢如破竹，縱橫馳騁，所向披靡，戰鬥力超乎想像，他們怎麼會遭遇慘敗呢？又會是誰給了蒙古大軍重重的一拳呢？

金國出現了一位挽狂瀾於既倒的英雄名將，此人名叫完顏陳和尚，漢名完顏彝，字良佐。完顏陳和尚的父親是金國軍官，皇族出身，章宗泰和年間，在對宋戰爭中陣亡。陳和尚是金國烈士遺孤。陳和尚家在豐州，就是今天內蒙古呼和浩特附近。二十多歲的時候，陳和尚被蒙古軍俘虜了，他正好在元初名相安童帳下聽差。他的母親仍然居住在豐州，由他的族兄斜烈供養。陳和尚總想找機會逃跑。當他得到了蒙古人的信任之後，有一次就跟安童請假回家探母省親。安童允許他回去，但對他不是百分之百的放心。你回家探母，萬一跑了怎麼辦啊？安童就派了一個軍卒，監視陳和尚。倆人一上道，陳和尚就把監視他的蒙古軍卒殺掉了。他不但殺了蒙古軍卒，還弄了十幾匹馬，跑回豐州家鄉，叫上族兄斜烈，帶著他的老母南下，從淪陷區投奔解放區，直奔金國領土而去。

陳和尚南下，被蒙古人發現了，派出騎兵追趕，他們只能捨大路走小路。羊腸小徑，崎嶇難行，有時還要翻山越嶺，不能騎馬。母親年事已高，行走困難，這一路上如果要背著她，誰也跑不了了。陳和尚弄輛獨輪車推著母親，翻山越嶺，躲避追兵，愣是靠著兩條腿，渡黃河回到了金國佔領區。當時宣宗皇帝看到哥倆帶著老母不遠千里回歸故國，非常高興。斜烈本來就有世爵，世襲猛安謀克，所以授都統，陳和尚補護衛。後來皇上知道他很有才能，就讓他做禁衛軍的軍官。

斜烈做都統之後不久，宣宗皇帝在今天的江蘇一帶設立元帥府，讓斜烈做元帥府的元帥，陳和尚也跟著去駐防。斜烈禮賢下士，跟儒生的關係非常好，有一位大儒經常教斜烈的弟弟，也就是陳和尚習字。陳和尚雖然是一介武將，但是受過良好的儒家思想教育，以忠孝節義自勉。他最愛讀的書，就是《孝經》、《論語》、《春秋左氏傳》，滿腦子的忠君報國思想。史籍記載，陳和尚「軍中無事，則窗下作牛毛細字，如寒苦之士，其視世味漠然」（《金史・完顏陳和尚傳》）。沒事的時候就練書法，看他那樣，就跟窮秀才似的，人世間的享樂都不當回事，很快成長為文武雙全的將領。

後來斜烈病重，皇上讓陳和尚代理族兄的職務。他手下有一個將領很跋扈，跟別的將領不和，屢有爭鬥，甚至發展到動武的地步。陳和尚問明原因，秉公而斷，處罰了這個跋扈的將領。這個將領因為太跋扈了，平時沒有人敢指責他，沒想到被陳和尚揍了一頓，這主兒想不開，氣死了。他臨死的時候，留下遺言給自己的老婆，我是被陳和尚氣死的，你得給我報仇。因此他一死，他老婆就到汴京告御狀，說陳和尚把她的丈夫給害了。甭管有沒有這回事，就算是誣告，朝廷也要調查。調查就需要時間，但當時國家處在危急情況下，不可能調查得那麼仔細。台諫官就想當然地認為陳和尚是禁衛軍出身，以天子近臣自居，他哥哥是元帥，他繼任元帥，這支部隊就成他們家的了。因此，陳和尚肯定跋扈，一定是他洩私憤報復，把手下將領害死了。國難當前，自毀長城，陳和尚太壞了，論律當斬。於是，法司定罪，陳和尚蒙冤下獄。

但是說陳和尚跋扈，濫殺無辜，總得有證據，人家是元帥府的元帥，殺個元帥，不是鬧著玩的。因為證據不足，案子就拖下來了，一拖就是十八個月。陳和尚這十八個月就在牢裏待著。要擱一般人就瘋掉了，天天得扒著欄杆喊，我冤啊，放我出去！陳和尚這十八個月，在獄中處之泰然，作息非常規律：該吃飯吃飯，該睡覺睡覺，該放風了就溜達溜達，沒事在監獄裏打打拳，強身健體，每天讀書，這下還有時間學習了。十八個月以後，宣宗已經故去了，哀宗繼位了，朝廷做了調查，說此事證據不足。中國古代的官員就是犯了罪，一般也是議親、議貴、議功，減等處罰。陳和尚的哥哥於國有功，甭說他的罪過證據不足，就是真的有罪也減等，所以朝廷就把陳和尚釋放了，讓他去做忠孝軍的統領。

四百破八千

忠孝軍是金哀宗為了抵抗蒙古大軍，專門組建的一支軍隊，他們精於騎射、個個驍勇善戰。因此像完顏陳和尚這樣充滿抱負的人，到了忠孝軍後更是如魚得水。完顏陳和尚天天摩拳擦掌，等待時機，上陣殺敵，終於有一天機會來了……

蒙古人打到甘肅慶陽附近的大昌原，當時的金軍主帥問手下將領，誰敢出戰？這次統軍的蒙古大將，不是一般人，成吉思汗開國四傑之一的赤老溫。他率八千蒙古騎兵打過來，誰敢去擋赤老溫的兵鋒？今天的蒙古國國家宮牆外，正中安置一尊成吉思汗的坐像，兩個角一個是窩闊台，一個是忽必烈的坐像。成吉思汗的坐像兩邊，有兩員騎馬大將的雕像，一個是木華黎，一個就是赤老溫，這倆人相當於成吉思汗的護法。赤老溫這樣的一位名將率八千鐵騎兵打過來，誰敢抵抗？完顏陳和尚主動請纓，末將願率本部兵馬出戰。多少人呢？四百人！要對抗蒙古不是第一名將也是第二名將的赤老溫的八千人馬。金國統帥知道，這仗打不贏，誰去都是送死，去四百人是送死，去四千人也是送死，去一萬人基本上也還是送死。既然去多少人都是送死，你不辭冒昧跳了出來，那行，你先死吧。

陳和尚回到軍營當中，沐浴更衣，寫好遺書，然後告訴忠孝軍將士，今天有死無生，有進無退，咱們為國建功，共破賊眾。將士們一看，統帥都已經做好必死的準備了，將有必死之心，士無貪生之念。而且對面來的是蒙古人，我們家的房就是被他燒的，親人就是被他們殺害的，國仇家恨，一起湧上心頭。四百勇士奮不顧身衝進了八千蒙古騎兵當中，以少勝多，大敗赤老溫。史籍記載：「蓋自軍興，二十年始有此捷，奏功第一，……一日名動天下。」（《金史・完顏陳和尚傳》）自從蒙古人攻金以來，二十年了，金國人打了第一個大勝仗。當然這場勝仗規模很小，雙方加一塊兒參戰兵力還不到一萬，只是局部戰鬥的勝利，但是兵力對比懸殊，完顏陳和尚以四百騎兵大破蒙古八千之眾，對手又是那樣的名將，居然被他打得大敗，所以名震國中，奏功第一。朝廷立刻下旨，授完顏陳和尚定遠大將軍，世襲謀克，平涼府判官，後來升為忠孝軍提控，就是忠孝軍的總司令。

陳和尚在戰場上取得了大捷之後，金國人就像是打了一針興奮劑，吃了一個定心丸，我們不是打不過蒙古，我們一比二十，都能把蒙古人打敗，蒙古人沒什麼可怕的。但這只是一場戰鬥，連戰役的級別都夠不上。蒙古人也沒想到金國還有這樣的名將，居然連赤老溫都打了敗仗，所以遣使來跟金議和，實際上就是緩兵之計，探探金的虛實。金國這個時候牛大了，打完這場仗之後，忘乎所以了。金國參知政事移剌蒲阿，居然跟蒙古使臣說，我大金兵精糧足，回去告訴你們的可汗，願意打就派兵來，我隨時恭候。使臣回去告訴窩闊台，金國參政說了，讓咱隨時來，他兵精糧足，恭候著咱。窩闊台一聽，你剛打了隻兔子，就覺得自個兒是個獵人？有什麼了不起，不就贏了一場小仗嗎？你讓我隨時來是吧？我來了。窩闊台點齊人馬，又殺過來了。眼見蒙古大軍打過來，移剌蒲阿傻眼了，我只是吹了一句，你隨時來我恭候，沒想到你真不見外啊。當時陳和尚正在河北作戰，解衛州之圍。移剌蒲阿就是靠著陳和尚才敢打仗的，他趕緊奏明朝廷，把陳和尚給我調來，我的消防隊長不來，這仗沒法打。蒙古軍進攻甘肅、陝西，如入無人之境。金軍統帥平章政事完顏合達、參知政事移剌蒲阿，屢戰屢敗，一路退了下來。

移剌蒲阿雖然也是個忠義之士，但是毫無遠略，心胸狹隘，妒賢嫉能。陳和尚為人剛直不阿，在移剌蒲阿手下的時候，常跟底下人議論移剌蒲阿，說移剌蒲阿是大將軍，但專門幹搶掠的事，打蒙古人不行，老禍害百姓。今天俘虜三百人，明天弄一兩千頭牛羊，士卒跟著疲於奔命，幫他抓人、逮牛羊，士卒累死是小事，把老百姓逼反了是大事，一旦蒙古人進攻，沒有人再願意為朝廷出力了，國家就太危難了。有人就把這些話告訴移剌蒲阿了，陳和尚看不起你，說你只會搶東西，毫無遠略，不配做大將軍。移剌蒲阿有一次宴請諸將，喝酒的時候，他就問陳和尚，你是不是說過這些話啊？換成一般人肯定回答不是我說的，別人誣告我。可是陳和尚把酒杯一放，沒錯，就是我說的，你怎麼辦吧？移剌蒲阿沒見過這種人，你要不承認，也算給我個臺階下，因為你在底下議論，我沒聽到就無所謂。但現在有人告訴我了，我要是不吱聲，我這個統帥怎麼當啊？所以我當面質問你一下，你是不是說過我的壞話啊？你要是懂事，趕緊說不敢不敢，大將軍英明，沒想到陳和尚大大方方承認了。移剌蒲阿傻了，只好說，以後有什麼話你當面說，別在底下議論我，你熟讀《春秋左氏傳》，在底下議論人，不是君子的作為。

鳳翔失陷

完顏陳和尚是金國一員難得的名將，國難當頭，他破敵有功卻反遭同僚嫉妒；一腔熱血，他有心殺賊卻無力回天。面對著數以萬計的蒙古大軍，金國僅憑一個完顏陳和尚是遠遠不夠的。那麼，當蒙古大軍再次發動洪水猛獸般的進攻時，金國又將如何應對？

蒙古軍要打鳳翔了，守軍一日幾次告警，報給朝廷，朝廷手裏沒有兵，下旨給前線兩位統兵大將完顏合達和移剌蒲阿，讓他們速速進兵，解鳳翔之圍，鳳翔一丟，潼關不保。合達和蒲阿見蒙古軍勢大，大軍逡巡不進，一再跟朝廷講，我們去了也是送死，鳳翔肯定是保不住。最後哀宗皇帝只好給二人下旨，現在鳳翔守軍告急，你們就算象徵性地出兵打一下也好，即便不能解鳳翔之圍，也減輕一下守軍的壓力。皇上說就差我求你們了，給個面子，出兵吧。在這種情況下，這二位才出兵。既然皇上說就算象徵性出兵也可以，那我就象徵性地出一下兵吧，兩個人象徵性地派一點人馬，象徵性地比畫了一下，然後就很實在地逃了回來。很快，鳳翔就被攻陷了。鳳翔失陷後，陳和尚已經回到軍中，又該他大顯身手了。在陝西倒回谷，陳和尚又露了個大臉，大敗蒙古名將速不台。速不台父子都是名將，熟悉蒙古歷史的人，提起這個人肅然起敬。蒙古人三次西征，速不台參加了兩次，而且都是主帥。完顏陳和尚兩蹶蒙古名將——赤老溫、速不台，全是這級別的，一般人不夠跟他交手，不屑於打你，要打就打這樣的名將。金軍主力徐徐撤至潼關，蒙古人一看，雖然陝西大部分地區包括長安、鳳翔相繼被我軍佔領，但是潼關天險，金軍主力雲集，易守難攻，如何是好？這個時候一名金國降將就給當時蒙古軍統帥拖雷出主意。拖雷就是《射鵰英雄傳》裏跟郭靖大俠結拜的那位，是成吉思汗的第四子。成吉思汗的兒子，老大朮赤，老二察合台，老三窩闊台，老四拖雷，這是孛爾帖皇后生的。忽蘭皇后生了一子叫闊列堅，這個人在歷史上就不出名了，一般人只知道成吉思汗那四個兒子。

拖雷在成吉思汗諸子當中謀略第一，忽必烈就是他的兒子，元朝的帝位一直在拖雷一系的手裏。金國降將建議拖雷，我們何必在潼關這個地方沒完沒了跟金國人較量呢？金國人所依靠的，無外乎一個潼關，一個黃河天險，我們不如由寶雞入漢中，迂迴兜擊，進攻河南，一戰可成。拖雷一聽，好主意！金國降將咬起舊主人來，比我們都狠。拖雷馬上轉報哥哥窩闊台，金國降將出了這麼一個主意，請大汗定奪。窩闊台也覺得這招不錯，倆人一拍即合。於是蒙古大軍就從寶雞入漢中，繞過潼關，攻入河南境內，直奔金國南京開封而來。

在這個時候，金國就已經到了最後危急存亡的關頭，一場決戰即將展開。

二十四

困守危城

蒙古大軍直搗汴京，金國危在旦夕。
金哀宗調集的數十萬救兵，卻被蒙古大軍消滅在路上，
整個汴京城變成了一座孤城。
一場惡戰即將上演！
那麼，面對來勢洶洶的蒙古大軍，金國人如何才能守住汴京城？

蒙古大汗窩闊台，接受了金國降將的建議，從南邊繞道北上，兜擊金國。蒙古大軍兵分三路，直奔金國腹地殺將過來。

眼看蒙古兵到，金國的宰執大臣給皇帝出主意：「京師積糧數百萬斛，令河南州郡堅壁清野。彼欲攻而不能，欲戰不得，師老食盡，不擊自歸矣。」（《續資治通鑒》卷一百六十五）蒙古人萬里來襲，人困馬乏，我們只要讓河南州郡堅壁清野，等蒙古人進入河南之後，要打打不下來，要吃沒的可吃，師老糧盡的時候，自己就會退兵。但前提是必須要堅壁清野，老百姓把糧食、房屋都燒掉，把水井填埋，讓蒙古人沒得住、沒得吃、沒得喝，這樣蒙古人就會退兵。

哀宗皇帝聽了大臣的建議以後，一聲長歎：「南渡二十年，所在之民，破田宅，鬻妻子，以養軍士。今敵至不能迎戰，徒欲自保京城，雖存何以為國！天下其謂我何！朕思之熟矣，存亡有天命，惟不負吾民可也。」（《續資治通鑒》卷一百六十五）皇上說，朝廷南渡二十年，百萬人擠在河南一隅之地。老百姓賣房子、賣地、賣老婆、賣孩子，養活軍士。現在敵人來了，我們不能跟敵人打仗，還要讓老百姓毀房子毀地，實在說不過去，就算京城保下來了，朕也沒有臉去見百姓。存亡自有天命，朕寧可亡國，不負百姓。哀宗拒絕了大臣的建議，不能堅壁清野，不能毀掉老百姓最基本的生活資料。

蒙古軍一路殺來，哀宗皇帝只能下詔給前線的統軍大將合達和蒲阿，讓他們趕緊率軍增援。合達和蒲阿接詔，這次不敢怠慢了，這不是救鳳翔，而是救京師，朝廷眼看讓人一鍋端了。回軍的時候，得知消息說蒙古兵正在渡江，倆人就爭論怎麼打渡江的蒙古兵，一個說以逸待勞，另一個說擊敵於半渡，作戰方針沒法確定。還沒爭論完，探馬來報，不用吵了，蒙古兵已經過江了。倆人一下慌了，沒想到蒙古兵行動如此迅速，這兒作戰計畫還沒研究出來，對方就過來了。倆人急忙領兵撤到禹山，金軍依山布陣，步兵列於山前，騎兵在山後，等著蒙古軍來攻。這時，蒙古人三三兩兩地過來了，也不成陣，人人都騎著快馬。金軍緊張得不得了，握緊了刀槍，拉滿了弓，等著蒙古軍進入射程，我就要放箭，衝到跟前，我就跟他拼命。沒想到蒙古騎兵潮水一樣湧來，一下繞過了金國的步卒，衝到山後面去了，金國的步兵就傻眼了，步兵調動很不方便。蒙古兵繞到山後之後，也不著急進攻，金國的騎兵一追擊，蒙古軍就撤退了，因為蒙古人也很疲倦，遠道而來，並無戰意，就是試探一下。

蒙古軍撤退之後，合達和蒲阿兩人又開始爭論怎麼對付這些蒙古人。合達說蒙古軍遠道而來，兵馬不過三萬，還有一萬多人是押糧草輜重的，咱現在有十幾萬大軍，我軍現在出擊，一定能夠全殲蒙古軍，為朝廷立功。蒲阿大不以為然，平章錯矣，蒙古人現在沒有退路啊，黃河又沒結冰，前有大江，後有大河，是一塊死地，咱們以逸待勞，休整好了，再跟蒙古人打。兩個人在爭來爭去，探馬來報，二老別爭了，蒙古人找不著了。你們吵來吵去的時間裏，蒙古人全是騎兵，行蹤飄忽，已經不知去向了。合達和蒲阿一聽急了，找不著敵人了還成？咱得出去找啊。

金軍找了四天，都沒找著蒙古人。這四天裏，將士疲於奔命，本來是個以逸待勞的大好時機，最後鬧得金軍這四天不得休息、不得飲食，士兵有活活餓死的。四天吃不上飯，每天強行軍幾十華里，能不餓死嗎？這時，蒙古人出現了。蒙古人在哪兒？就在樹林子裏躲著呢。白天，飲馬奶吃肉乾，晚上就騎在馬上睡覺，不下馬。蒙古人在馬上，整整坐了四天四夜。馬能站著睡，人在馬上也能睡著了，掉不下去，也不翻身，就在馬上待了四天。馬上民族人和馬的這種和諧，令人嘆服。蒙古人在樹林子裏吃得飽、睡得香，歇了四天，金國人四天捉迷藏，沒吃沒睡。這個時候蒙古兵突然出現，一下形勢倒轉，變成蒙古人以逸待勞了。蒙古精騎四出，專門截殺金軍運糧的隊伍，金軍大敗。合達和蒲阿只好狼狽地逃入鄧州城。逃入城中之後，明明是一場大敗仗，哥倆隱瞞敗績，上表朝廷，說打了個大勝仗，蒙古人被我們打退了。朝廷太渴望勝仗了，聽到這個勝仗的消息也不調查，「百官表賀，諸相置酒」（《金史·完顏合達傳》）。百官又要給皇帝上尊號，金國百姓原來都在山裏躲著，在田埂上伏著，現在都放心回家，料理家務，打掃房間去了。蒙古兵一過來，百姓全被殺死了。至於埋的糧食，老百姓不是都挖出來了嗎？全讓蒙古人扛走了。

蒙古幾路大軍圍住了汴京。哀宗皇帝知道合達和蒲阿上次是謊報戰功，沒能夠擋住蒙古人，蒙古人現在奔汴京來了，急忙召集臣下，商議如何退敵。

三峰山之戰

汴京是金國的都城，假如汴京城破，金國也將不復存在，所以金國上下軍民一心，誓死捍衛汴京城。那麼面對即將到來的蒙古大軍，金國會做哪些守城的準備呢？

平章完顏白撒建議哀宗，蒙古來襲，不過是欺負汴京防守空虛，我國大部隊都在外地，京師沒有兵。所以咱們應該沿著汴京城修一圈短堤，把黃河水引過來，以水代兵，在水堤外面形成一道天然護城河，這樣就能擋住蒙古兵。皇上到這個時候，也已經大失方寸了，他畢竟沒在前線打過仗，不是馬上天子，一聽完顏白撒這個主意，連聲稱是，趕緊挖河去。完顏白撒是一個粗鄙不文的人，根本沒想過，這條河把汴京城圍一圈，就算蒙古人不打過來，河水泡汴京城一年，汴京還能要嗎？汴京城的城牆，不是磚牆，而是夯土為牆。明清北京也是土牆，外包城磚，都拿磚壘得多少磚？汴京城就是土牆，拿水泡著它？你說這是擋蒙古人，還是幫著蒙古人？蒙古人得到了降將的指點，從別的渡口殺過來，一下把掘河的民工幾乎砍殺殆盡，一萬多民工僅三百人逃出生天。否則一萬精壯，要防守城池，也能起很大作用吧？河還沒挖完呢，蒙古人就衝過來了，蒙古人是騎兵，馬能跳過短堤，人可跳不過去。馬能蹚過河水，人可游不過去。這一下，蒙古軍想來就來，金國人想出去卻出不去，困在城裏邊了。

汴京城豪華壯麗，周長八十里，從後周世宗時開始營建。金宣宗南遷之後，權臣朮虎高琪出餿主意，說八十里城牆不好防守，咱在裏邊修一圈子城，八十里咱守不住，守四十里沒問題。所以又修了四十里子城，花費巨億，累死了很多老百姓。等子城修好之後，蒙古人打到汴京時，大臣又跟皇上說，外城要不守，子城也守不住，還得守外城。修子城花了這麼多錢，累死這麼多老百姓，白忙活了。南京城內凡是能拿得動武器的都上城牆了，集中了四萬士兵，外帶兩萬精壯青年，六萬人防守八十里周長的外城，就是在城牆上站著。到處是大空檔，蒙古人隨便從哪兒撕開一個口子就能衝進來。

汴京危若累卵，眼瞅著國都就要被敵人攻克，全部希望在於城外的援軍，光靠汴京城自身肯定擋不住蒙古人。皇帝詔諭合達、蒲阿，全力馳援汴京，再有遷延貽誤，二相軍法重責。倆人一看現在關係到腦袋問題了，咱真得玩命了。於是完顏合達和移剌蒲阿率金國最後的主力軍十五萬人馬，兩萬騎兵、十三萬步兵，從鄧州出發，馳援京師。三千蒙古騎兵在後面尾隨，也不進攻，跟金軍保持一段距離。

蒙古人在等待援兵。因為汴京一時半會兒打不下來，所以他們在河南其他州縣大肆抄掠。現在一看金軍主力出動，各地蒙古軍不斷湧來與尾隨金軍的這股蒙古軍會合。蒙古人越來越多，今天三千，明天就是一萬，後天兩萬，大後天三萬。合達和蒲阿商議，咱們不能坐視蒙古軍發展壯大，現在敵人不過數千騎，我軍在前面走，他們在後面跟，咱哥倆成交通指示牌了，他們找不著汴梁，咱帶著他去，這不合適。咱們必須回身跟敵人激戰，先把他這幾千人吃掉，能殺多少算多少。於是金國大軍紮營，準備跟蒙古人接仗。金國人一紮下營寨，蒙古人就發動進攻。你走的時候我跟著，你只要一歇下來，我就騷擾你。金軍剛把帳篷架好，埋鍋造飯，想休息會兒，蒙古騎兵就呼嘯而來。十幾萬金軍都覺得蒙古兵是奔自己來的，於是帳篷也不架了，鍋也踢翻了，先拔刀迎戰。金軍一迎戰，蒙古兵跑沒影了。你只要一埋鍋他就來，鍋一踢翻他就走了。如此幾次，金軍不得休息飲食。

金軍行至三峰山，離鈞州還有二十五里，天降大雪，暴雪成災，大軍不得前進。這時汴京快馬傳旨，二相立刻起兵，京師危若累卵，再若遷延貽誤，法不輕饒。二相急忙傳令，把步兵都踢起來，把騎兵都吆喝起來，去救京師。士兵沒吃上飯沒睡成覺，又渴又餓又睏，懵懵懂懂、跌跌撞撞地出發了，行軍過程當中，有的兵都能睡著了，而且部隊三天都沒吃著飯了。蒙古軍這時從四面八方湧來，把十五萬金軍包圍了。蒙軍砍伐樹木，製造路障，擋住金軍的去路。金軍本來就饑寒交迫，又逢天降大雪，一路行軍，既要不斷提防蒙古遊騎的騷擾，又要搬樹，搬石頭，體力基本上耗盡了。此時，蒙古軍大陣已成。十五萬金軍在漫天大風雪中站立，有的人列陣的時候就倒斃身亡，活活凍死、餓死了。金軍大部分士兵已經舉不起武器，拉不開弓了。蒙古人把軍隊分成兩撥，一撥支起大鍋煮肉，吃肉、喝馬奶酒，酒足飯飽了，把在戰場上拼命的那撥換回來，這一撥吃肉、喝馬奶酒，然後再把那撥換回來，如此反覆，車輪戰法。此時金軍已經傷亡數萬，不得飲食，而蒙古人吃飽喝足，一肚子酒肉，身體燥熱，正要找人發洩一下呢。蒙軍統帥忽然下令，圍三缺一，網開一面，打開通往鈞州方向的道路，任由金國人撤往鈞州。金國士兵見有一線逃生的希望，立刻兵無鬥志，將無戰心，史籍記載：「金軍遂潰，聲如崩山。」（《金史·移剌蒲阿傳》）金國大軍向鈞州城潰退，十五萬人馬基本上都做了刀下之鬼，完顏合達與移剌蒲阿也失去了聯繫。

完顏陳和尚拼死力戰，保著完顏合達率數百騎兵退入了鈞州，移剌蒲阿不知道跑哪兒去了。完顏陳和尚退入鈞州之後，蒙古大軍來攻。城裏只有數百人，顯然是防守不住的，於是鈞州城破。完顏合達藏於民宅，被蒙古軍搜出，一刀砍死。蒙古兵提著完顏合達的首級，到汴京城下示威，對汴京守城的部隊講，你們所依靠的無外乎就是完顏合達和黃河天險，現在完顏合達已經被我們幹掉了，黃河馬上就要結冰了。你們還不投降，更待何時？三峰山之戰，成為蒙古滅金的決定性戰役，金軍主力基本上損失殆盡。

蒙古兵攻破了鈞州之後，完顏陳和尚在隱蔽處藏匿。金國百姓也都知道，這是我朝第一名將，我朝復興的希望就在陳和尚身上，所以把他藏匿起來，他是可以跑的。但是陳和尚一想，我萬一要是藏不住，蒙古兵來搜，我一抵抗，被幾個蒙古小兵砍死了，那太冤了。將在謀，而不在勇，就算有兵刃在手，一個人又能打多少人？趙子龍只是一個傳說，誰也沒看見他在長阪坡前的英武。如果蒙古兵來個十七八個，我肯定抵擋不住。要讓這些小兵把我砍死，就不能青史留名了。而且那樣我死得也太冤了，朝廷也不知道，報個失蹤還好說，別再給我弄個叛國。我一定要死得光明磊落！於是完顏陳和尚就從藏匿之處出來了。蒙古軍攻破鈞州，已經屠城數日，人也差不多都殺光了，能搶的東西也搶光了，基本上市面上安定下來了。完顏陳和尚在大街上叫住一個蒙古兵，帶我去見你們大帥，我是金國大將。那個蒙古兵一聽喜從天降，我逮住一個金國大將，這玩意兒得值多少頭牛啊！於是蒙古兵就帶著完顏陳和尚去見主帥拖雷。

完顏陳和尚見到拖雷之後，高聲言道：「我忠孝軍總領陳和尚也。大昌原之勝者我也，衛州之勝亦我也，倒回谷之勝亦我也。我死亂軍中，人將謂我負國家。今日明白死，天下必有知我者！」（《金史・完顏陳和尚傳》）大昌原、衛州、倒回谷，你們那赤老溫、速不台全是我打敗的，我如果死在亂軍之中，怕別人說我有負於國家，因此我今日明白來死，希望天下人知道我的忠義。蒙古軍佩服啊，這是一條漢子，就勸他投降。你們金國大勢已去，皇帝昏庸，宰相奸佞，你何必為這樣的腐朽政權賣命呢？完顏陳和尚破口大罵，誓死不降。蒙古軍凶殘的本性就暴露出來了。好言勸你投降，投降了咱就是哥兒們、安答。不降？大鐵棍子上。蒙古人把陳和尚的雙腿打斷，陳和尚跪在地上猶破口大罵。蒙古人用刀劃開他的嘴，一直劃到腮幫子，陳和尚噴血痛罵，至死不屈。蒙古人也被陳和尚感動了，把馬奶酒倒在地上為他祝禱：「好男子，他日再生，當令我得之！」（《金史・完顏陳和尚傳》）如果你還有來世的話，咱們做朋友、做戰友。完顏陳和尚慷慨赴難，壯烈殉國，在國家危急存亡之秋，盡到了一個軍人的本分。

移剌蒲阿後來也被蒙古人俘虜，這個人雖然軍事上沒有什麼遠略，一誤再誤，但是氣節可嘉，也是寧死不屈，殺身殉國。這樣一來，汴京城幾乎是赤身裸體地暴露在蒙古軍的面前了。

駐守陝西的金國大將徒單兀典手下還有兵馬，皇帝下詔給徒單兀典，陝西不要了，趕緊撤入河南，救援汴京。徒單兀典率十一萬大軍啟程增援汴京，帶著十多萬斛軍糧，裝了三百艘大船，準備順河而下，結果剛裝了幾船糧食，蒙古兵殺過來了，糧船被蒙古兵繳獲，空船都嚇跑了。蒙古兵是遊騎，不是主力，很快被打退。徒單兀典要求當地百姓人扛、馬馱、驢擔著，運送糧食去增援汴京。

這個時候，金國潼關守將降蒙，蒙古大軍一殺過來，徒單兀典十一萬人馬作鳥獸散。史籍記載：「山路積雪，晝日凍釋，泥淖及脛，隨軍婦女棄擲幼稚，哀號盈路。」（《金史・徒單兀典傳》）當時山路積雪，第二天太陽一出來，雪化成泥了，一直沒到小腿。隨軍的老百姓，把老人孩子扔掉，哀號盈路。十幾萬大軍，灰飛煙滅。這樣，兩路金軍去救援開封，全失敗了。三峰山之戰十五萬大軍覆沒，這一次徒單兀典十一萬大軍又覆沒了。因此，只有靠汴京軍民自己防守城池了。

夢寐談和

馳援汴京的金國大軍已經被蒙古大軍消滅在了路上，金國主將也紛紛戰死，救兵沒了，金哀宗的最後一絲希望徹底破滅了，整個汴京城就變成了一座孤城，危如累卵。而蒙古大軍一路馳騁，直搗汴京，一場惡戰即將上演……

蒙古人打到開封，攻城總指揮速不台下令，讓被俘的金國男女老幼背土，填護城河。城上的金國守軍看到城下父老背土填河，不忍心放箭射殺。而百姓們又不敢不填河，後面蒙古人的戰刀在腦袋上揮著呢。凡是背不動的，倒斃於路上的，蒙古軍就把屍體直接扔入護城河。頃刻之間，護城河就被填滿了，蒙古軍開始攻城。

在這樣的危急關頭，金國的平章政事完顏白撒卻禁止金軍跟蒙古兵開戰。因為窩闊台看到中原天氣漸熱，想回蒙古高原去避暑，蒙古人打仗都是趁著秋高馬肥的季節，盛夏時節在中原待不住。窩闊台留下大將速不台圍攻汴京，自己要撤。為了忽悠一下金國人，也想再要點東西，所以蒙古人假意跟金國人談和。金國人喜出望外，甭管是真和假和了，只要能喘口氣就行，立刻答應跟蒙古談和。

哀宗皇帝把自己的侄子，就是被他關起來的二哥守純的兒子封為曹王，準備送到蒙古軍中做人質。完顏白撒以此為藉口，說朝廷正在跟蒙古議和，不准出兵。老百姓不幹了，守城的兵士也不幹了，護城河都填滿了，眼瞅蒙古兵就要打過來了，你不讓我們出戰？於是百姓和軍士齊聲高喊，我們要見皇上，皇上出來！有人敲響了登聞鼓。皇上在宮裏聽到了，外邊怎麼這麼大動靜啊？軍民要見朕，朕得去跟百姓、士兵見一面，說明情況。於是皇上就出來了，百姓圍攏上來。到這危急關頭也顧不上君臣禮儀了，有人甚至抓住皇上的衣服。這要在過去，立刻就得斬首，大逆不道。大家問皇上，蒙古兵已經把護城河填滿了，隨時有破城的可能，現在平章白撒不讓我們出城迎敵，也不讓我們放箭。陛下，難道朝廷真的是要跟蒙古兵議和嗎？皇上沉痛地回答：「朕以生靈之故，稱臣進奉，無不順從。止有一子，養來長成，今往作質。汝等略忍，待曹王出，蒙古不退，汝等死戰未晚。」（《續資治通鑑》卷一百六十六）朕為了百姓生靈，屈己求和，稱臣進奉都可以，現在派曹王為人質，到蒙古營中議和。你們稍微忍耐忍耐，等曹王到了蒙古軍中，如果蒙古兵還不退的話，你們再出戰跟蒙古人玩命，也來得及。

汴京保衛戰

金哀宗希望通過談判的方式來保住汴京城，他願意答應蒙古大汗提出的所有條件。那麼金哀宗的這番誠意，真的就能讓蒙古大軍退兵嗎？

蒙古人照樣進攻，速不台說沒接到大汗退兵的命令。蒙古兵傳令可能都是口信，你寫字俺也不認得，所以速不台繼續猛烈進攻，就是不退兵。金國人知道上當了，蒙古兵不但不退，而且進攻甚急。

蒙古人不但騎兵凶猛，器械也很精巧。蒙古人破城之後，工匠可以苟活，不殺手藝人。蒙古軍中有很多工匠，製造抛石機。在火炮出現以前，抛石機是最有殺傷力的武器。蒙古人在汴京城外到處搜羅石材，老百姓家裏的石磨、墳地裏的墓碑，都被用作抛石機的石彈，轟砸汴京城。

汴京城自後周世宗開始營建，北宋和金又不斷添修，堅固異常。大石塊「轟」的一下，砸到城牆上，城牆就凹進去一塊，它是土製的，不是磚的，磚一砸就碎了，夯土非常受力，石頭嵌在城牆上，就當城磚了。扔進城的石頭，確實砸毀民房，給百姓造成傷亡，但是靠近城牆的地方，老百姓都撤走了，也不住人了。蒙古軍扔進來的石頭堆得跟山似的，給城裏的守軍增添了防守用具，石頭摔兩半的照樣能用。金軍很高興，謝謝啊。昔有草船借箭，我今土城借石！金軍也有拋石機，只不過小點而已。

金國人還有兩件絕密武器，在汴京保衛戰當中得到了應用。一個是震天雷，另外一個是突火槍。今天的火藥武器無外乎是三種形態：爆炸類、射擊類和燃燒類。火器起源於中國，宋金時代，三種火器形態全部具備了。震天雷是一種爆炸性武器，一個大鐵罐子，裝上炸藥，點著了用拋石機扔出去。史籍記載：「其聲如雷，聞百里外，所爇圍半畝之上，火點著甲鐵皆透。」（《金史・赤盞合喜傳》）一聲巨響，百里地以外都能聽見，能燒半畝地，鐵甲都能點著。蒙古人身穿輕便的皮甲，更容易點著。突火槍類似於今天的火焰噴射器，史籍記載：「注藥，以火發之，輒前燒十餘步，人亦不敢近。」（《金史・赤盞合喜傳》）

蒙古兵一看，這咋整啊？咱拿拋石機砸他，他把石頭攢起來回砸咱們。咱攻城，他拿大鐵罐子燒咱們，拿火槍噴咱們。有一個蒙古將領建議速不台挖地道，從地面上打不過去，咱就穴地而進。速不台覺得挖地道倒是很可行，問題是我軍沒有工兵啊！挖地道要經過精確的計算，從軍營開始挖，要正好挖到城牆下，這事怕咱幹不了。於是，蒙古人用牛皮捲成桶，士兵躲在牛皮桶裏，爬到城牆根底下開挖。汴京城牆下面，全是一條一條牛皮桶，蒙古兵跟地老鼠似的，逼進汴京城牆。守軍一看，這太好對付了，拿鐵絲繫上震天雷，往城下扔。蒙古兵衝到城牆底下，上面的大鐵罐子點著了，一下扔下來，連人帶牛皮都炸成碎末。

這時候速不台真束手無策了，所有招都想盡了，攻了整整十六個晝夜，汴京城就是攻不進去。蒙古軍現在所能做的，只有挖開金哀宗母親的墳墓，毀屍洩憤。但墳能刨開，城牆刨不開啊。這個時候速不台跟金國說了，前些天是誤會，我接到我們大汗的詔書了，可以不打了。但是我不能白來一趟，你得犒賞我。金國只要蒙古軍能退，給點錢也認了，準備了牛羊美酒，金銀財寶去犒賞蒙古軍，蒙古軍稍退。

蒙古軍一退，百官上表慶賀，皇帝改元，大赦天下，撤御膳，裁冗員，聖旨改叫制旨，下罪己詔譴責自己一番，布衣聽政，想大有作為。

但實際上蒙古軍只是稍退，圍城之勢並沒有解除，這一幕跟一百多年前的靖康之變驚人地相似。一場保衛戰下來，汴京城裏面打死餓死的將近一百萬人，屍體也來不及掩埋，瘟疫流行。金國就忙著處理這些事了。

斬殺蒙使

汴京城久攻不破，蒙古大軍轉變策略，暫時停止了對汴京城的進攻，但是大軍依然駐守城下，並且派出使臣與金議和。那麼，議和的結果究竟會怎麼樣呢？

蒙古派使臣跟金國講，既然雙方和議了，請金國天子往我營中走一趟，咱們好議和啊。哀宗一聽，甭來這一套，這都是我祖宗玩剩下的，我還不知道嗎？當年我們大金南下伐宋，就讓宋欽宗到軍營中議和，宋欽宗傻不拉嘰去了，到那兒就給扣了，我絕不上當。

哀宗皇帝告訴蒙古使者，朕非常想見貴國大帥，雙方友好地交談，朕愉快地接受了你的邀請，願意在方便的時候訪問貴國，但我現在真的是身體有病，去不了。蒙古使臣說，既然貴國皇上有病，我探望一下病情總可以吧？哀宗沒辦法，這個時候蒙古人說什麼是什麼，只得讓蒙古使臣上殿探望病情。

哀宗皇帝在大殿上擺了個御榻，躺在榻上哼哼唧唧裝病，這蒙古使臣也是死催的，大搖大擺上得殿來，圍著哀宗的御榻轉，非要強迫哀宗起來。哀宗只好虛與委蛇，說朕真的有病，改天一定去。蒙古使臣一看，怎麼叫也不起來，又不能動手拽他，只好悻悻下殿。但是他的這種做法大大激怒了金國軍民。消息從宮裏傳出來，說蒙古使臣圍著咱皇上的御榻轉，毫無人臣之禮，非要把咱皇上給拽下來。金國人的民族自尊心被激發出來了，一幫金國士兵衝入蒙古使臣居住的館驛，把使臣殺掉了。兩國相爭，不斬來使。他再無禮，也是蒙古派來的使臣，把他一殺掉，兩國和議遂絕，蒙古兵早晚還要再攻汴京。

眼看汴京是守不住了，哀宗皇帝就想離開這個是非之地。與其在這兒死守，像宋徽宗、宋欽宗那樣白白送死，不如到外地招兵買馬，挽救京師。那麼金哀宗要去哪兒？他最後的歸宿又在哪裏？

二十五

王朝末路

金哀宗完顏守緒是金國的亡國之君。
雖然金國是在哀宗手中滅亡的，
但是金哀宗的亡國還是很令人同情的，
因為此時的金國已經是問題重重，
積重難返，哀宗實際上是無力回天了。
那麼昔日叱吒風雲的金帝國最終究竟是怎樣走向滅亡的？
金哀宗在最後的關頭又會有怎樣的表現呢？

金哀宗眼看汴京城守不住了，決定讓城而走，殺將出去。此時河南很多州郡還在金國手裏，殺出去之後，沒準兒能另開闢一片新天地。哀宗召集群臣商議去哪兒，有人建議去歸德（今河南商丘），有的人建議去衛州，還有人建議去汝州，吵了半天也沒個結果。哀宗煩了，不聽你們這雞一嘴、鴨一嘴的了，吵也吵不出個結果來，乾脆先出城再說，甭管去哪兒，一定要走。

出城的時候，哀宗皇帝跟太后、皇后、妃嬪、公主訣別，朕不能帶著你們走，出去兵荒馬亂的，安全沒有保障，你們在汴京城裏最安全，蒙古人死活也打不進來。我出去招兵買馬。現在朝廷發聖旨沒用了，兵將不聽調遣，但看見朕本人，他們總得認吧。朕領兵回來解汴京之圍，到時候大家還有相見之日。哀宗皇帝一咬牙、一跺腳走了，妃嬪、公主痛哭流涕，知道這一去就見不著了。皇上在這兒，汴京城是安全，大家為了保護皇上才玩命，皇上走了，還把兵都帶走了，我們能安全嗎？誰為了保護我們玩命啊？女眷們知道，皇上是嫌我們累贅，騎不了馬、爬不了山，所以不帶我們。皇上說得挺好聽，我們在這兒最安全，讓我們看家，等他回來，才不是這麼回事呢！哀宗也知道，這一去就是永別了，回望汴京，潸然淚下，果然再也沒回來。

皇上離開汴京城之後，留下兩位宰相防守汴京。但宰相是文官，不知兵，皇上就把守城重任交給西面元帥崔立。史籍記載，崔立「性淫姣，常思亂以快其欲」（《金史・崔立傳》）。他小時候家貧無狀，靠為寺僧背鼓謀生。恰逢蒙古軍打過來，朝廷封建九公，崔立就投奔了上黨公張開，累功做到了知州。後來張開敗亡，崔立入金境，上表給朝廷，希望得到朝廷重用。朝廷一查，這個人要文憑沒文憑，要戰功沒戰功，就駁回了他求官的請求。崔立常以自己未能官居三品而感到羞恥，就盼著天下大亂，好有機會出頭露面。現在皇上走了，防守的重任交給自己了，他於是就帶著兩個同夥包圍了宰相的辦公地點，闖進去質問宰相，現在防守京師的重任交給咱們了，你們倆想怎麼辦？這倆人一看崔立來者不善，手持利劍，趕緊說此事好商量，慢慢來，別著急。崔立留下一句狠話，你們倆商量著吧，轉身出來。二相情知大事不妙，就也跟著出來，一出衙署大門，崔立的部下上去一頓亂刀，就把他倆殺掉了。崔立衝進丞相的家，把裏面的東西全部搶走，運回自己家。然後，他召集汴京百姓，說二相誤國，我把他們殺了，為你們謀條生路，你們願意嗎？老百姓高喊願意！老百姓一聽有人給自個兒謀條生路，甭管怎麼謀生，大家都說願意，你殺宰相又不關我的事。崔立說，既然你們願意，那大家聽我的。首先，我們得立一個新皇帝，哀宗已經跑了，再也回不來了，我們可以立當年衛紹王的太子為帝。衛紹王被權臣胡沙虎弒殺，太子也就被廢了，現在爵封梁王。崔立為什麼要立梁王呢？因為衛紹王的女兒歧國公主在當年成吉思汗第一次進攻中都的時候，被金宣宗送給成吉思汗，梁王的姐姐在北兵中，我們跟蒙古有親戚。如果我們立了成吉思汗的舅子當皇帝的話，那論輩分，他是窩闊台的舅舅，窩闊台賣一點面子，咱們汴京城就能保住。群臣這個時候也沒了主意，崔立連宰相都殺了，你要不答應，下一個死的就是你啊。大家沒辦法了，好吧，那就立梁王當皇帝吧。

生食崔立肉

哀宗逃離汴京，把汴京留給了崔立這個不靠譜的人。崔立為了個人利益置國家安危於不顧，殺宰相，立新君，這個崔立的葫蘆裏到底賣的什麼藥呢？汴京城的百姓和皇族宗室落在這樣一個人手裏，等待他們的將是怎樣可怕的命運？

梁王剛一當上皇帝，崔立就把他軟禁了。行了，你的任務完成了，你已經做皇帝了，朝政聽我的。崔立要過把官癮，原來官沒做到三品，現在直接做一品，自稱太師、尚書令、都元帥、鄭王。崔立告訴老百姓，你們想活命嗎？我給你們指條明路，把你們家財寶都拿出來，把美女獻給蒙古兵，蒙古兵自然就退了。老百姓一聽，您這叫什麼主意啊？我們拼死抵抗蒙古兵，不就是想保住自己的家產和妻女嗎？老百姓不幹，崔立就命令士兵下去搶。他說跟蒙古人已經商量好了，蒙古人同意他做金國的統帥，他奉了蒙古大汗的命令，挨家挨戶搜查金銀財寶，把美女送往蒙古軍營。老百姓備遭荼毒，生不如死，整個汴京城成了一座人間地獄。

崔立一看百姓被折騰夠了，下一步怎麼討好蒙古人呢？於是，他決定把留在汴京城內的完顏氏皇族一鍋端，以保全自己一生富貴。崔立就逼著金國的皇太后、皇后、梁王、荊王，以及宗室五百多人北行，用三十七輛大車送往蒙古；再把城中的僧人、道士、繡女、工匠，都搜羅起來北上。這一幕簡直就是一百多年前靖康之變的重演。金國皇族的待遇，甚至還不如當年的北宋皇族，北宋皇族到了金國，雖然受盡屈辱，總算還是活了下來。蒙古人沒這個耐心，這幾百金國皇族送到蒙古軍中之後，男的一律殺掉，女的就賣到北方草原上換牛羊去了。崔立打開城門，迎接蒙古兵進城。他覺得自己把金國皇族一鍋端，獻給了蒙古，蒙古人一來，必有重賞，我肯定還是老大啊。沒想到蒙古兵一進城就打聽城裏誰家最有錢。老百姓說，崔立家最有錢。那肯定啊，他把皇族、百姓的錢都搜刮走了。蒙古兵一聽，崔立家最有錢？我管你跟大汗有沒有約定，你跟我反正沒約定，馬上衝進崔立家搶了個底兒掉，不但把所有的財寶搶走，連他的妻妾都瓜分乾淨了。崔立回家一看，府裏都變成毛坯房了，伏案痛哭，悔之晚矣。

崔立諂媚蒙古，欺壓百姓，虐待士卒，不但貪財，而且好色。他帳下有一員將領，妻子十分貌美，崔立就老想把這個人的妻子佔為己有，總派這個人出差，他就想等這將領一出差就下手。但這個將領很聰明，每次出差都帶家屬去。崔立很生氣，卻有苦說不出來，又不能說你出差把你媳婦留下來，於是就想把這個人殺掉。這個人也明白，崔立的忍耐是有限度的，早晚有一天惱羞成怒，會對自己動手。怎麼辦？只有先下手為強了！他就去聯絡崔立帳下的軍官。他說，崔立欺君誤國，大金亡國之禍都是崔立招來的，你們願不願意和我攜手除掉此賊，為國盡忠？大家都說願意，城中百姓恨不得生食崔立之肉，有什麼不願意的。於是，大家衝進崔立的住處，手起刀落，把他殺了。

崔立被殺的消息傳到汴京城中，老百姓激動地衝上去吃崔立的肉，你一口我一口，拿牙把他剮了。崔立的殘屍被吊在一棵枝繁葉茂的大樹上示眾。有意思的是，崔立剛被吊上，大樹就倒了，根都翹起來了。老百姓說，看見沒有，樹都怕崔立污染了它，大樹有靈，居然倒了。賣國權奸，不得好死。

此時的汴京城，一片狼藉，慘不忍睹。金末元初的大詩人元好問賦詩描寫當時的慘狀：「白骨縱橫似亂麻，幾年桑梓變龍沙。只知河朔生靈盡，破屋疏煙卻數家。」（《癸巳五月三日北渡三首》之一）河朔生靈已盡，汴京城死人不下百萬。

歸德內亂

崔立雖然最後得到了他應有的下場，但是汴京城也不復存在了，皇族宗室和汴京城內百姓的命運讓人歎息。那麼此時的哀宗皇帝逃到哪裏了呢？他還能改變自己和金國的命運嗎？金哀宗的逃亡之路到哪裏才是盡頭呢？

皇帝這個時候已經逃到歸德，隨駕的親軍以及外地勤王之師漸漸雲集，兵馬日眾。歸德城小，養活不了這麼多兵馬。歸德城內的金國守將就建議皇帝把城中的部隊遣散。你弄這麼多人來，我這兒養不活啊，憑什麼都吃我歸德的糧食啊？你留下點親兵就夠了，防守歸德有我歸德的士兵。皇上此時不敢得罪歸德守將，只好把其他地方來的兵遣散，讓他們哪兒來的回哪兒，或者哪兒有糧食你去哪兒。士卒們一看，既然皇上不要我們了，走投無路，就只好投降蒙古了。皇帝身邊只留下了元帥蒲察官奴的四百五十名忠孝軍和其他七百名士兵。歸德地方守將就覺得自己是老大了，皇上投靠我來了，應該聽我的，即便皇上不聽我的，朝中大將也應該聽我的。皇上痛心疾首，跟蒲察官奴講，歸德守將把朕的衛兵都遣散了，愛卿，你可要當心他啊。蒲察官奴本來就特別看不起歸德守將。他想，我是朝中的元帥，你不過一個小地方守將，如果不是國家有難，皇上逃到你這兒來，你連見我面的機會都沒有，更甭提跟我說話了。現在你居然要跟我平起平坐？所以蒲察官奴說，咱不在這兒待著了，河南還有這麼多的州縣，咱們去哪兒不行啊？皇上您跟我走。歸德守將當然不樂意了，皇上在我這兒，我挾天子以令諸侯，皇上要是不在了，我靠誰糊弄人去？所以他跟蒲察官奴的矛盾激化，蒲察官奴就想劫持皇上走。皇上一看，矛盾鬧得不可開交，調解一下吧，於是擺設酒宴，想調解一下蒲察官奴跟歸德守將的矛盾。酒席宴上，蒲察官奴就動手把那個歸德守將殺掉了。除此之外，蒲察官奴還殺掉他手下三千多士兵和三百多隨行的大臣。國家都到了這步田地，都城失陷，天子蒙塵在外，蒲察官奴還自相殘殺，幹出親者痛仇者快的事，令人扼腕切齒。

這個時候，又有金國將領給皇上出了一個損招，想把哀宗迎到四川去。問題是四川不是金國領土，是南宋的地盤。金國將領覺得打不過蒙古但打得過南宋啊，乾脆把南宋的四川搶過來，把皇上迎到蜀地，這不就安全了嗎？於是金軍進攻南宋。這時候，南宋時刻琢磨著要跟蒙古結盟滅金，金卻還給人製造這麼大一個藉口。金宣宗南伐的時候，南宋對金的畏懼之心就沒了，南宋跟金打仗是習慣性失敗，只要把心理調整過來就沒事了。所以金軍這次進攻南宋，被南宋打得大敗，入蜀的希望破滅不說，還把宋朝狠狠地得罪了一把。宋朝的將領就聯絡蒙古，準備一塊兒出兵，進攻金哀宗所在的歸德。

哀宗想去蔡州，蒲察官奴不願意去，而且還打了個勝仗。蒲察官奴的母親被蒙古人逮著了，他詐降蒙古，蒙古人信以為真。蒲察官奴率四百多忠孝軍，夜襲蒙古軍營，手持突火槍噴火，把蒙古的大營燒毀，殺掉了幾千蒙古人，打了個大勝仗。大勝之後，蒲察官奴因功被封為參知政事、左副元帥。可見蒲察官奴雖然跋扈，但不失忠義，而且確實能打仗，四百五十名忠孝軍就敢偷襲蒙古軍隊大營，打敗了幾千蒙古人，所以此人其實可用。但是蒲察官奴打了勝仗以後就更跋扈了，居然軟禁了金哀宗。因為金哀宗想去蔡州，蒲察官奴不放。你跑了我怎麼控制你啊？哀宗皇帝天天以淚洗面，跟周圍的近侍講：「自古無不亡之國，不死之君，但恨我不知人，為此奴所困耳！」（《續資治通鑑》卷一百六十七）國家滅亡在即，朕還遭到這樣的待遇，被自己人囚禁。近侍們摩拳擦掌，敢欺負我們皇上！我們是一路跟皇上逃難來的，分數君臣，情同手足。皇上您放心，咱們把他幹掉。皇上也覺得不殺了他我沒法自由，是得把他幹掉。於是藉口有事，皇上召見蒲察官奴。蒲察官奴覺得皇上已經被自己囚禁了，不會有什麼事，就大搖大擺來了。金國的皇帝畢竟是女真族，不像漢族帝王，自幼生長在深宮之內，婦人之手，手無縛雞之力，再怎麼說女真族平時也是習武的。哀宗拔出佩刀，二話不說，劈頭就砍。蒲察官奴沒做好思想準備，一下被砍倒在地，近侍們上來亂刀剁為肉醬，蒲察官奴就被殺掉了。

雖然權臣被殺掉了，但是，金國最後一個能戰之將也被殺掉了。這個時候消息傳來，洛陽也失守了，歸德顯然是守不下去了，只能奔蔡州。蔡州跟南宋接壤，那地方暫時還沒有蒙古軍。於是，哀宗帶著部下一路上風餐露宿，狼狽地逃往蔡州。

路上不斷有士兵逃亡，又遇到蒙古游騎的襲擊，最後到達蔡州的只有二三百人，五十多匹馬。沿途所見，市井蕭條，百姓零落。哀宗皇帝這個時候真是哀啊，放聲痛哭，生靈盡矣。皇帝進了蔡州城，百姓羅拜於道路，還想看皇上的儀仗隊呢，沒想到抬頭抬得晚點，這個隊伍就過去了。老百姓也都是悲歎不已，堂堂大金天子，怎麼落到這步田地？

哀宗自縊

退往蔡州的金哀宗已經退無可退了，可是蒙古兵還在後面緊追不捨，金國的末日也不遠了。那麼此時的金哀宗還能有什麼辦法挽救金國呢？

哀宗皇帝到了蔡州城，做固守的準備，任命完顏忽斜虎為尚書右丞。也多虧了這位完顏忽斜虎，夜不解甲，一天二十四小時連軸轉，安排布防，居然在蔡州城又聚集了萬餘精兵。這個時候蒙古軍隊也沒閒著，大軍來攻蔡州。蒙古元帥派人持書入南宋，去見南宋的襄陽知府，約他兩路合兵，夾攻金國。南宋欣然配合，派兵去進攻金國的另一個州城，這個州趕緊向皇上告急。

哀宗無奈，就只好從蔡州城分了五百名士兵。本來部隊的人數就不夠，也就萬把來人，又分了五百人去救這個地方。哀宗皇帝當時還意氣雄豪，跟領兵的人講：「蒙古所以常取勝者，恃北方之馬力，就中國之技巧耳，……至於宋人，何足道哉。朕得甲士三千，縱橫江淮間矣。」（《續資治通鑑》卷一百六十七）宋朝沒什麼可怕的，我給你五百人足夠了。蒙古兵之所以能夠打勝，不過依仗快馬彎刀，輔以中原的技巧罷了。宋人就不值得一提了，朕率三千甲士，就能在江淮縱橫。哀宗皇帝這時候實在是太沒有自知之明了，當年你爸爸宣宗二十多萬大軍南侵都沒取得成果，你三千人怎麼可能取得成果呢？哀宗對南宋也還存有最後一線希望，他派人出使宋朝，跟使臣講：「大元滅國四十，以及西夏，夏亡及於我。我亡必及於宋。唇亡齒寒，自然之理。若與我連和，所以為我者亦為彼也。卿其以此曉之。」（《金史．哀宗本紀下》）蒙古滅了四十個國家，連西夏都滅了，西夏完了就是我，我完了就是你南宋，唇亡齒寒，你應該跟我聯合，你救我就是救你自己。卿家把這個道理講給宋朝人聽。但宋朝不許金使入境，根本沒機會講這段話。

哀宗萬般無奈，只好率文武百官祭天，求老天爺幫忙，保住大金國祚。這時候大家士氣高昂，我們是太祖阿骨打的子孫，當年兩千五百人就能破遼兵數萬，現在淪落到這個地步，大家都是女真男兒，能忍心國家滅亡嗎？大家正被忽悠得激昂的時候，消息來報，蒙古兵攻城了。將士們踴躍出戰，一下把蒙古兵給打退了。蒙古兵一看，金國人到這個時候了，居然還能把我打退，不著急攻城了。金國是秋後的螞蚱，蹦躂不了幾天了，孤城一座，眼瞅著就徹底滅亡了。在這最後關頭，攻城死那麼多人，不值得了。所以蒙古人圍而不攻，準備活活困死、餓死金軍。蒙古人修長壕、壘胸牆，把蔡州城團團圍住。

蔡州城內慘到了百姓易子而食的程度，你吃我兒子，我吃你兒子，換兒子吃，因為吃自己的兒子不忍心。陣亡的和受傷的士兵也被吃掉了，後來只要打敗仗退回來的士兵都被吃掉了。河南州郡殘破，蒙古兵的糧食怎麼解決呢？宋將孟珙率兵兩萬、米三十萬擔來增援，蒙古兵不但有吃的，還得到宋朝生力軍的幫助，兩軍聯手猛攻蔡州城。蔡州城內的守軍也知道，蒙古軍破城之後，自己也是個死，怎麼著都是死，拼了吧。金軍居然把老弱婦孺的屍體熬成人油，用這東西燙死攻城的宋蒙士兵。但是仗打到這個份兒上，人吃人、把人熬成油做武器，蔡州城的淪陷是早晚的事了。

哀宗皇帝跟大臣、內侍歎息：「我為金紫十年，太子十年，人主十年，自知無大過惡，死無恨矣。所恨者祖宗傳祚百年，至我而絕，與自古荒淫暴亂之君等為亡國，獨此為介介耳。」（《金史·哀宗本紀下》）皇上說，我十一歲的時候就拜金紫光祿大夫，做金紫十年；等我爸爸繼位之後，做太子十年；我爸爸死了之後我當皇帝又當了十年，我這三十年就這麼過來的。我雖然不算是明君聖主，但最起碼不是庸主，雖死無恨。只恨祖宗傳國百年，到我這兒成了亡國之君，跟歷史上所有荒淫暴亂之君——樂不思蜀的劉阿斗、殘暴不仁的隋煬帝一樣了，我不服氣，實在想不通。然後他又跟大臣們講：「古無不亡之國，亡國之君往往為人囚縶，或為俘獻，或辱於階庭，閉之空谷。朕必不至於此。卿等觀之，朕志決矣。」（《金史・哀宗本紀下》）亡國之君都被人捕獲，辱於階庭，像宋朝那爺兒倆，或者關起來活活餓死。朕是女真男兒，太祖子孫，絕不會走到這一步，你們可以看看我到底是怎樣死。

這時，蒙宋聯軍四面攻城，城破在即。哀宗皇帝叫來東面元帥完顏承麟，跟他講，朕志在殉國，皇位傳給卿家。完顏承麟跪地痛哭不起，他說，我們願意拼死保衛陛下衝出城去，您千萬別往絕路上走。皇帝跟完顏承麟講：「朕所以付卿者，豈得已哉？以肌體肥重，不便鞍馬馳突。卿平日捷有將略，萬一得免，祚胤不絕，此朕志也。」（《金史・哀宗本紀下》），皇上拉著完顏承麟的手，流著眼淚說，你以為我把皇位交給你，我心甘情願嗎？難道我願意死嗎？但是我太胖，騎不了馬，沒有一匹馬馱得動我。你是武將，身材輕巧，又有謀略，萬一你沒死，咱大金國能留下一脈。完顏承麟不得已哭著接受了帝位，哀宗在幽蘭軒自縊身亡，壯烈殉國。

金朝滅亡

金哀宗自縊殉國，對他個人來說是解脫，但作為一國之君卻是逃避，因為此時的蔡州城還依然在蒙古大軍的圍困之下，城中的守將和百姓還在奮力抵抗。那麼他們的命運又是怎樣的呢？昔日叱吒風雲的金帝國就這樣走向滅亡了嗎？

皇帝一死，完顏承麟趕緊召集百官，商量最重要的事——皇上死了，廟號怎麼上。群臣議定，廟號哀宗，恭仁短折曰哀。金哀宗的廟號不是蒙古給上的，蒙古人連漢字都不認得，懂什麼廟號啊？議定哀宗廟號之後，趕緊放火，把皇帝的屍體燒掉，以免被敵人侮辱。此時，蔡州城破，金末帝完顏承麟死於亂軍之中。他是中國歷史上在位時間最短的皇帝，一個時辰不到，就被殺了。

哀宗殉國以後，尚書右丞完顏忽斜虎，率領一千多名士卒跟破城的蒙宋聯軍巷戰，眼看不支的時候，消息傳來，主上自縊殉國了，末帝也不知所蹤。完顏忽斜虎自知大勢已去，就命令士兵停止抵抗，跟部下講：「吾君已崩，吾何以戰為！吾不能死於亂軍之手，吾赴汝水，從吾君矣。諸君其善為計。」（《金史．完顏仲德傳》）皇上已經死了，再打下去也沒什麼意義了，我要投河自盡，追隨主上，你們自便吧。然後完顏忽斜虎投河自盡，壯烈殉國。

完顏忽斜虎投河之後，跟他一起抵抗的金國士卒，淚滿眼，血滿身。他們說尚書右丞能為國盡忠，追隨主上，咱們難道不能自殺殉國嗎？寧死不做蒙古人的俘虜！於是剩下幾百金軍將士紛紛自殺殉主，大有當年田橫五百壯士的氣節。

蒙宋聯軍打進了蔡州城，據說哀宗皇帝的屍體當時沒有燒透，還比較完好，因為那會兒沒有汽油，又燒得很匆忙。亂軍之中，敵人就破城了。蒙古人和宋朝人就把哀宗的屍體分了。宋將孟珙把被俘的金國大臣叫來，進行羞辱，意思就是你們也有今天。金國大臣，回答得非常有志氣，自古沒有一個王朝是不滅亡的，然我國主之喪比汝之徽欽二帝如何？你看我們皇上多有種，以身殉社稷。國君死社稷，自古以來能有幾人？孟珙無言以對。《金史》對哀宗皇帝有這樣的一番評價：「區區生聚，圖存於亡，力盡乃斃，可哀也矣。雖然，在《禮》，『國君死社稷』，哀宗無愧焉。」（《金史・哀宗本紀下》）雖然哀宗是亡國之君，但是國君死社稷，這一點哀宗當之無愧。

金朝從一一一五年太祖阿骨打建國，到一二三四年被蒙宋聯軍滅掉，歷時一百二十年，曆事九主。金亡之後的女真人，留在中原的就與漢族、契丹族逐漸融合，到了元朝，就都被稱為漢人了。完顏氏皇族，散落在中國北方各地，目前在河南、甘肅、北京都有後人。北京的完顏氏後來改姓王氏，以宣武、豐台兩個區最多；甘肅還有一個大村寨，五千多戶都是完顏氏的後人，他們的直系祖先是完顏兀朮的兒子完顏亨；另外河南也有完顏氏的後人。回到東北老家的女真人，在元明兩朝的統治下，生活了三百多年。後來，一代雄主努爾哈赤崛起於東北白山黑水，建立了後金。趁著明朝內亂，後金在皇太極的時候國力增強，到世祖順治皇帝，揮師入關，又一次完成了中國的統一。完顏氏在清朝的時候仍然是滿洲的幾大姓氏之一。

女真族在中國歷史上是唯一一個兩次入主中原的少數民族。一六三六年，皇太極改族名為滿洲，把國名由大金改成了大清。所以，今天在中國境內生活的滿族同胞，他們的直系祖先就是當年的女真族。這個民族在中國歷史上留下了濃墨重彩、轟轟烈烈的一筆。

後記

二〇一〇年，我在中央電視臺《百家講壇》欄目主講了《塞北三朝》，其中第一部《遼》在當年播出。三年來，不斷有朋友和熱心觀眾向我打聽《金》和《西夏》何時能播出，我一直無法給大家一個準確的答覆，感謝大家厚愛的同時，也感到十分愧疚。

四年前出版《兩宋風雲》時，我在後記中寫了我從小對歷史的喜愛和敬意，以及長大以後成為一名歷史教師的自豪和責任。在此，我還想說明一點的是，我不是歷史學家，不是專家學者。我大學讀的是歷史教育學，說白了就是怎麼教歷史，而不是怎麼研究歷史。走上工作崗位，站在三尺講臺上時，我明白了歷史要想讓學生愛聽，必須會講故事！《史記》《漢書》《三國志》的作者個個都是講故事的高手，裏面多對話、多心理活動、多細節描寫，使已經深埋地下、過去久遠的人和事一下變得活靈活現、生動有趣。讓我感到遺憾的是，我們的教科書太枯燥了，缺少故事性和趣味性，只有「三省六部」「九品中正」「重農抑商」「閉關鎖國」「百家爭鳴」「獨尊儒術」……靈動的歷史變成了一堆乾巴巴的名詞概念。學生們聽著這一堆抽象的概念，難免打瞌睡。

我有時候乘坐計程車，發現幾乎每一位司機都在聽評書，《三國演義》、《水滸傳》、

《大明英烈》等。為什麼人們百聽不厭？因為它們講故事！所以，想讓中國人對祖宗曾經幹過的事、對祖宗的生產生活感興趣的唯一法子，就是給他們講祖宗的故事。

基於上述想法，我很想把華夏五千年的歷史以故事的形式詳盡地講給大家聽，這些故事取自傳統史書和史學大家的著述，可以看成是情節真實的評書。有人說我就是一個「說書的」，我很高興得到這個評價，願意繼續說下去，說好，說精彩！

幾年來，我雖然離開了《百家講壇》，但並沒有離開講臺。感謝曾為我製作《兩宋風雲》和《塞北三朝》的王詠琴老師，為我量身定製了一檔大型系列節目《騰飛五千年》，從三皇五帝一直講到清帝遜位，力爭把中國歷史做一個詳盡的講述。目前，這個節目還在錄製中。

我和我的製作團隊及投資方之所以篳路藍縷、苦心孤詣地要製作完成《騰飛五千年》，不惜投入血本，就是想用講故事的形式讓中國歷史為人廣泛知曉，重受重視。

在錄製《騰飛五千年》的時候，我們了解到很多觀眾對《塞北三朝》未能播出的兩部有很大的期盼，就依我當年在央視《百家講壇》的原稿重新錄製了一遍。經泰學（北京）文化傳媒有限公司聯繫，重新錄製的《塞北三朝》已在優酷網與觀眾見面。於是，也就有了呈現在您面前的這三本書。

《塞北三朝》能夠和大家見面，應該感謝李志峰先生的大力支持，作為製作投資方，他們不惜血本，以砸鍋賣鐵的精神投入製作，兩年多只投入不產出，個中艱辛非言語所能表達。感謝泰學（北京）文化傳媒有限公司執行董事牛博揚先生、總經理黑德侖先生，是他們使這個節目能重見天日。感謝學界前輩錢文忠先生不以拙作鄙陋，欣然為之作序。感謝國畫大師袁輝先生的青丹妙筆，感謝著名出版人敖然先生和他的團隊使拙作得以順利付梓。最後，還要特別感謝我的母親和妻子在我最困難的時候給予我的理解、支持和鼓勵！

謝謝大家！但願這套書能得到大家的喜歡。

袁騰飛

二〇一三年七月四日

大地叢書介紹

作者：姜狼

定價：300 元

鳥盡弓藏・兔死狗烹・項羽已死・留我何用！

背水成陣，擊殺趙軍二十萬，趙歇伏首馬前。

東向擊齊，殺俘楚軍二十萬，上將龍且授首。

明修棧道，暗渡陳倉，談笑定三秦。

垓下之圍，十面絕陣，霸王別姬，沛公一戰定天下！

木罌疑兵，擒魏豹如覆掌。

楚漢相爭給人留下最深刻印象的除了勝利者劉邦與失敗者項羽之外，就是那個背著劍闖蕩江湖的的小子韓信。他比劉邦少了痞性，比項羽多了孤傲，與蕭何相比缺了世故，與樊噲相比又多了天真，他謙卑而又自傲，他壯志凌雲又心存困惑，韓信生得卑微，死得憋屈，但過程卻是轟轟烈烈、蕩氣迴腸。

本書講述了韓信一生從市井小民到一代戰神的崛起之路，透過作者流暢詼諧的筆觸娓娓道來，既充滿激情，又生動活潑，根據大量的史料，揭露了韓信諸多不為人知的祕密，還原一代戰神韓信短暫而偉大的傳奇人生。

大地叢書介紹

作者：姜狼
定價：280 元

金戈鐵馬，氣吞萬里如虎

劉裕是兩晉南北朝時期三個最卓越的軍事統帥之一（另兩個是後燕建立者慕容垂和北魏太武帝拓跋燾）。雖為官宦之後，但因家道中落，幼時家貧，但劉裕少有大志想做一番大事業。東晉孝武帝時，投身行伍，展開了輝煌的戎馬生涯。

他消滅南燕、西蜀、後秦等割據王國，創造載入史冊的豐功偉業，此舉徹底改變了南方政權面對北方少數民族一直處於被動的局面。劉裕在不到二十年的時間裡，對內平息戰亂，先後擊敗了孫恩、盧循的海上起義，消滅了桓玄、劉毅等軍事集團；對外致力於北伐，取巴蜀、伐南燕、滅後秦，從一名普通的軍人成長為名垂青史的軍事統帥，創造了令世人矚目的成就。

劉裕的軍事生涯中，指揮了無數次作戰，最大的特點是以少勝多，而且作戰中常身先士卒，所以能夠贏得廣大將士的尊敬。劉裕的北伐，也是中國戰爭史上最成功的北伐之一，就成就上而言，僅次於朱元璋北伐，所以南宋著名詞人辛棄疾用「金戈鐵元熙二年（420年），劉裕迫司馬德文禪讓，即皇帝位，國號宋，改元永初。東晉滅亡，中國開始進入南北朝時期。

劉裕在位僅三年便於西元422年在建康去逝，終年60歲，葬於初寧陵(今江蘇省南京紫金山)。

大地叢書介紹

作者：姜狼

定價：（上、下卷各）**250 元**

三國時代從東漢末年算起，長不過百年，卻英雄紛起，豪傑遍地。一代風流才子蘇東坡迎風高唱：「大江東去，浪淘盡，千古風流人物。」

雖然三國是漢末唐初三百年天下大亂的開始，但畢竟就整個歷史發展階段而言，三國處在了歷史上升時期。三國是亂世，不過卻亂得精彩，因此三國熱自然就歷久不衰。

也許是受到了《三國演義》的影響，我們心中的那個近乎完美的三國，更多的是指西元184年東漢黃巾起義以來，到西元234年諸葛亮病逝五丈原，這五十年的精彩歷史。尤其是東漢末年那二十多年時間，幾乎包攬了三國歷史最精華的部分。比如孫策平江東、官渡之戰、三顧茅廬、赤壁之戰、借荊州、馬超復仇、劉備入蜀，失荊州、失空斬、星落五丈原等。

其實要從嚴格意義上來講，三國真正開始於西元220年曹丕代漢稱帝，曹操、孫策、袁紹、呂布、劉表、荀彧、荀攸、龐統、法正、郭嘉、周瑜、魯肅、呂蒙、關羽都是東漢人。

三國之氣勢，足以傾倒古今，嘗臨江邊，沐浩蕩之風煙，歎一身之微渺；慕鳥魚之暢情，悲物事之牽錮。滾滾長江東逝水，浪花淘盡英雄……

大地叢書介紹

作者：姜狼豺盡
定價：280 元

在中國歷史上，漢唐之後各經歷了一次大分裂時期。一次是漢朝之後極為著名的三國，唐朝之後是五代十國，五代十國和三國的歷史軌跡極為相似，但和三國的歷史知名度相比，五代十國則有些沒沒無聞。

但對於現代中國而言，五代十國的歷史意義遠在三國之上。晉高祖石敬瑭為一己之私，悍然出賣北方戰略屏障燕雲十六州，致使中原無險可守，受制於強悍的游牧民族。漢族政權兩次亡天下，極大地改變了中國歷史的進程。

五代是指唐朝滅亡後、宋朝建立前，在中原地區存在的五個政權：朱溫建立的梁，李存勖建立的唐，石敬瑭建立的晉，劉知遠建立的漢，郭威建立的周。在歷史上，這五個短命小朝廷都被視為正統；五代之後是宋、元、明、清、中華民國、中華人民共和國。

正史皆以五代為正統，十國只是附於五代，知名度相對更低。不過要是提及一個人物，想必大家都會恍悟。中國詞史上的開山鼻祖李煜，正是五代後期十國之一的南唐末代皇帝。「問君能有幾多愁，恰似一江春水向東流」之後沒多長時間，李煜便被宋太宗趙光義下藥毒死，只留下一闕闕帶著歷史血腥味的詞章，無言地在向歷史陳說李煜的悲劇。

十國是指楊行密建立的吳，李昇建立的南唐，錢鏐建立的吳越，王建建立的前蜀，孟知祥建立的後蜀，馬殷建立的楚，高季興建立的荊南，劉隱建立的南漢，王審知建立的閩以及劉崇在今山西建立的北漢。這還沒有包括劉守光建立的燕政權，李茂貞建立的岐政權，周行逢建立的湖南政權，留從效和陳洪進建立的清源軍，張氏和曹氏在大西北建立的歸義軍，以及契丹貴族耶律阿保機建立的遼，在雲貴高原一帶的大理政權。

五代十國存在的時間長短雖然和三國大抵相當，但這一時期政權遠多於三國，所以過程之曲折、鬥爭之殘酷、命運之無常，讓歷史都為之震撼。歷史總是這樣，驚心動魄之後，是無限的感慨……

大地叢書介紹

作者：姜狼豺盡
定價：280 元

在中國歷史上，漢唐之後各經歷了一次大分裂時期。一次是漢朝之後極為著名的三國，唐朝之後是五代十國，五代十國和三國的歷史軌跡極為相似，但和三國的歷史知名度相比，五代十國則有些沒沒無聞。

但對於現代中國而言，五代十國的歷史意義遠在三國之上。晉高祖石敬瑭為一己之私，悍然出賣北方戰略屏障燕雲十六州，致使中原無險可守，受制於強悍的游牧民族。漢族政權兩次亡天下，極大地改變了中國歷史的進程。

五代是指唐朝滅亡後、宋朝建立前，在中原地區存在的五個政權：朱溫建立的梁，李存勖建立的唐，石敬瑭建立的晉，劉知遠建立的漢，郭威建立的周。在歷史上，這五個短命小朝廷都被視為正統；五代之後是宋、元、明、清、中華民國、中華人民共和國。

正史皆以五代為正統，十國只是附於五代，知名度相對更低。不過要是提及一個人物，想必大家都會恍悟。中國詞史上的開山鼻祖李煜，正是五代後期十國之一的南唐末代皇帝。「問君能有幾多愁，恰似一江春水向東流」之後沒多長時間，李煜便被宋太宗趙光義下藥毒死，只留下一闕闋帶著歷史血腥味的詞章，無言地在向歷史陳說李煜的悲劇。

十國是指楊行密建立的吳，李昪建立的南唐，錢鏐建立的吳越，王建建立的前蜀，孟知祥建立的後蜀，馬殷建立的楚，高季興建立的荊南，劉隱建立的南漢，王審知建立的閩以及劉崇在今山西建立的北漢。這還沒有包括劉守光建立的燕政權，李茂貞建立的岐政權，周行逢建立的湖南政權，留從效和陳洪進建立的清源軍，張氏和曹氏在大西北建立的歸義軍，以及契丹貴族耶律阿保機建立的遼，在雲貴高原一帶的大理政權。

五代十國存在的時間長短雖然和三國大抵相當，但這一時期政權遠多於三國，所以過程之曲折、鬥爭之殘酷、命運之無常，讓歷史都為之震撼。歷史總是這樣，驚心動魄之後，是無限的感慨……

大地叢書介紹

作者：姜狼
定價：320 元

漢化的鮮卑皇帝 VS 鮮卑化的漢族皇帝
中國歷史上政權更迭最頻繁時期的風雲史話

西元六世紀初時，曾威震天下的北魏帝國在內憂外患的打擊下，最終徹底崩潰，只留下一堆華麗的歷史碎片。千里北方大地上，狐兔狂奔，胡沙漫天，各路軍閥勢力為了獲得北方天下的統治權，大打出手。

真正從群雄中殺出重圍的，是鮮卑化的漢人高歡和鮮卑化的匈奴人宇文泰，震撼歷史的雙雄爭霸拉開了序幕，此後，河橋之戰、沙苑之戰、邙山之戰、玉壁之戰，歷史銘刻了屬於他們的驕傲。

一切總會被時間終結，但幸運的是，在高歡和宇文泰的子孫們的堅持下，脱胎於東魏的高氏北齊帝國，和脱胎於西魏的宇文氏北周帝國，延續著父輩的熱血與鐵血，上演了一齣齣精彩的攻防戰。

但讓他們都沒想到的是，他們並不是最終的勝利者。笑到最後的，却是一個名叫普六茹那羅延的漢人，他就是楊堅。

歷史總是充滿著不可預知的神秘色彩。

塞北三朝──金：講述你所不知道的女真／袁騰飛著. -- 一版.-- 臺北市：大地, 2014.05
面：　公分. --（History：66）

ISBN 978-986-5800-75-8（平裝）

1. 金史

625.6　　103007518

塞北三朝──金：講述你所不知道的女真

HISTORY 066

作　　者	袁騰飛
發 行 人	吳錫清
主　　編	陳玟玟
出 版 者	大地出版社
社　　址	114台北市內湖區瑞光路358巷38弄36號4樓之2
劃撥帳號	50031946（戶名　大地出版社有限公司）
電　　話	02-26277749
傳　　眞	02-26270895
E - mail	vastplai@ms45.hinet.net
網　　址	www.vastplain.com.tw
美術設計	普林特斯資訊股份有限公司
印 刷 者	普林特斯資訊股份有限公司
一版一刷	2014年5月

大地

定　　價：320元